◎职业教育汽车类专业课程改革创新教材

汽车车身电控系统维修

主　编　岑业泉
参　编　宋春晖

机 械 工 业 出 版 社

本书系统详尽地介绍了汽车中控门锁与防盗系统、电动座椅与电动后视镜系统、电动车窗与电动天窗系统、倒车雷达与GPS导航系统、安全气囊系统的结构特点、工作原理和维修方法。

本书重点介绍了第一代至第四代发动机防盗锁止技术的特点、故障诊断和匹配方法，还介绍了用SRS指示灯诊断法、参数测量诊断法和故障诊断仪诊断法对安全气囊系统进行故障分析的方法与步骤。

为了提高识读和理解汽车电路原理图的能力，本书对汽车中控门锁、电动座椅、电动后视镜、电动车窗和电动天窗的控制电路及其工作电流流向都作了较详细的分析。

本书可作为职业院校、技工学校汽车相关专业的教材，也可作为汽车相关行业岗位培训的教材或自学用书。

为方便教学，本书配有免费电子课件。凡选用本书作为授课教材的教师均可登录 www.cmpedu.com 注册下载，或来电咨询：（010） 88379375。

图书在版编目（CIP）数据

汽车车身电控系统维修/岑业泉主编．—北京：机械工业出版社，2011.4（2023.1重印）

职业教育汽车类专业课程改革创新教材

ISBN 978-7-111-33409-5

Ⅰ.①汽… Ⅱ.①岑… Ⅲ.①汽车—车体—电子系统：控制系统—车辆修理—职业教育—教材 Ⅳ.①U472.41

中国版本图书馆CIP数据核字（2011）第021203号

机械工业出版社（北京市百万庄大街22号 邮政编码100037）

策划编辑：曹新宇 责任编辑：曹新宇 王莉娜

版式设计：张世琴 责任校对：张晓蓉

封面设计：路恩中 责任印制：单爱军

北京虎彩文化传播有限公司印刷

2023年1月第1版第12次印刷

184mm×260mm·13.5印张·324千字

标准书号：ISBN 978-7-111-33409-5

定价：42.00元

电话服务	网络服务
客服电话：010-88361066	机 工 官 网：www.cmpbook.com
010-88379833	机 工 官 博：weibo.com/cmp1952
010-68326294	金 书 网：www.golden-book.com
封底无防伪标均为盗版	机工教育服务网：www.cmpedu.com

前　言

项目教学法是指师生通过共同实施一个完整的项目工作而进行的教学活动，其目的是在课堂教学中把理论与实践教学有机地结合起来，提高学生解决实际问题的综合能力。

在项目课程的教学中，由工作任务过程决定项目教学内容、项目教学内容决定课堂教学安排。为了能够较好地实施项目教学法，本书选取了汽车车身电控系统中的五个项目内容，每个项目又分解成若干个任务，其具体情况如下：

<table>
<tr><th>项　目</th><th>项目内容</th><th>理　论</th><th>实　操</th></tr>
<tr><td rowspan="4">一</td><td rowspan="4">中控门锁与防盗系统的维修</td><td>任务1　了解中控门锁</td><td>任务2　中控门锁的检修</td></tr>
<tr><td rowspan="3">任务3　了解汽车防盗系统</td><td>任务4　防盗系统的电路分析与维修</td></tr>
<tr><td>任务5　防盗系统的故障诊断与匹配</td></tr>
<tr><td>任务6　汽车防盗系统遥控器的设定与匹配</td></tr>
<tr><td rowspan="2">二</td><td rowspan="2">电动座椅与电动后视镜系统的维修</td><td>任务1　了解电动座椅</td><td>任务2　电动座椅的维修</td></tr>
<tr><td>任务3　了解电动后视镜</td><td>任务4　电动后视镜的维修</td></tr>
<tr><td rowspan="3">三</td><td rowspan="3">电动车窗与电动天窗系统的维修</td><td>任务1　了解电动车窗</td><td>任务2　电动车窗的维修</td></tr>
<tr><td rowspan="2">任务3　了解电动天窗</td><td>任务4　电动天窗的维修</td></tr>
<tr><td>任务5　电动车窗和电动天窗的初始化设定</td></tr>
<tr><td rowspan="3">四</td><td rowspan="3">倒车雷达与GPS导航系统的维修</td><td rowspan="2">任务1　了解倒车雷达系统</td><td>任务2　倒车雷达系统的安装</td></tr>
<tr><td>任务3　倒车雷达系统的维修</td></tr>
<tr><td>任务4　了解汽车GPS导航系统</td><td>任务5　汽车GPS导航系统的维修</td></tr>
<tr><td rowspan="2">五</td><td rowspan="2">安全气囊系统的维修</td><td rowspan="2">任务1　了解安全气囊系统</td><td>任务2　安全气囊系统的故障诊断</td></tr>
<tr><td>任务3　安全气囊系统的维修</td></tr>
</table>

使用本书的教学建议：

在实施教学时，教师应将学生分成若干个学习小组，根据项目教学法的五步骤进行课堂教学的组织：

1. 教师要讲述清楚每次需要完成的工作任务内容和目标；

2. 由学生对该次工作任务制订好相应的实操计划；

3. 在实施工作任务时，每个学习小组的组长要做好任务的分配工作；

4. 在任务实施过程中，要做好记录（记录表格的样式各学校应根据本校实际车型和实施的项目工作任务内容自行设计制作）；

5. 小组间进行任务成果检验与评价（检验与评价的配分权重各学校应根据本校实际车型和实施的项目工作任务内容自行设计制作）；各小组要将每次工作任务的记录进行归

档，及时总结经验与教训，以利于下一次工作任务的实践应用。

本书项目四的任务1、任务2和任务3由宋春晖编写，其余部分由岑业泉编写，全书由岑业泉统稿。

本书可作为职业院校、技工学校汽车相关专业的教材，也可作为汽车相关行业岗位培训的教材或自学用书。

在本书的编写过程中，编者参考了大量书籍和汽车论坛、汽修之家等网站上的相关资料，在此，谨向原作者表示诚挚感谢。

由于编者水平有限，经验不足，书中难免有错漏之处，恳请读者批评指正。

编　者

目录
CONTENTS

项目一 中控门锁与防盗系统的维修

【项目描述】

本项目介绍汽车中控门锁与防盗系统的组成及其主要部件的结构原理、电路控制原理和检修方法。

【学习目标】

（1）能正确表述中控门锁和无线遥控中控门锁系统的组成及各部件的功能。
（2）识读中控门锁控制电路图。
（3）能正确表述汽车防盗系统的组成及各部件的功能。
（4）能表述第一代至第四代发动机防盗锁止系统的结构特点和工作原理。

【能力目标】

（1）会检测和判断汽车各门锁开关、门锁电动机、门锁控制继电器元件的性能。
（2）会诊断和排除汽车中控门锁和无线遥控门锁系统的故障。
（3）会检测和判断汽车防盗系统各元件的性能。
（4）会使用故障诊断仪读取汽车防盗系统的故障码并对汽车防盗系统进行匹配。
（5）掌握一种以上车型遥控器的设定方法。

任务1　了解中控门锁

【活动情景】

活动在普通教室或多媒体教室进行，利用中控门锁的挂图或示教板对知识进行讲解。

【任务要求】

通过学习，了解汽车中控门锁和无线遥控中控门锁的结构和工作原理；识读门锁控制器控制电路和简单的中控门锁控制电路。

【基本内容】

一、认识汽车中控门锁

汽车门锁是锁止汽车车门的机构。传统的汽车车门都是安装带钥匙的普通门锁，这种门锁只控制一个车门，其他车门是靠车内门上的门锁按钮进行锁止或开启（现在国产载货汽车的门锁仍采用这种控制方式）。随着人们对汽车驾驶的舒适性、操纵的方便性、使用的安全性要求的提高，现代轿车广泛安装中控门锁控制系统。传统的汽车车门门锁与中控门锁的区别如图1-1所示。

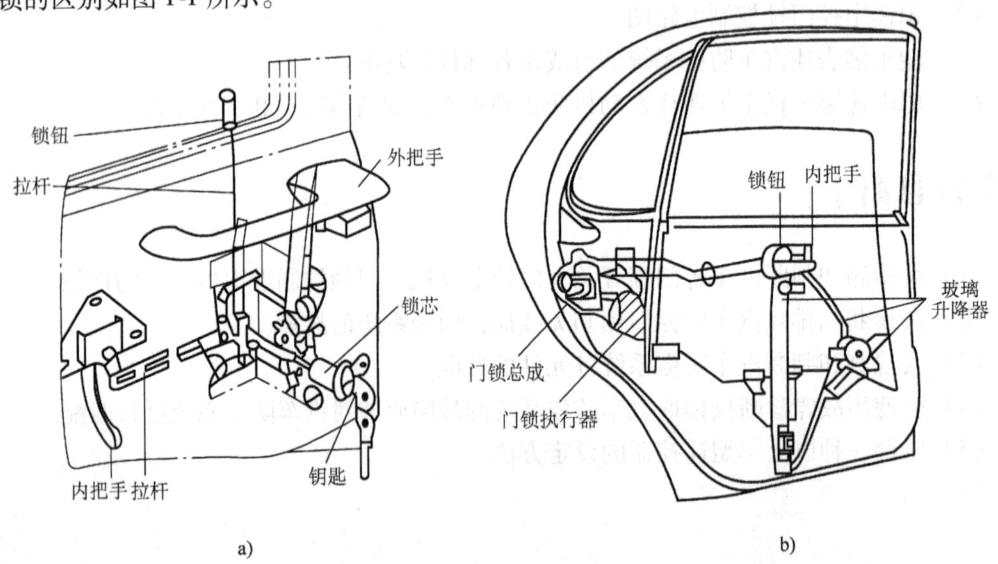

图1-1　传统汽车车门门锁与中控门锁的区别

a）传统门锁　b）中控门锁

（一）中控门锁的功能

中控门锁是以电来控制门锁的开启或锁止，并由驾驶员集中控制所有车门门锁的锁止或开启。根据车型、等级和使用地区的不同，中控门锁装置具有不同的功能。

（1）中央控制功能。当驾驶员锁住（或打开）驾驶员侧车门门锁总开关时，其他几个车门及行李箱均同时锁住（或打开）；所有车门都可以通过前右或前左侧门上的门锁用钥匙来同时关闭和打开。

（2）单独控制功能。为了方便，除了中央控制方式以外，乘员也可利用各自车门上的按钮来开关车门。

（3）安全功能。当钥匙已经从点火开关中拔出而且车门也已锁住时，车门不能用门锁控制开关打开。

（4）钥匙占用预防功能。此功能是为了防止钥匙已插入点火开关时，在车外没有钥匙而将车门锁住。若已经执行了锁门操作，而钥匙仍然插在点火开关内，则所有的车门会自动打开，以防止钥匙遗忘在汽车内。

（5）不用钥匙的动作功能。在驾驶员和乘客的车门都关上，而且点火开关断开以后，电动车窗仍可以动作约60s。

（6）儿童安全锁止功能。为防止车内儿童擅自打开车门，设有儿童安全锁。儿童安全锁的开关一般只安装在后车门的接合面上，当车门关闭后，在车厢内用门锁按钮不能开门，只能用车外的门锁按钮开门。典型的儿童安全锁装置如图1-2所示，其操作方法如下：

1）直接用手将锁止按钮拨至“锁止”（或“LOCK”）位置时，儿童安全锁起锁止作用。若要解除儿童安全锁的功能，可将锁止按钮拨至相反位置，如图1-2a所示。

2）将钥匙插入后车门侧的儿童安全锁钥匙孔内转动钥匙至“锁止”（或“LOCK”）位置时，就可起动儿童安全锁。若要解除儿童安全锁的功能，可将钥匙向相反的方向转动，如图1-2b所示。

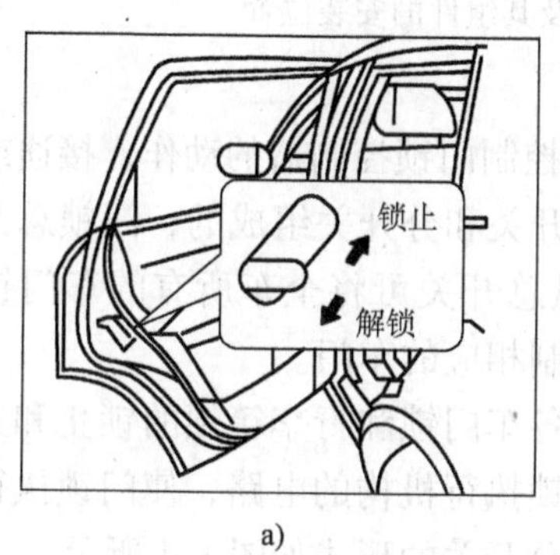

a)

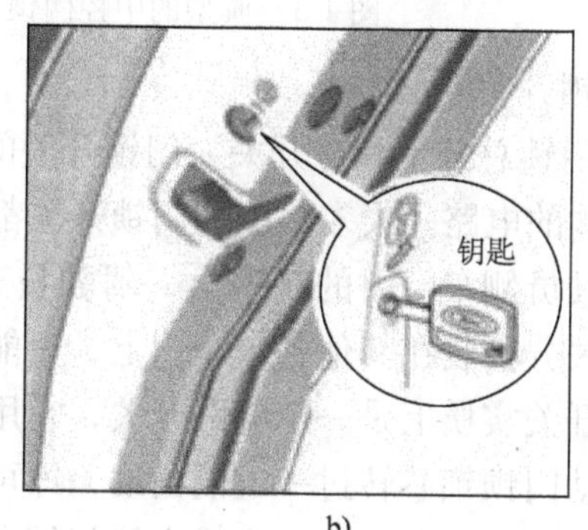

b)

图1-2　典型的儿童安全锁

（二）中控门锁的分类

中控门锁种类繁多，其分类如下：

（1）按门锁执行机构不同分为电磁线圈式中控门锁、直流电动机式中控门锁和气动式中控门锁；

（2）按门锁控制方式不同分为电容式中控门锁、晶体管式中控门锁、车速感应式中控门锁、集成电路（IC）式中控门锁和电脑（ECU）式中控门锁；

（3）按门锁操纵方式不同分为钥匙式中控门锁和遥控器式中控门锁；

（4）按功能不同分为不带防盗系统的中控门锁和带防盗系统的中控门锁。

（三）中控门锁的主要部件

中控门锁系统一般包括门锁开关、门锁总成、门锁控制器和门锁执行机构四部分。图 1-3 所示为典型的中控门锁控制系统及其组件的安装位置。下面我们将着重介绍中控门锁系统主要部件的结构原理。

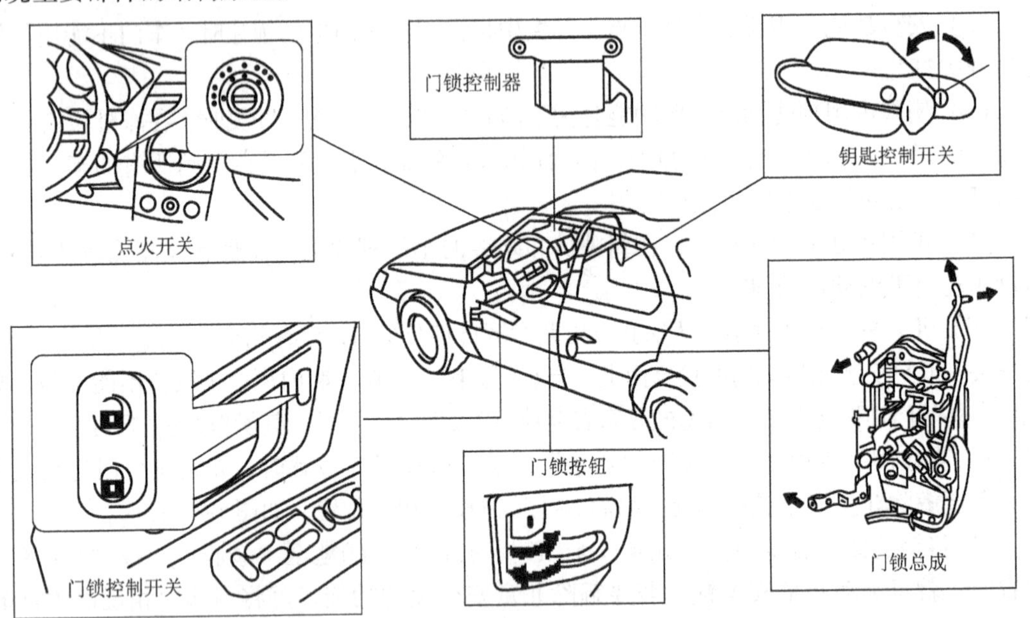

图 1-3　典型的中控门锁控制系统及其组件的安装位置

1. 门锁开关

（1）门锁总开关和分开关。门锁开关的作用是控制门锁控制器的动作，接通或断开门锁执行机构的电路。大多数中控门锁开关都是由总开关和分开关组成的，门锁总开关一般安装在驾驶员侧车门内的扶手上，驾驶员通过操纵总开关可将全车所有的车门锁住或打开；分开关分别装在其他各个车门上，只能单独控制相应的车门。

门锁开关实质上是一个电路开关，它用来控制各车门锁和行李箱锁的锁止和开启。用钥匙来拨动门锁锁芯转过一定的角度，即可接通门锁执行机构的电路，使门锁执行机构动作，将车门锁锁止或开启。常见车辆门锁总开关和分开关的形式如图 1-4 所示。

◆提示：有些汽车的中控门锁用锁杆兼作门锁开关，因此不另设门锁开关，其功能与门锁开关相同。当提起驾驶员侧门的锁杆时，则可使其他门锁都打开；当压下驾驶员侧的门锁杆时，其他门锁也同时锁止，如图 1-5 所示。

（2）钥匙控制开关。钥匙控制开关装在每个前门（或一个前门）的钥匙门上，当从

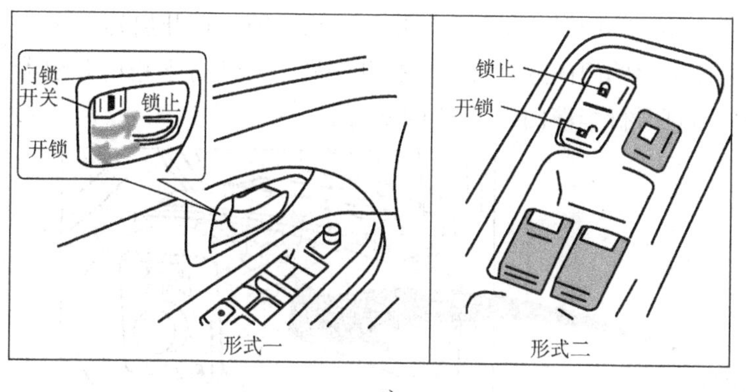

a)

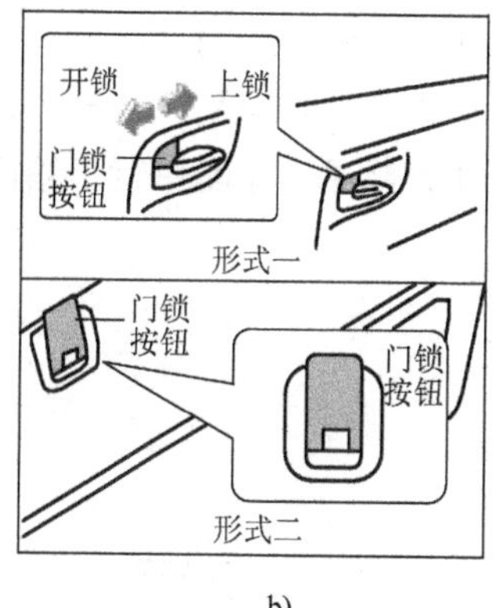

b)

图 1-4　常见车辆门锁总开关和分开关的形式

a）门锁总开关　b）门锁分开关

车外面用钥匙开门或关门时，钥匙控制开关便发出开门或锁门的信号给门锁控制器。钥匙控制开关的位置如图 1-6 所示。

（3）行李箱门开启器开关。行李箱门门锁的开启方法有两种：一种是从车内通过拉索开关远距离控制的方式，拉索开关一般位于仪表板下面或驾驶员座椅左侧的车厢底板上，拉动此开关便能打开行李箱门，如图 1-7 和图 1-8a 所示；另一种是直接用钥匙开锁的方式，行李箱的钥匙门靠近其

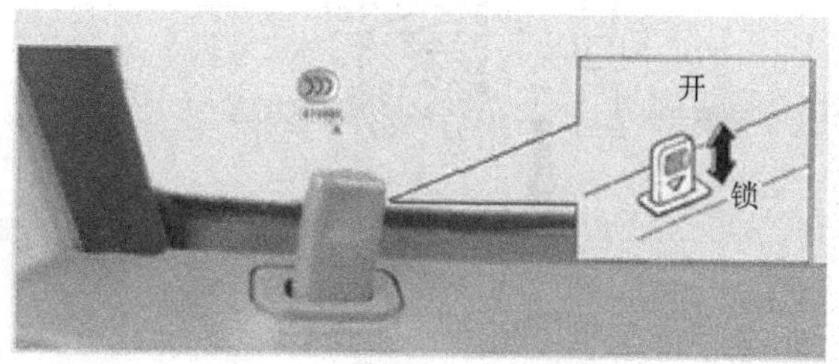

图 1-5　锁杆兼作门锁开关

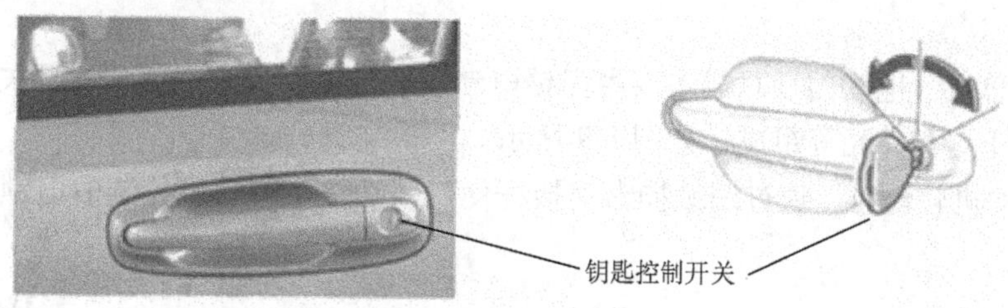

图 1-6　钥匙控制开关

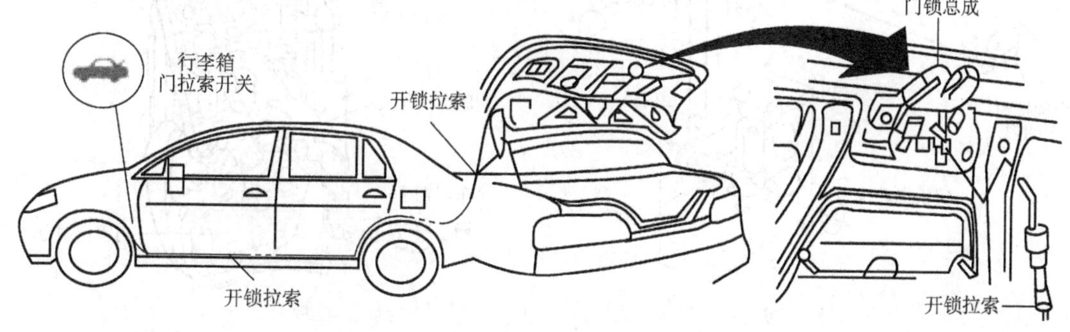

图 1-7　远距离控制行李箱门锁示意图

开启器，推压钥匙门，如图 1-8b 所示断开行李箱内的主开关，此时即使拉开启器开关也不能打开行李箱门，只有将钥匙插进钥匙门内顺时针旋转打开钥匙门，使行李箱门开启器开关接通，才能用行李箱门开启器打开行李箱门，如图 1-8c 所示。

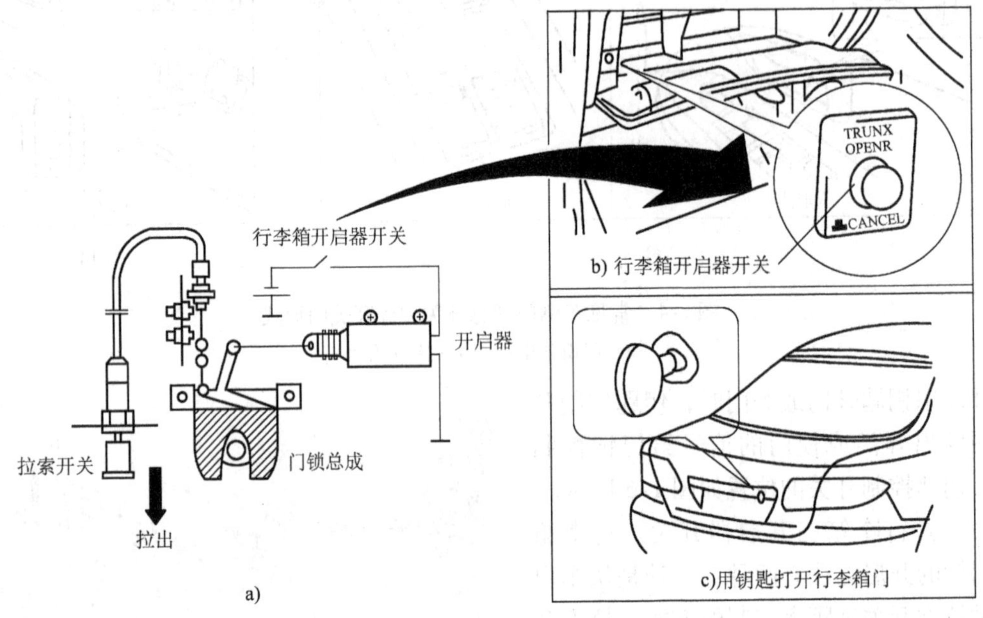

图 1-8　行李箱门开启器开关的结构原理

（4）行李箱门开启器。行李箱门开启器通常采用电磁线圈式，其结构及工作原理如图 1-8 所示。

2. 门锁总成　电动门锁总成主要由门锁电动机、门锁开关、门锁位置开关、门锁传动机构（连接杆）和外壳等组成，如图 1-9 所示。

门锁电动机转动时，通过门锁操纵连接杆使门锁动作。电动机控制的门锁传动机构如

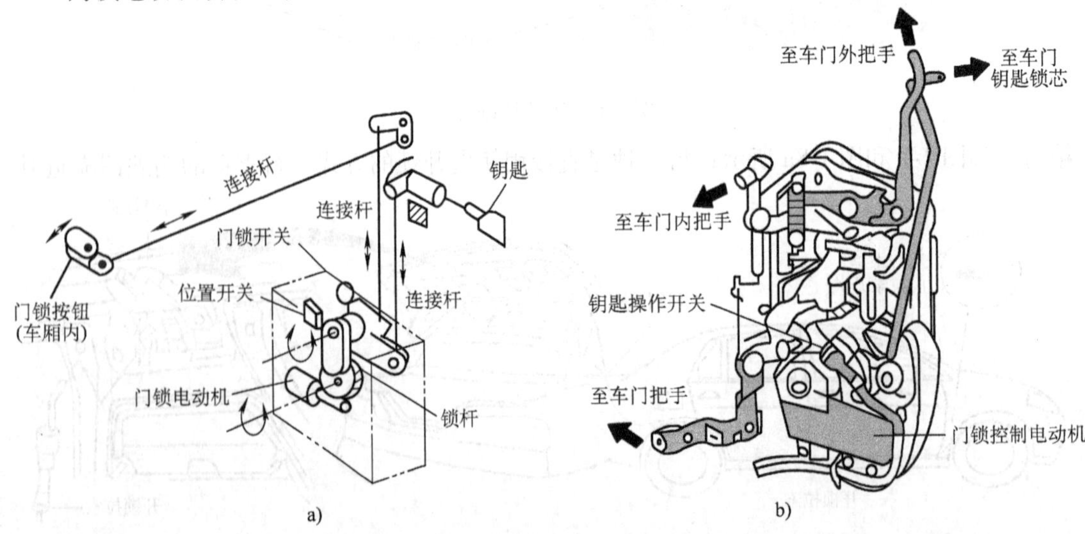

图 1-9　门锁的结构和工作原理

图 1-9a 所示。电动机的旋转方向由流经电动机电枢的电流方向决定，利用电动机的正转和反转，来实现车门的闭锁和开锁动作。

（1）门锁传动机构。门锁传动机构主要由门锁电动机、蜗杆蜗轮组和位置开关等组成，如图 1-10 所示。其工作过程如下：当门锁电动机转动时，蜗杆带动蜗轮转动，蜗轮推动锁杆，车门被锁上或打开，然后蜗轮在回位弹簧的作用下返回原位置，防止操纵门锁按钮时电动机工作。

当锁杆推向锁门位置时，门锁总成内的位置开关断开；而当锁杆推向开门位置时，位置开关接通。一旦车门的锁门/开门操作完成，蜗轮即在回位弹簧的作用下回到中间位置。

门锁位置开关位于门锁总成内，用来检测车门的锁紧状态，它由一个触头片和一个开关底座组成。当锁杆推向锁门位置时，位置开关断开；当锁杆推向开门位置时，位置开关接通（即当车门关闭时，此开关断开；当车门打开时，此开关接通）。图 1-10b 所示为门锁位置开关在车门锁紧和打开时的状态。

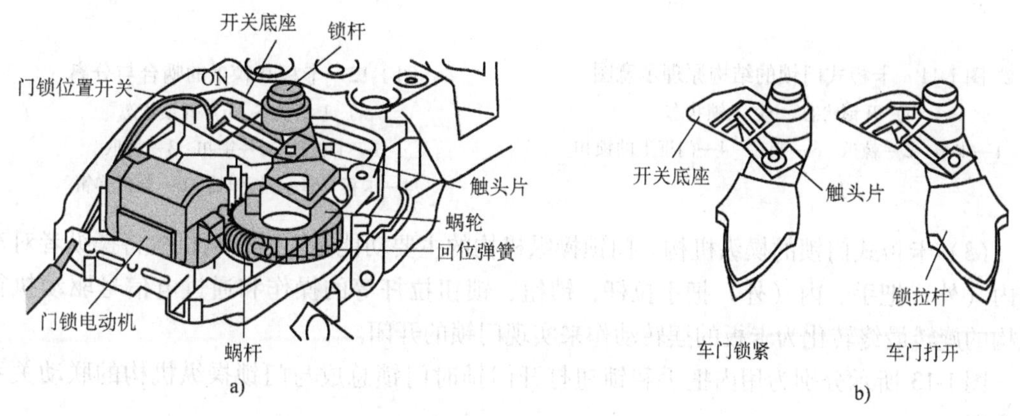

图 1-10　门锁传动机构及其工作原理

a）门锁传动机构　b）门锁位置开关

（2）卡板式门锁及其啮合机构。汽车门锁种类繁多，按门锁锁紧件的形状不同，可分为舌簧式、钩簧式、卡板式、凸轮式及齿轮齿条式门锁等；按门锁锁紧件的运动形式不同，可分为直线运动式（如舌簧式）、摆动式（如卡板式）和旋转式（如齿轮齿条式）门锁三种。

目前汽车门锁普遍使用卡板式门锁，因为卡板式门锁啮合可靠、强度高、定位准，其零件大多为钢板冲压件，工艺性好，容易大批量生产，此种门锁已成为汽车车门的主流门锁。

卡板式门锁主要由卡板 1、棘爪 2、锁芯 3、锁扣 4 等零件组成，如图 1-11 所示。卡板式门锁是利用锁体上的卡板和门框上的锁扣的脱开或啮合来实现车门的开或闭的。当车门打开时，锁扣与卡板是分开的，如图 1-11a 所示；当关闭车门时，固定在门框上的锁扣与锁体上的卡板相碰撞，卡板被棘爪定位，锁扣被卡板扣住，如图 1-11b 所示。

卡板和棘爪的啮合与分离是依靠各自弹簧力的作用来完成的。当关闭车门时，锁扣推动卡板绕卡板轴旋转，卡板弹簧被压缩，同时，卡板的旋转带动棘爪转动，使棘爪被拉伸，呈上锁状态，如图1-12a所示；当锁定状态被解除时，外力推动棘爪，卡板与棘爪在各自的弹簧力作用下脱开，呈开锁状态，如图1-12b所示。

不同车型的门锁结构虽略有不同，但其主要结构和原理都是大同小异的，因此不再一一介绍。

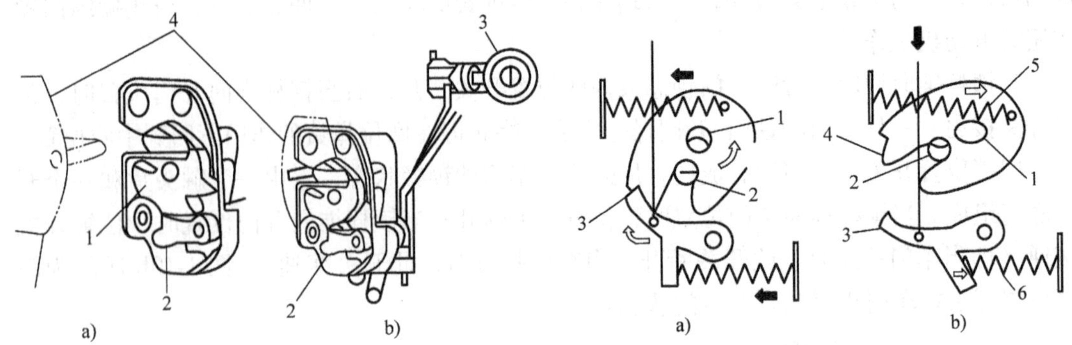

图1-11 卡板式门锁的结构原理示意图
a）开锁状态 b）上锁状态
1—卡板 2—棘爪 3—锁芯 4—门框上的锁扣

图1-12 卡板和棘爪的啮合与分离
a）上锁状态 b）开锁状态
1—卡板轴 2—锁扣 3—棘爪
4—卡板 5—卡板弹簧 6—棘爪弹簧

（3）卡板式门锁的操纵机构。门锁操纵机构的主要功能是通过传动机构将操纵者对车门内（外）把手、内（外）把手拉杆、锁钮、锁钮拉杆等的操作和通过电信号驱动执行机构的旋转最终转化为卡板的摆转动作来实现门锁的开闭。

图1-13所示分别为用内把手和锁钮打开门锁时门锁总成与门锁操纵机构的联动关系示意图。

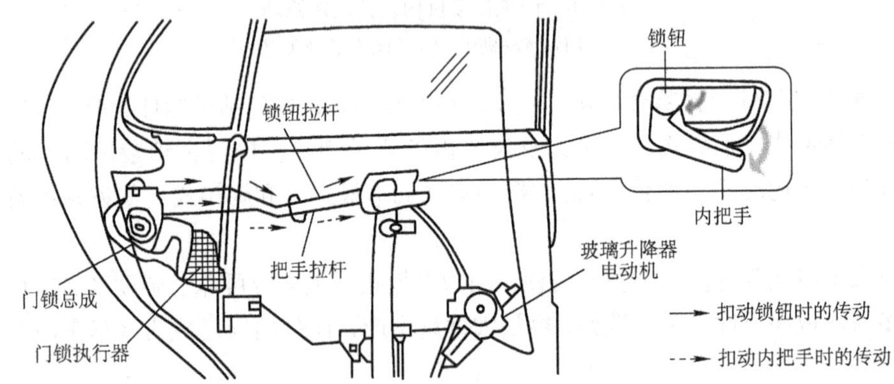

图1-13 门锁总成与门锁操纵机构的联动关系

3. 门锁执行机构　门锁执行机构的作用是根据电路中电流方向的不同，实现闭锁或开锁。常用的门锁执行机构有电磁线圈式、直流电动机式和气动式等类型，其中电磁线圈式和直流电动机式都是通过改变直流电的电流方向来改变执行机构的运动方向、实现锁门或开门动作的，因其结构简单、容易安装和布置而被广泛应用。气动式门锁执行机构因结构

复杂、工作管路密封难以保证而应用不多，只在早期的捷达等少数车辆上有使用。下面仅介绍电磁线圈式、直流电动机式门锁执行机构。

（1）电磁线圈式门锁执行机构。如图 1-14 所示为一种电磁线圈式门锁执行机构，它有两个线圈 L 和 U，其绕制方向相反，以便改变电流方向，分别用来锁止和开启门锁。门锁控制开关按钮平时处于中间位置，当按下锁门按钮时，给锁门线圈通正向电流，衔铁带动连杆向左（锁门）移动，带动门锁的卡板扣住门框上的锁扣，门被锁住；当按下开门按钮时，给开门线圈通反向电流，衔铁带动连杆向右（开门）移动，门锁的卡板脱离门框上的锁扣，门被打开。

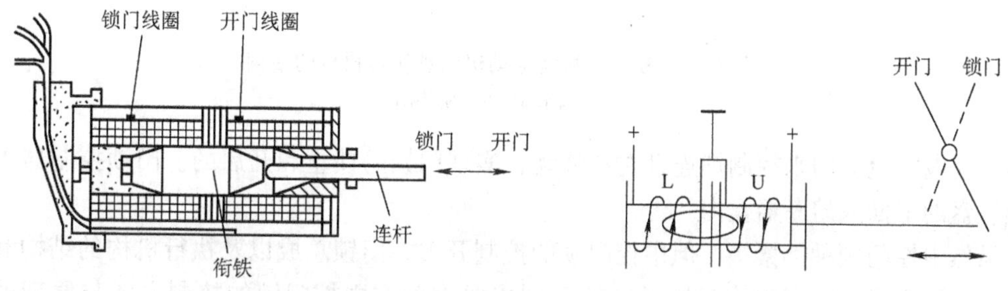

图 1-14 电磁线圈式门锁执行机构

（2）直流电动机式门锁执行机构。直流电动机式门锁执行机构是通过直流电动机转动并经传动装置（传动装置有蜗杆传动、齿条传动和直齿轮传动）将动力传给门锁锁扣，使门锁锁扣开启或锁止。由于直流电动机能正、反向转动，所以通过电动机的正反转实现门锁的锁止或开启。这种执行机构与电磁式执行机构相比，耗电量较小。

直流电动机式执行机构可分为“T 形”（见图 1-15）和“方形”（见图 1-16）两种。

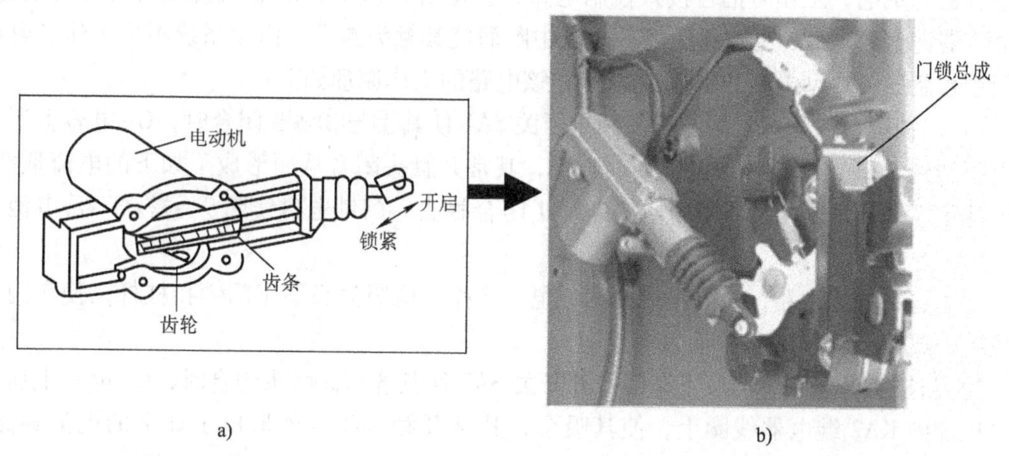

图 1-15 “T 形”直流电动机门锁执行机构与门锁总成的装配关系

a）结构组成 b）实物图

4. 门锁控制器 中控门锁控制电路均装有门锁控制器（继电器），门锁控制器的作用是控制门锁执行机构电路的接通或断开。因为无论何种门锁执行机构，都是通过改变执行

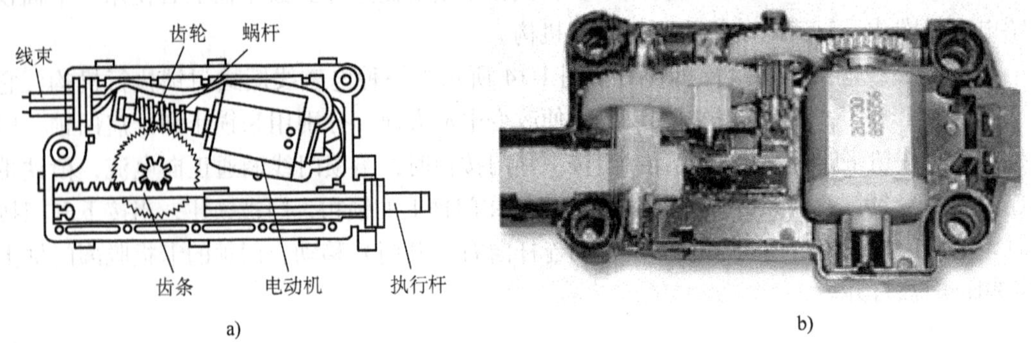

图 1-16 “方形”直流电动机门锁执行机构的结构
a）结构组成 b）实物图

机构的通电电流方向来控制锁连杆左右移动，实现门锁的锁止和开启的。门锁控制器多装在仪表盘的下面或熔断器盒内。

虽然中控门锁种类繁多，但中控门锁的控制开关、门锁总成以及执行机构的结构和工作原理大同小异，不同中控门锁系统的区别主要表现在中控门锁的控制方式与原理的不同——即中控门锁控制器的不同。常用的门锁控制器有普通中控门锁控制器（包括电容式、晶体管式、集成电路（IC）式）、车速感应式中控门锁控制器和电脑（ECU）中控门锁控制器三种。

下面仅介绍电容式门锁控制器、晶体管式门锁控制器和车速感应式门锁控制器的工作原理。

（1）电容式门锁控制器。电容式门锁控制器是利用电容器的充放电特性来工作的。平时电容器充足电，工作时把它接入控制电路，让电容器放电，使继电器通电而短时吸合。当电容器完全放电后，通过继电器的电流中断而使其触头断开，门锁系统不再工作。电容式门锁控制器的典型电路如图 1-17 所示，该电路的工作原理如下：

1）门锁锁紧过程。当按下车门锁止开关 SA1 使其①与③触头闭合时，C1 电容上所充的电压加到 KA1 继电器线圈上，使其吸合，其常开触头闭合从而形成了如下的电流通路：蓄电池正极→热敏断路器 4 闭合触头→KA1 闭合触头→门锁电磁线圈 9→搭铁→蓄电池负极。

上述这一电流通路，使电磁线圈 9 通电，产生的磁吸力吸下车门锁扣杠杆，使车门被锁住，完成锁门动作。

2）门锁打开过程。当按下车门打开开关 SA2 使其③与②触头闭合时，C2 电容上所充的电压加到 KA2 继电器线圈上，使其吸合，其常开触头闭合就形成了如下的电流通路：蓄电池正极→热敏断路器 4 闭合触头→KA2 闭合触头→门锁电磁线圈 10→搭铁→蓄电池负极。

上述这一电流通路，使电磁线圈 10 通电，产生的磁吸力向相反的方向吸回车门锁扣杠杆，使车门被打开，完成开门动作。

由上述分析可看出，图 1-17 所示系统是利用平时已充足电的电容器，在工作时将其

接入控制电路后，使继电器 5 或 6 通电而使其常开触头短时吸合，进而使执行机构的电磁线圈 9 或 10 工作，从而完成关或开门动作的。当电容器完全放电后，继电器触头又断开，门锁系统就不再工作，此时，另一只电容器则被充电，以备完成下次的开门或关门动作。

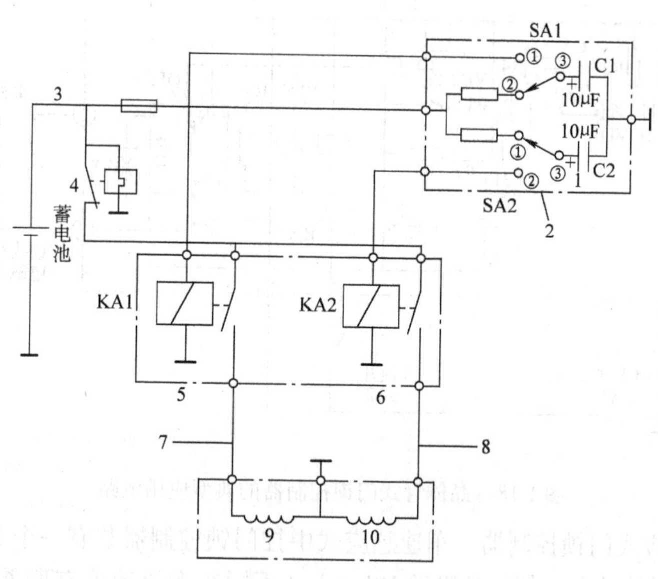

图 1-17　电容式门锁控制器的典型电路

1—电容器　2—门锁开关　3—接蓄电池正极　4—热敏断路器　5—锁门继电器　6—开门继电器　7、8—接其他车门门锁　9、10—门锁执行机构（电磁线圈式）

（2）晶体管式门锁控制器。如图 1-18 所示是一种晶体管式门锁控制器的典型应用电路，许多汽车上的门锁电路与此基本相同或相似，其工作原理如下：

1）门锁锁紧过程。当按下车门锁止开关 SA1 后，就形成了如下的电流通路：蓄电池正极→熔断器→门锁控制器①脚→二极管 VD5→VT1 的发射极→R3→隔离二极管 VD1→电容 C1→门锁控制器⑥脚→锁止开关 SA1 闭合的触头→搭铁→蓄电池负极。

上述电流通路在 C1 通电的瞬间，使 VT1 管导通后 VT2 管也导通，继电器 KA1 因线圈中的电流通路形成而吸合，其常闭触头断开、常开触头 K1 闭合且与 ON 触头接通，由此就又形成了如下的电流通路：蓄电池正极→熔断器→门锁控制器①脚→KA1 继电器常开已闭合的触头 K1 与 ON→门锁控制器②脚→门锁执行机构→门锁控制器③脚→KA2 继电器 K2 的常闭触头→门锁控制器④脚→搭铁→蓄电池负极。

上述这一电流通路，使门锁执行机构的电磁线圈中有从上向下的电流流过，电磁铁产生的吸力吸下车门锁扣杠杆，使车门被锁住。

随着电容 C1 的充电结束后，KA1 继电器中的电流通路断开，其 K1 触头复位，与 ON 断开，OFF 触头重又闭合，门锁执行机构的电磁线圈中的电流也中断，从而完成了锁门动作。

2）门锁打开过程。当要打开车门时，按下开锁开关 SA2 后，就形成了如下的电流通路：蓄电池正极→熔断器→门锁控制器①脚→隔离二极管 VD5→KA2 继电器线圈→门锁控制器⑤脚→开锁开关SA2闭合的触头→搭铁→蓄电池负极。

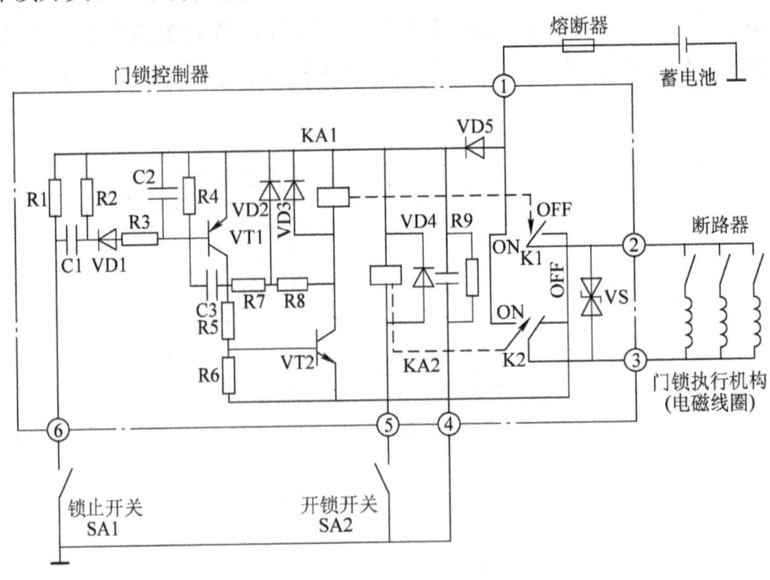

图1-18　晶体管式门锁控制器的典型应用电路

（3）车速感应式门锁控制器。车速感应式中控门锁控制器装有一个10km/h的车速感应开关（装在车速表内），当车速超过10km/h（不同车型该数值有所差异）时，若车门未上锁，门锁控制器会自动将车门上锁（除驾驶员侧车门外），以确保行车安全。

如图1-19所示是车速感应式中控门锁控制器的典型应用电路，电路中的门锁执行机构由蓄电池供电，点火开关控制定时器和稳态电路的供电。定时器的作用是设定门锁的锁止和开启所需的时间，以防止执行机构过载。

当接通点火开关后，车门警告灯电路如下：蓄电池正极→易熔线→点火开关→熔断器→车门警告灯→驾驶员侧以外的3个车门报警灯开关上端（如果这时车门未上锁，则车门报警灯会点亮）。

1）门锁锁紧控制。当按下锁门开关后，定时器会使开关管VT2瞬间导通，从而使KA1继电器线圈通电产生吸力，其常闭触头断开、常开触头闭合，从而形成如下的电流通路：蓄电池正极→易熔线→KA1继电器常开已闭合的触头→门锁执行机构→KA2继电器常闭触头→搭铁→蓄电池负极。

上述这一电流通路，使门锁执行机构的电动机中有正向电流通过，驱动门锁锁紧。

2）门锁开锁控制。当按下开门开关后，KA2继电器线圈通电产生吸力，使其常闭触头断开、常开触头闭合，从而形成了如下的电流通路：蓄电池正极→易熔线→KA2继电器常开已闭合的触头→门锁执行机构→KA1继电器常闭触头→搭铁→蓄电池负极。

上述这一电流通路，使门锁执行机构的电动机中有反向电流通过，驱动门锁开锁。

3）车速锁定控制。若车门未上锁，且行车速度低于10km/h时，设置在车速表内的10km/h车速感应开关闭合，电流经稳态电路到车速感应开关搭铁，VT1不导通，车门仍处于未上锁状态；当行车速度高于10km/h时，10km/h车速感应开关断开，电流经稳态电路到VT1的基极，VT1导通，电流经定时器触发端和导通的VT1及驾驶员侧以外的车门

报警灯开关搭铁，驾驶员侧以外的3个车门自动上锁，从而保证了行车的安全。

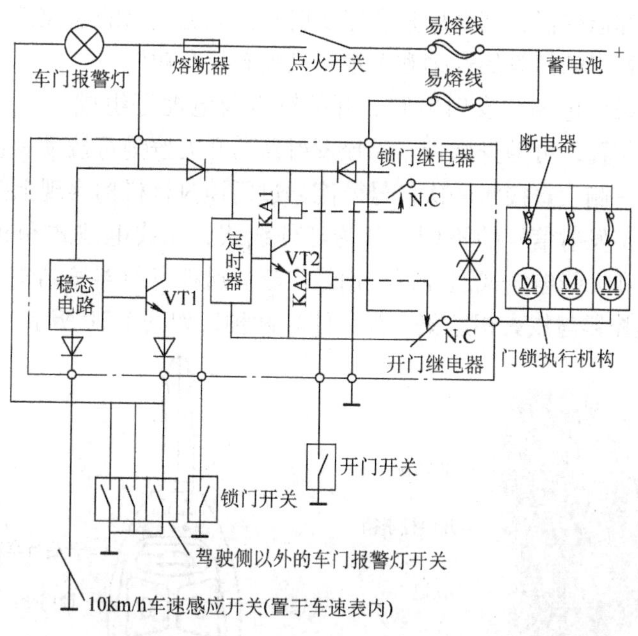

图1-19 车速感应式中控门锁控制器的典型应用电路

二、认识无线遥控中控门锁

无线遥控中控门锁是指不用把点火钥匙插入锁孔中就可以远距离开锁和闭锁的门锁，其最大优点是不管白天黑夜，都可以远距离、方便地进行开锁和闭锁（特别是黑夜，可以避免因无灯光开车门而造成的不便）。无线遥控中控门锁在普通中控门锁的基础上增加了遥控功能。

无线遥控通过车主操控随手携带式遥控器发出的微弱电波，由汽车天线接收电波信号后，经遥控接收器识别，再由该系统的执行器执行开锁和闭锁的动作。

无线遥控门锁系统的组成如图1-20所示，主要包括遥控发射器、遥控接收器以及执行器三部分。

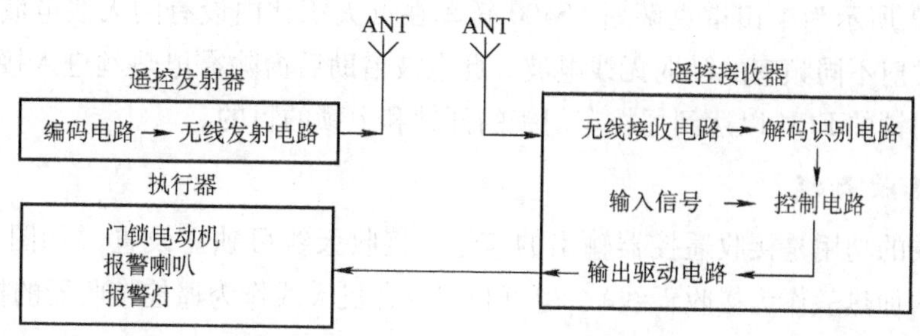

图1-20 无线遥控门锁系统的组成方框图

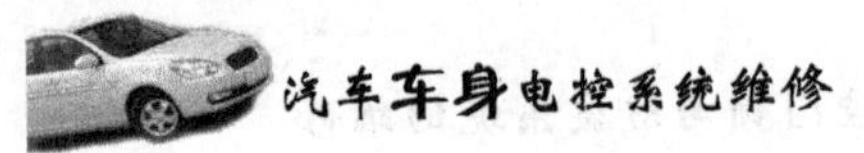

（一）遥控发射器

遥控发射器简称遥控器，其功用是利用发射开关规定代码的遥控信号，控制驾驶员侧车门、其他车门、行李箱门等的开锁和上锁，且具有寻车功能。

遥控发射器由编码电路、发射电路、开关键以及电池等组成，一般有 2 ~4 个按键，是一种小型的发射装置，可随身携带。遥控发射器的开关按键每按动一次，就向外发送一次信号；在接收机一侧，每接收一次信号就能通过门锁执行机构实现上锁或开锁一次。

遥控发射器根据发射信号的不同，分为红外线式、无线电波式和超声波式遥控器三种，其中红外线式和无线电波式遥控器应用最广泛。遥控发射器按结构不同，分为分开型和组合型（即将遥控器与点火钥匙集合为一体）两种，如图 1-21 所示。

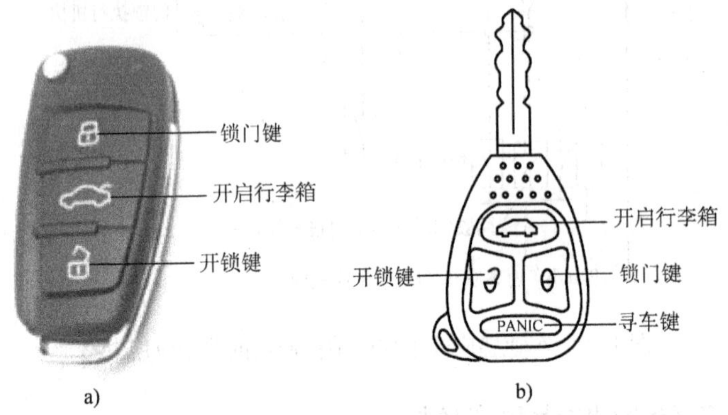

图 1-21　遥控发射器的结构类型

a）分开型　b）组合型

（二）遥控接收器

遥控接收器是一个智能控制单元，通常安装在车内较隐蔽的位置，用于接收遥控器发出的信号。遥控接收器对接收的信号进行放大和调制，并检查身份鉴定代码是否相符，当此代码一致时，再判别功能代码，并驱动相应的执行器。

遥控接收器分为独立遥控接收器、遥控接收器与门锁控制器集成一体、遥控接收器与门锁控制器以及防盗 ECU 集成一体三种类型。

如图 1-22 所示为丰田雷克萨斯 LS400 轿车在点火钥匙内设有的无线电波发送器。不同的钥匙能发射不同频率的微弱无线电波，此电波借助后窗除雾电热丝进入接收器，再进入无线遥控门锁的 ECU 以达到遥控车门锁的开锁和上锁的目的。

（三）接收天线

接收天线的功用是接收遥控器输出的信号。接收天线可独立设置（如图 1-22 是利用后窗玻璃上的加热丝作为接收天线），也可利用收音机天线作为遥控接收器的接收天线。

（四）执行器

执行器主要是指门锁电动机，带防盗功能的还包括有报警喇叭、报警灯、电源继电器、燃油切断阀等，其中报警灯一般与汽车转向信号灯共用，电源继电器和燃油切断阀通

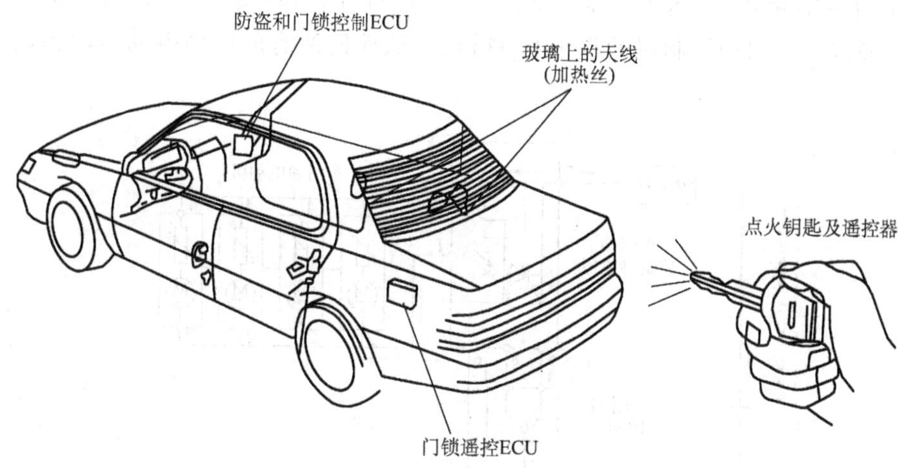

图 1-22　丰田雷克萨斯轿车的遥控接收器

常安装在车内隐蔽的位置。

三、识读中控门锁的控制电路

现以丰田海斯小客车的中控门锁控制系统为例，介绍中控门锁的控制电路。

丰田海斯小客车的中控门锁控制系统主要由门锁控制开关、门锁控制器（门锁继电器)、门锁电动机等组成，各部件的安装位置如图 1-23 所示。

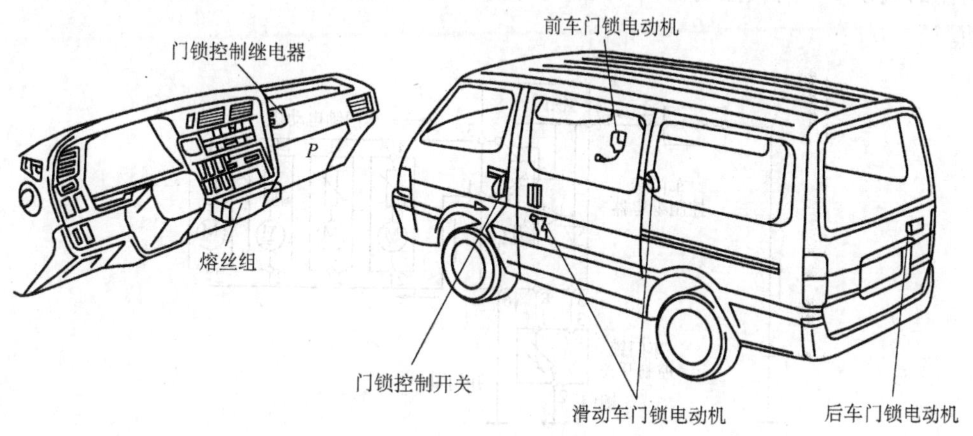

图 1-23　丰田海斯小客车中控门锁各部件的安装位置示意图

丰田海斯小客车中控门锁控制系统的 4 个门锁电动机分别装在 4 个车门上，它们通过装在门锁电动机转动轴上的塑料齿轮的传动，带动与门锁控制开关连在一起的齿条移动，从而使车门上锁。每个门锁电动机均串联有正温度系数的热敏电阻（PTC），以保护门锁电动机。丰田海斯小客车中控门锁的控制电路如图 1-24 所示，其控制原理如下：

（一）锁门控制

当将门锁控制开关设定到“锁门”侧时，门锁控制器的端子 5 和搭铁之间通过车门锁开关的端子 3 和 2 接通（见图 1-24）。这时，门锁控制器的动作使电流流向如下：

蓄电池→熔断器→门锁控制器的端子 7→门锁控制器的端子 3→门锁电动机→门锁控制器的端子 1→门锁控制器的端子 6→搭铁，从而使所有的门锁电动机向锁门方向移动。

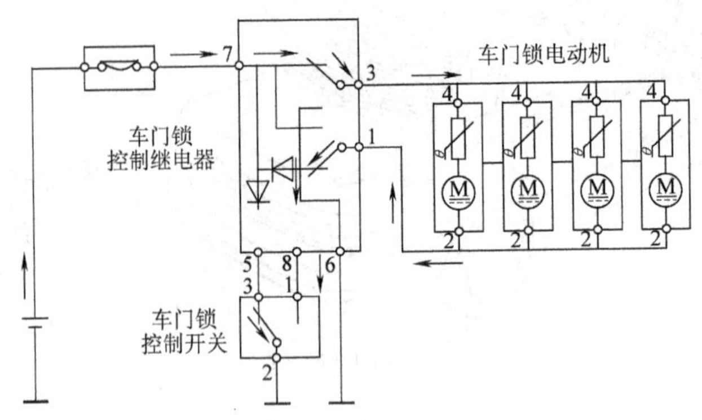

图 1-24　丰田海斯小客车中控门锁的控制电路（上锁工作过程）

（二）开门控制

当将门锁控制开关设定到“开门”侧时，门锁控制器的端子 8 和搭铁之间通过门锁开关的端子 1 和 2 被导通（见图 1-25）。这时，门锁控制器的动作使电流流向如下：

蓄电池→熔断器→门锁控制器的端子 7→门锁控制器的端子 1→门锁电动机→门锁控制器的端子 3→门锁控制器的端子 6→搭铁，从而使所有的车门锁电动机向开门方向移动。

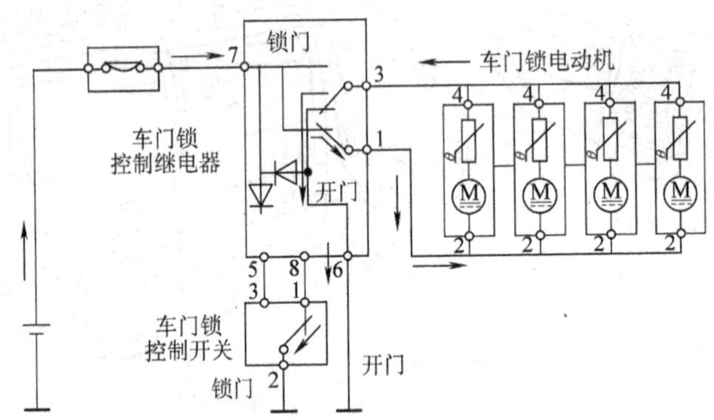

图 1-25　丰田海斯小客车中控门锁的控制电路（开锁工作过程）

任务 2　中控门锁的检修

【活动情景】

活动在汽车维修实训场地进行，围绕中控门锁实训台或实车边学边练。

【任务要求】

通过学习和训练，掌握中控门锁控制继电器总成、门锁控制开关、门锁总成的拆卸、更换和检修的基本规范和操作方法。

【基本内容】

不同车型的中控门锁电路区别较大，因此在进行中控门锁检修时，要结合各车型的《维修手册》进行。但不管何种车型，其检修的方法基本相同。现以丰田威驰轿车的中控门锁系统为例，介绍中控门锁的检修过程。

丰田威驰轿车中控门锁系统各零部件的位置如图1-26和图1-27所示。

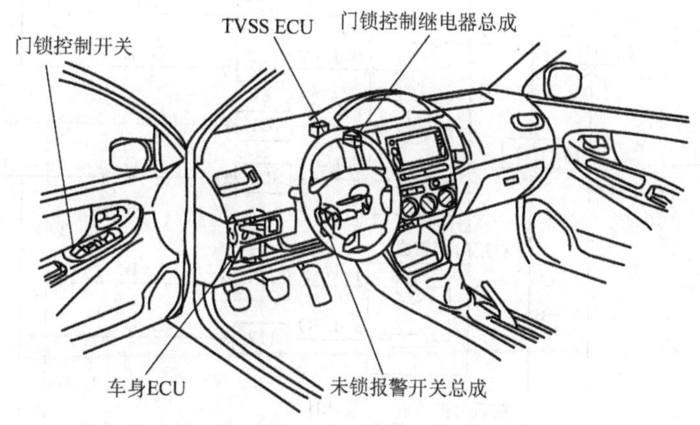

图1-26　丰田威驰轿车中控门锁系统各零部件在车上的位置图（一）

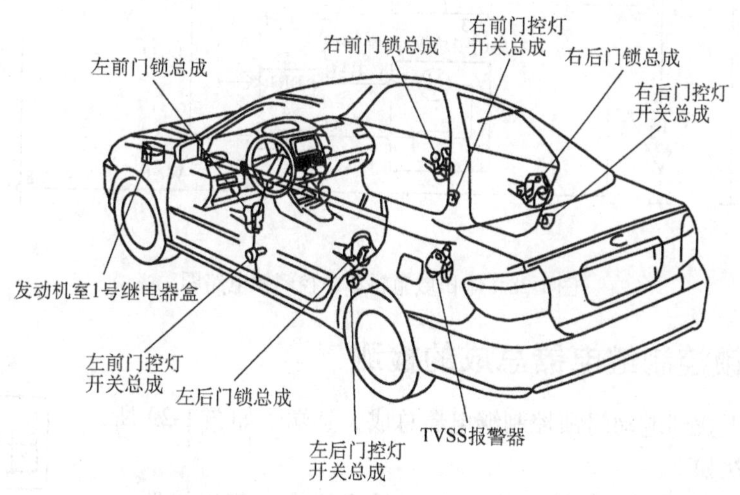

图1-27　丰田威驰轿车中控门锁系统各零部件在车上的位置图（二）

如图 1-28 所示，丰田威驰轿车的中控门锁系统主要由门控继电器总成及连接器 D4、电动车窗调节器主开关总成（门锁控制开关）及连接器 D10、左前门锁总成及连接器 D9、右前门锁总成及连接器 D11、左后门锁总成及连接器 D12、右后门锁总成及连接器 D13 等组成。电动门锁控制继电器接收来自主开关和驾驶员侧车门锁的信号，然后驱动门锁电动机。

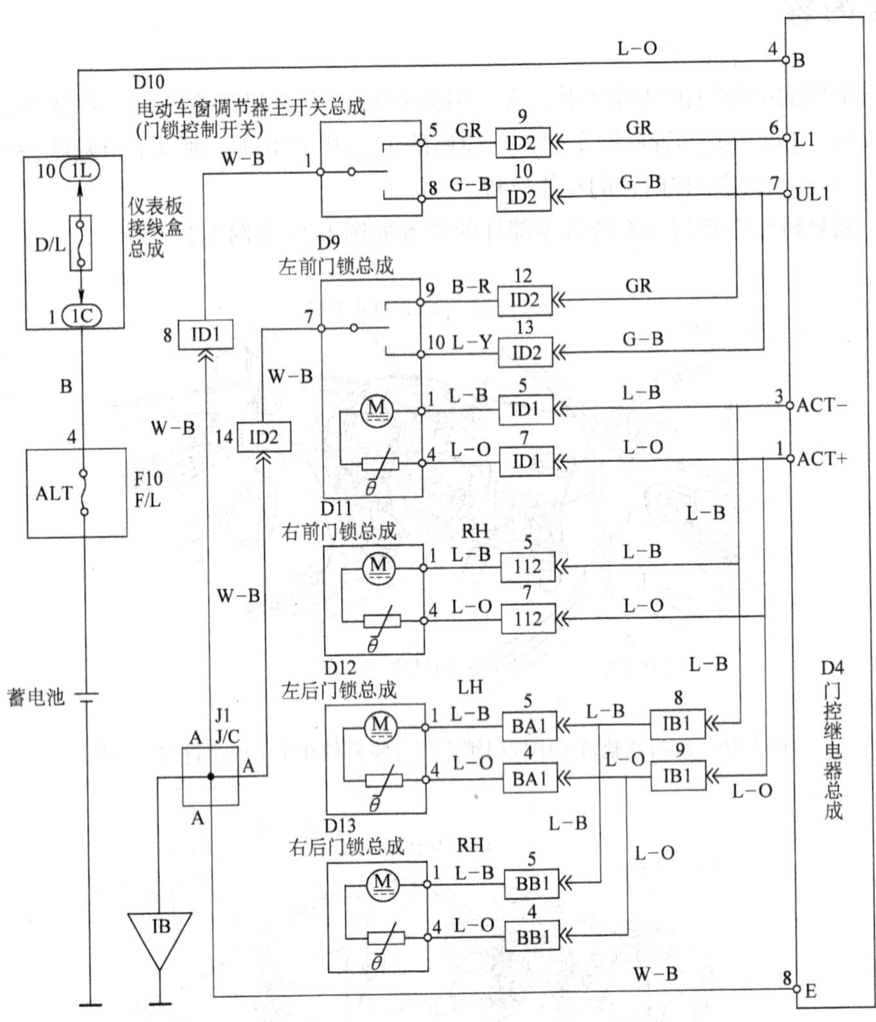

图 1-28　丰田威驰轿车中控门锁电路图

一、门锁控制继电器总成的检测

从仪表板上找到电动门锁控制继电器总成，其端子如图 1-29 所示，其检测方法如下：

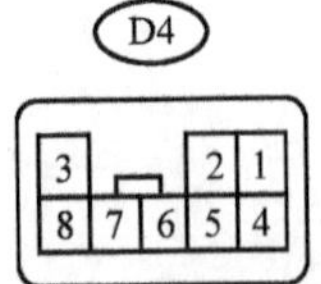

图 1-29　电动门锁控制继电器总成的端子

（1）断开门锁控制继电器连接器 D4，检查线束一侧连接器每个端子的电压和导通情况，其结果应符合表 1-1 所示标准状态的要求。如果结果不符合标准，可能是线束一侧有故障。

表 1-1 检查门锁控制继电器连接器 D4 端子的导通情况

符号（端子号）	导线颜色	工况	标准状态
B（D4—4）搭铁	L—0	任何工况	10～14V
E（D4—8）搭铁	W—B	任何工况	导通
L1（D4—6）搭铁	GR	门控开关（主开关）OFF→LOCK	不通→导通
L1（D4—7）搭铁	G—B	门控开关（主开关）OFF→UN LOCK	不通→导通

（2）重新连接门锁控制继电器连接器 D4，检查连接器每个端子的电压，其结果应符合表 1-2 所示标准状态的要求。如果结果不符合标准，应检查门锁控制继电器和蓄电池之间的线束、连接器和熔丝，视情进行修理或更换。

表 1-2 检查门锁控制继电器连接器 D4 端子的电压

符号（端子号）	导线颜色	工况	标准状态
ACT+（D4—1）搭铁	L—0	门控开关（主开关）或门锁（驾驶员）OFF→LOCK	低于 1V→10～14V→低于 1V
ACT-（D4—3）搭铁	L—B	门控开关（主开关）或门锁（驾驶员）OFF→LOCK	低于 1V→10～14V→低于 1V

二、门锁控制开关的检测

（1）检测主开关或门锁操作。如果用驾驶员侧车门锁不能进行手动上锁和开锁操作，转到步骤（3）；如果用主开关不能进行手动上锁和开锁操作，进行下一步检测。

（2）检测门锁控制主开关总成，如图 1-30 所示。

1）拆下主开关。

2）检测门锁控制开关的导通性，其结果应符合表 1-3 所示标准状态的要求。检测结果如果不正常，更换电动车窗调节器主开关总成；如果正常，进行下一步检测。

（3）检测线束（门锁控制主开关总成和门锁控制继电器总成）一侧连接器的导通性，如图 1-31 所示。

1）断开 D10 电动车窗主开关连接器。

2）断开 D4 门锁控制继电器连接器。

3）检查线束一侧连接器的导通性，其结果应符合表 1-4 所示标准状态的要求。

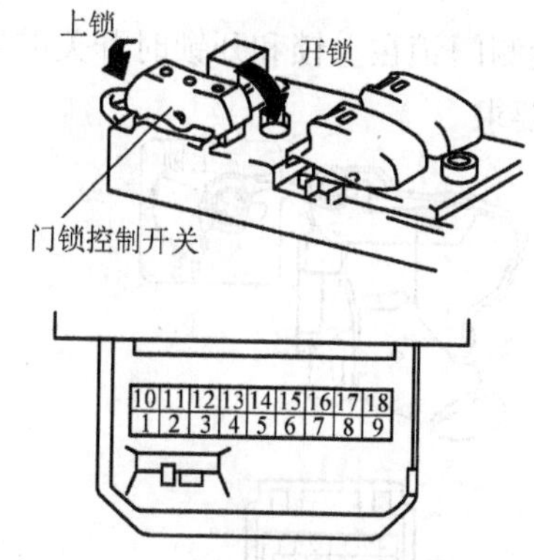

图 1-30 门锁控制主开关总成的检测

表 1-3 门锁控制开关导通性的检测

端子号	开关位置	标准状态
1 和 5	LOCK	导通
—	OFF	不导通
1 和 8	UN LOCK	导通

线束侧
D10电动车窗调节器
主开关总成

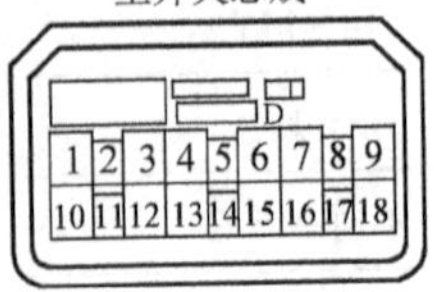

D4门锁控制继电器总成

图 1-31 检测线束一侧连接器的导通性

表 1-4 线束一侧连接器的导通性的检测

符号（端子号）	标准状态
L（D10—5）和 L1（D4—6）	导 通
L（D10—8）和 UL1（D4—7）	导 通

如果检查结果不正常，修理或更换线束和连接器；如果正常，更换门锁控制继电器总成。

三、门锁总成检测

（1）检测左前门锁总成。

1）如图 1-32 所示，用蓄电池的正负极直接连接端子 4 和端子 1，检测门锁电动机的工作情况，应符合表 1-5 所示标准状态的要求。

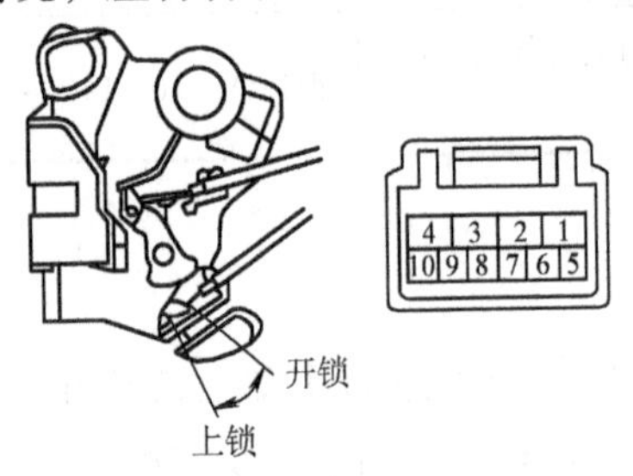

图 1-32 左前门锁电动机的工作情况检测

表 1-5 左前门锁端子的检测

测量条件	标准状态
蓄电池“+”和端子 4 蓄电池“-”和端子 1	上 锁
蓄电池“+”和端子 1 蓄电池“-”和端子 4	开 锁

2）检测门锁在上锁和开锁时开关的导通情况，如图 1-33 所示，应符合表 1-6 所示标准状态的要求。

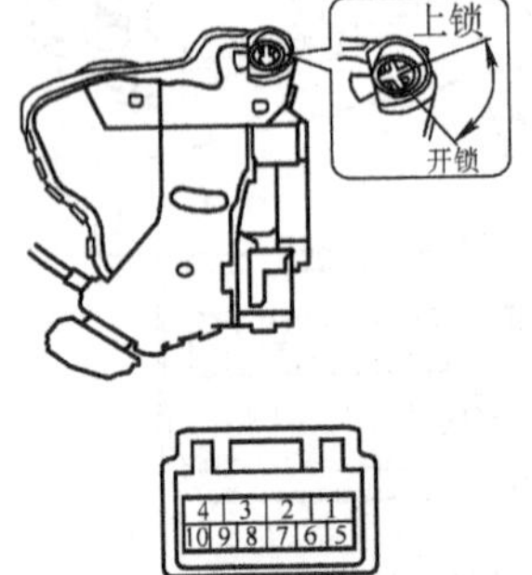

图 1-33 门锁开关导通情况的检测

表 1-6 门锁总成端子的检测

端子号	门锁位置	标准状态
7 和 9	上锁	导通
—	OFF	—
7 和 10	开锁	导通
7 和 8	上锁	不导通
	开锁	导通

如果不正常，更换左侧前门锁总成；如果正常，进行下一步检测。

3）检测线束（左侧前门锁总成和门锁控制继电器总成）一侧连接器的导通性，如图 1-34 所示。

① 断开 D9 门锁（驾驶员侧）连接器。

② 断开 D4 门锁控制继电器连接器。

③ 检测线束一侧连接器的导通性，应符合表 1-7 所示标准状态的要求。

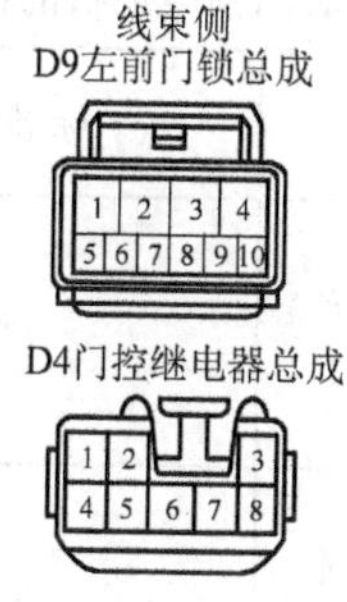

图 1-34 检测线束一侧连接器

表 1-7 线束一侧连接器的导通性标准

符号(端子号)	标准状态
-(D9—4)和 ACT+(D4—1)	导 通
-(D9—1)和 ACT+(D4—3)	导 通

如果不正常，修理或更换线束或连接器；如果正常，更换门锁控制继电器总成。

（2）检测右前门锁总成，其操作步骤与检测左侧前门锁总成相同，图 1-35 所示为右前门锁电动机工作情况的检测，表 1-8 所示为检测结果对照表。

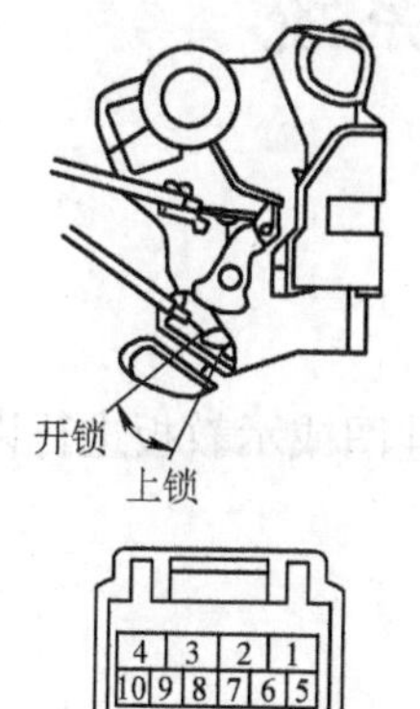

图 1-35 右前门锁电动机工作情况的检测

表 1-8 右前门锁电动机的检测

测量条件	标准状态
蓄电池“+”和端子 4 蓄电池“-”和端子 1	上 锁
蓄电池“+”和端子 1 蓄电池“-”和端子 4	开 锁

（3）检测左后门锁总成，其操作步骤与检测左侧前门锁总成相同，如图 1-36 所示为左后门锁电动机工作情况的检测，表 1-9 所示为检测结果对照表。

图 1-36 左后门锁电动机工作情况的检测

表 1-9 左后门锁电动机的检测

测量条件	标准状态
蓄电池“+”和端子 4 蓄电池“-”和端子 1	上 锁
蓄电池“+”和端子 1 蓄电池“-”和端子 4	开 锁

（4）检测右后门锁总成，其操作步骤与检测左侧前门锁总成相同，如图 1-37 所示为右后门锁电动机工作情况的检测，表 1-10 所示为检测结果对照表。

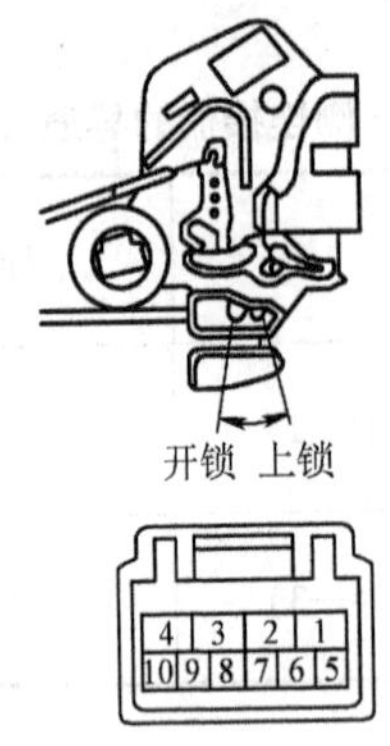

图 1-37 右后门锁电动机工作情况的检测

表 1-10 右后门锁电动机的检测

测量条件	标准状态
蓄电池“+”和端子 4 蓄电池“-”和端子 1	上锁
蓄电池“+”和端子 1 蓄电池“-”和端子 4	开锁

任务 3 了解汽车防盗系统

【活动情景】

活动在普通教室或多媒体教室进行，用汽车防盗系统的挂图或示教板进行讲解。

【任务要求】

通过学习，了解汽车防盗系统的类型与特点，掌握第一代至第四代发动机防盗锁止系统的区别、特点及工作原理。

【基本内容】

一、了解汽车防盗知识

汽车防盗系统是为了防止汽车本身或车上的物品被盗所设的系统。汽车防盗系统实质上是一种安装在车上，用来增加盗车难度、延长盗车时间的装置。当盗贼进入车内时，防盗系统会被触发，报警装置立即发出刺耳的声响和忽明忽暗闪烁的灯光，以恐吓盗贼，增加盗贼的心理压力，使其主动放弃盗车行为，同时也提醒行人和车主采取相应的措施。

为防止汽车被盗，人们研制出了各种方式、不同结构的防盗系统。目前汽车的防盗系统大致分为三大类：

（1）阻止进入和移动车辆的防盗系统，包括机械防盗锁和中控门锁防盗报警系统。

（2）阻止起动发动机的防盗系统，包括发动机防盗锁止系统和无钥匙进入系统。

（3）网络式卫星定位跟踪防盗系统。

（一）机械防盗锁

机械防盗锁是最传统的防盗装置，它是依靠锁本身坚固的金属材质，来锁止汽车的车门、转向盘、制动踏板、加速踏板或变速杆，使窃贼难以进入汽车内和开走汽车。由于机械防盗锁安全性差，在汽车防盗系统中只起辅助作用。

常见的机械防盗锁有转向锁、转向盘锁、变速杆锁和轮胎锁等，但应用得较多的主要是转向锁和转向盘锁两种。

转向锁在汽车出厂时就已经装好，其作用是用来锁止汽车转向盘上的转向柱。转向锁由点火开关来控制，如图1-38所示。当发动机熄火后，将点火开关转至“LOCK”或“0”挡位时，转向锁上的锁杆就会伸出并嵌入转向柱凹孔内，将转向柱锁止。此时，即使有人将车门非法打开并起动发动机，由于转向柱被锁止，汽车不能实现转向，故而也不能将汽车开走，从而起到了防盗作用（注：不转至“LOCK”挡位，点火钥匙是取不出来的）。

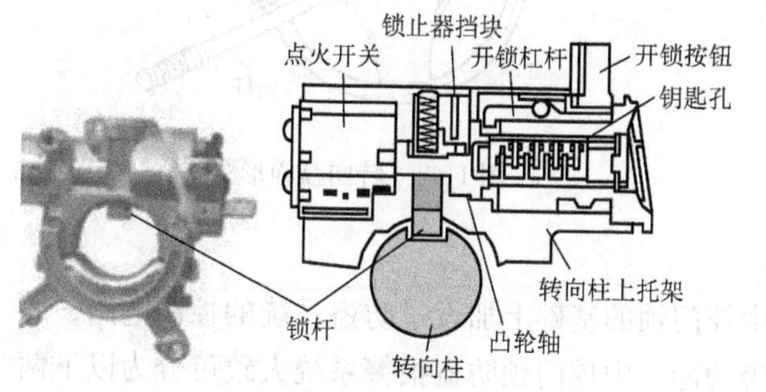

图1-38　带转向锁的点火开关

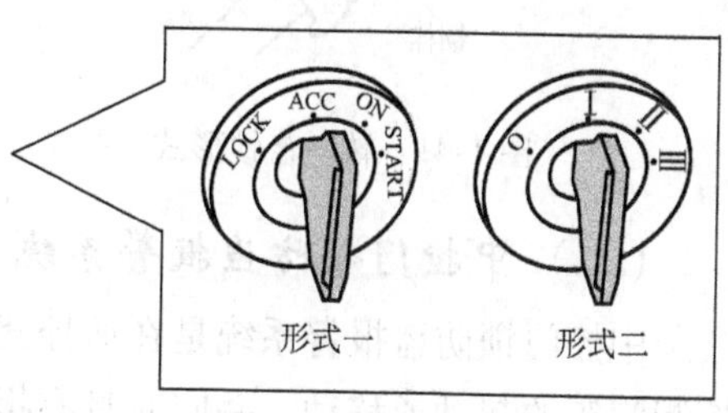

图1-39　点火开关标识

◆ 提示：点火开关标识说明（见图1-39）。

LOCK挡（或0挡）：锁止挡——点火钥匙转到该挡时，转向盘被锁定，只有该位置才能取下点火钥匙。

ACC挡（或Ⅰ挡）：附件挡——点火钥匙转到该挡时，只有音响、点烟器等部分用电设备能使用（注：也有的点火开关该挡标识为OFF）。

ON挡（或Ⅱ挡）：接通挡——正常的行车位置。点火钥匙位于该挡时，除起动机外的其他所有电器设备均能使用。

START挡（或Ⅲ挡）：起动挡——用于起动发动机。发动机起动后，松开点火钥匙，点火钥匙会自动回到ON位置。在此位置时，ACC挡的用电设备断电，以保证有足够的电量用于起动发动机。

在机械防盗锁中，转向盘锁由于使用方便而被广泛应用。目前应用最多的转向盘锁主要有下列三种类型：一种是使用时，转向盘锁的一端钩在转向盘上，一端钩在离合器踏板上或者制动踏板上，锁定以后，转向盘就不能转动，同时变速器也挂不进挡位或者制动踏板无法踩下，如图 1-40 所示；另一种转向盘锁装一根长钢棒，一端扣在转向盘上，一端直接压靠在仪表盘上的装饰板上，如图 1-41 所示；再有一种是采用加长钢棒，直接挂在转向盘上面，使转向盘不能正常转动，如图 1-42 所示。

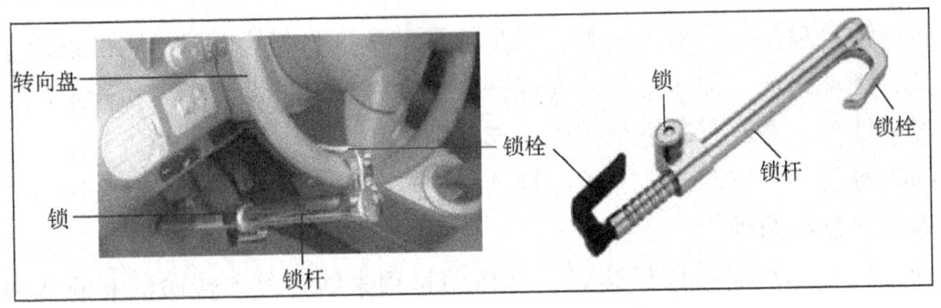

图 1-40　同时锁住转向盘与制动踏板/离合器踏板的转向盘锁

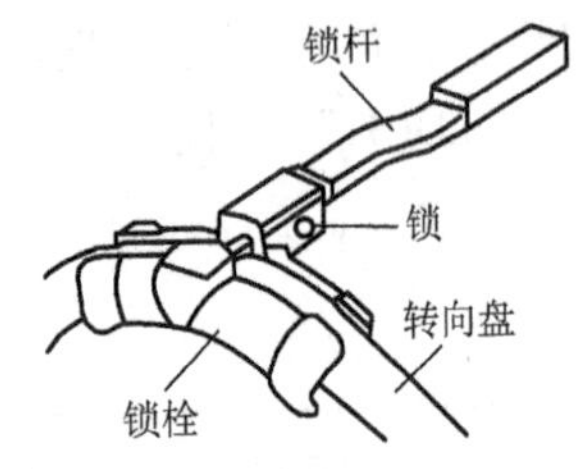

图 1-41　转向盘锁形式一

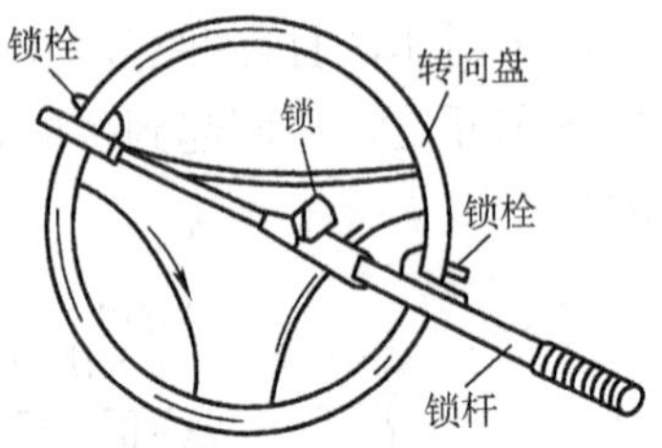

图 1-42　转向盘锁形式二

（二）中控门锁防盗报警系统

中控门锁防盗报警系统是在遥控式中控门锁的基础上加设了防盗系统的控制电路，以控制汽车的起动或移动，并同时具有报警功能。中控门锁防盗报警系统大致可分为以下两种类型：

1. 具有报警功能的中控门锁防盗报警系统　该系统在车内装有如振动传感器、超声波传感器、倾斜传感器等多个传感器，用于感受车辆不同部分的状况。当盗贼有企图移动车辆或强行打开车门、发动机舱盖，划破玻璃等进入车内的行为时，系统的报警装置（喇叭、转向灯和前照灯）立即发出刺耳的声响和忽明忽暗闪烁的灯光，以吓阻盗贼和提醒行人，其工作电路如图 1-43 所示。由于传感器的灵敏度难以准确设定，因此这种防盗系统容易出现误报警或漏报警。

2. 具有报警功能和切断起动/点火电路功能的中控门锁防盗报警系统　该系统在具有报警功能的中控门锁系统的基础上，增加了切断起动电路/点火电路的功能。当防盗系统被触发后，该系统除了报警装置立即发出声响和闪光外，还自动切断发动机的起动/点火电路，使盗贼不能起动发动机，从而增加了车辆被盗的难度。如图 1-44 所示是采用了切断发动机起动电路的防盗方式，当然也可以采用同时切断发动机起动电路和点火电路的防盗方式。但该防盗系统仍易被有汽车维修经验的盗贼破解，因此，现代汽车广泛采用遥控中控门锁防盗报警系统和发动机防盗锁止系统的双重防盗系统，从而大大提高了汽车防盗系统的安全性和可靠性。

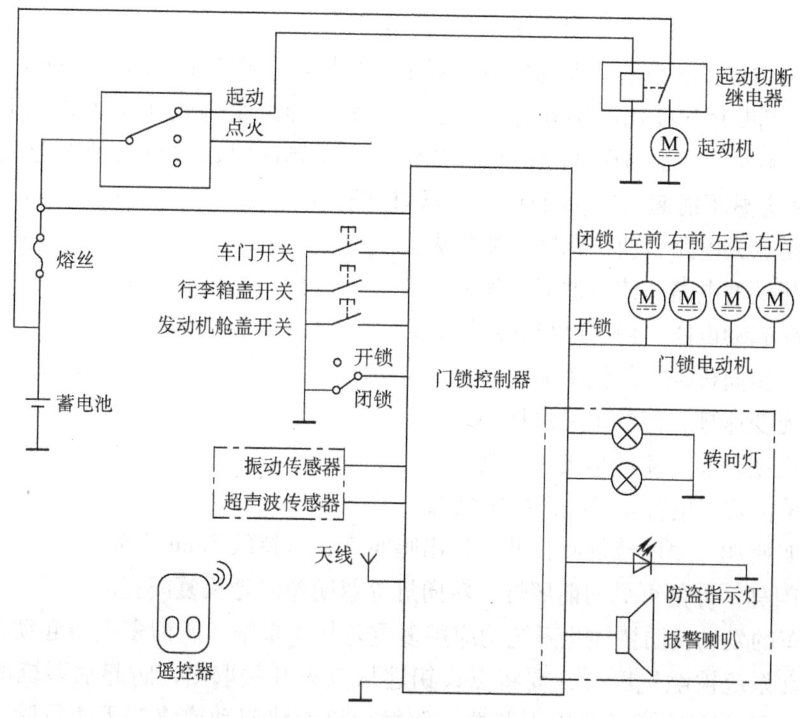

图1-43 具有报警功能的中控门锁防盗系统的工作电路

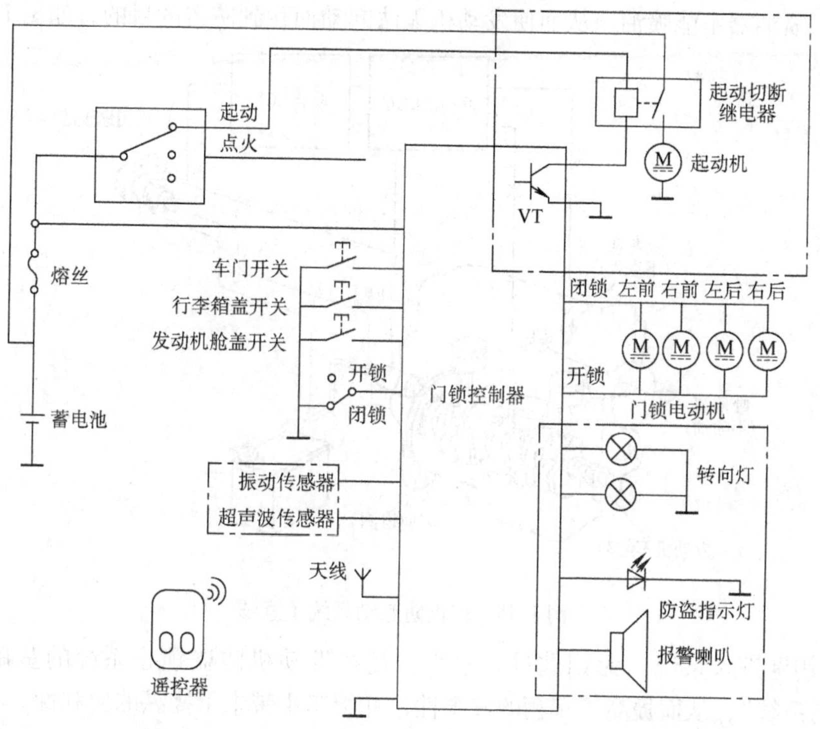

图1-44 具有报警和切断起动/点火电路功能的中控门锁报警防盗系统

（三）发动机锁止和无钥匙进入防盗系统

1. 发动机防盗锁止系统　发动机防盗锁止系统是目前使用最多的汽车防盗系统。它通过电子应答来判断用户使用的钥匙是否合法，并由此确定是否允许发动机 ECU 工作。若钥匙密码信号不符，或盗贼破坏车门车窗非法进入车辆内时，发动机 ECU 通过以下一个或数个装置使盗贼不能起动发动机或阻止车辆行驶。

（1）切断点火电路，使火花塞不能跳火。

（2）切断供油电路，使喷油器不喷油。

（3）切断起动电路，使起动机无法转动。

（4）锁死转向机构，使汽车无法转向。

（5）锁死变速杆，使汽车无法挂挡。

（6）锁死制动器，使汽车无法行驶。

与此同时，防盗报警装置进入报警状态：

（1）喇叭鸣叫。喇叭或蜂鸣器断续发出鸣叫声，可持续 3min 之久。

（2）灯闪亮。外部可见的前照灯、转向灯等忽明忽暗地反复闪亮。

目前汽车的发动机防盗锁止系统均应用多重防起动系统。所谓多重防起动系统，是指汽车的防起动系统被触发后（只要将点火钥匙从点火开关取出，防起动系统即被触发），发动机 ECU 就会起动上述两个以上装置，使发动机无法起动或汽车无法行驶，从而达到防盗的目的。现在广泛采用的多重防起动系统是同时切断点火电路和供油电路，使火花塞不能跳火、喷油器不能喷油，从而使发动机无法起动而达到防盗的目的，如图 1-45 所示。

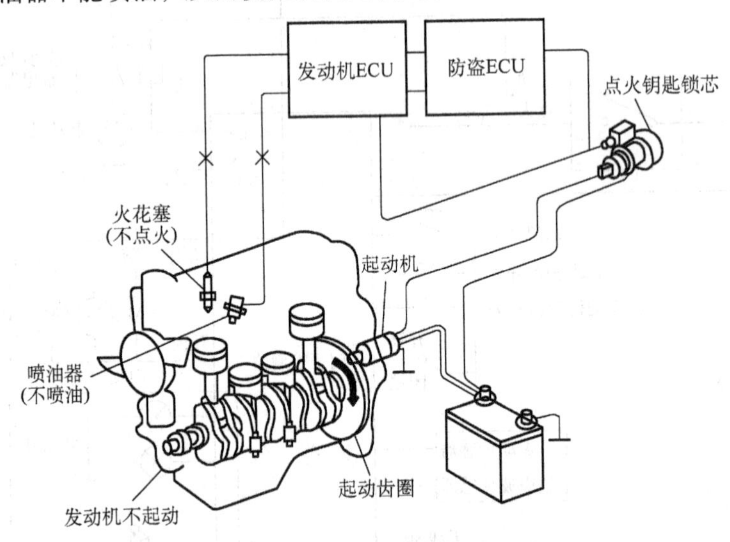

图 1-45　多重防起动系统示意图

2. 无钥匙进入系统　无钥匙进入系统，是在发动机防盗锁止系统的基础上增加了“身份识别系统”，从而提高了车辆的安全性，并给车主带来了操纵的便利性。

无钥匙进入系统的钥匙不是传统的钥匙，而是一个智能卡，这种智能卡的外观类似信用卡，车主可将其放在衣袋或钱包里。一般装备有无钥匙进入系统的车辆，其车门把手上

都有感应按钮，如图 1-46a 所示，同时也有备用钥匙孔，该备用钥匙孔出厂时通常用装饰片（或盖）封起来。当智能卡损坏或没电时，车主只需把备用钥匙孔表面的装饰面板用机械钥匙剔开，就可用普通方式开启车门。

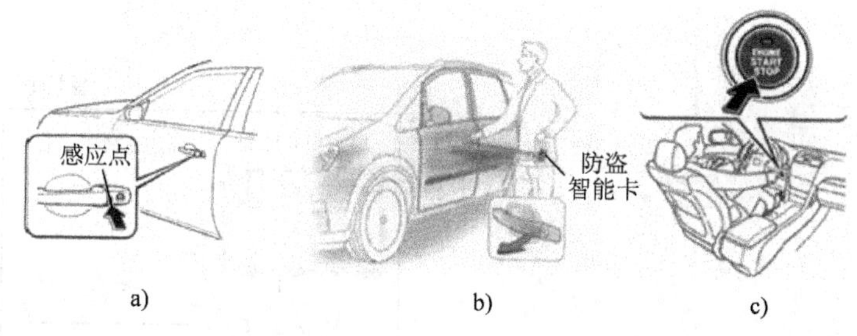

图 1-46　无钥匙进入系统

无钥匙进入系统具有以下功能：

（1）无钥匙进入功能。当车主进入指定范围（通常是距车辆 1.5 ~ 2m）时，该系统自动识别判断“车主的身份”，如果是“合法授权的车主”，门锁会自动打开并解除防盗，如图 1-46b 所示。

（2）“一键起动”功能。当车主进入车内时，车内的检测系统会马上识别车主身上的智能卡，经过确认后，车内的电脑才会进入工作状态，这时车主只需轻轻按动仪表盘上的起动按钮，或者转动起动旋钮，就可以正常起动发动机了，如图 1-46c 所示。

（3）自动升窗与设防功能。当车主离开车辆 3 ~ 5m 时，门锁会自动锁上并进入防盗状态，同时电动车窗和电动天窗会自动关闭。如果车主离开时有一个车门没有关或没有关好，车辆会发出提示报警声。

目前，中高级轿车如宝马、奔驰、日产天籁、丰田雷克萨斯、皇冠、卡罗拉以及福特致胜、本田雅阁、马自达等轿车的顶级配置，都采用了无钥匙进入系统。

（四）网络式卫星定位跟踪防盗系统

网络式卫星定位跟踪防盗系统是利用 GPS 卫星定位系统和电子地图，将车辆所在位置传送到监控中心。因此，只要每辆移动车辆上安装的 GPS 导航系统正常工作，再配上相应的信号传输（如 GSM 移动通讯网络），建立一个专门接收和处理各个移动目标发出的报警和位置信号的监控中心，就可形成一个网络式防盗系统，如图 1-47 所示。卫星定位跟踪防盗系统具有车辆定位、车辆导航、防盗报警、防劫报警、远程遥控熄火、远程监听和远程调度指挥车辆等功能。

监控中心的电子地图上可以显示车辆所在的直观位置，因此可以对移动车辆进行实时、集中、直观地监控和调度指挥。一旦车辆被盗或被抢，监控中心可立即实施远程控制，切断被盗或被抢车辆的油路和电路，防止车辆被移走。同时，从监控中心的电子地图上可第一时间知道被盗或被抢车辆所在的位置，从而保证公安或消防部门出动的警力能及时抵达现场处理险情。目前，卫星定位跟踪防盗系统已经在大型的物流公司、汽车出租公司和大型客运公司应用。

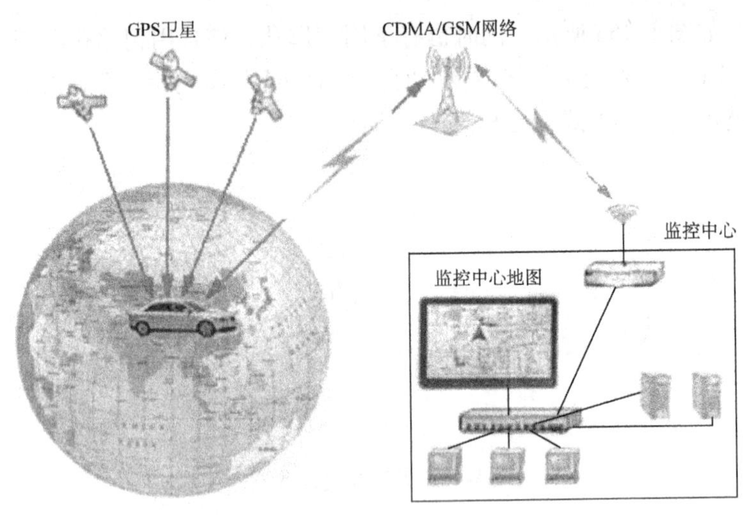

图 1-47　卫星定位跟踪防盗系统

二、认识发动机防盗锁止系统

（一）发动机防盗锁止系统的组成

发动机防盗锁止系统是在美国通用汽车公司 VATS 防盗系统的基础上发展而成的。所谓 VATS 防盗系统，是在点火钥匙中安装了嵌入式电阻片，与之匹配的控制部分（VATS 模块）安装在汽车上的隐蔽之处，VATS 模块控制着通往发动机控制模块（ECM）的信号电路及起动机磁吸开关电路。当点火钥匙插入点火开关并旋至起动位置时，点火开关内两根精细的导线接触到点火钥匙内部电阻，然后防盗系统的 VATS 模块通过触头就能读出电阻值，并与预先设定的固定电阻值比较。只有两个阻值相符，VATS 模块才会向发动机控制模块（ECM）发出起动信号，允许起动发动机，从而起到了防盗作用。

发动机防盗锁止系统经过不断的更新换代，现已发展到第四代，而且成为应用最广泛、安全性和可靠性最好的汽车防盗技术。

发动机防盗锁止系统主要由带转发器和芯片的点火钥匙、带识读线圈和放大器的点火开关、防盗指示灯、防盗 ECU 和发动机 ECU 等组成，如图 1-48 所示。

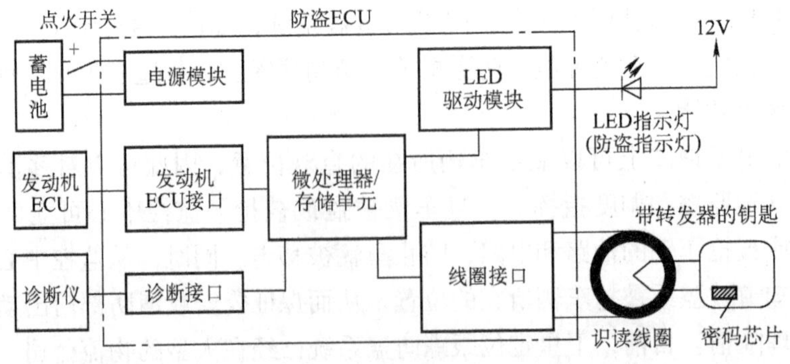

图 1-48　发动机防盗锁止系统的组成

1. 点火钥匙　点火钥匙带有转发器（发射器）。转发器内含有运算芯片和一个细小的电磁线圈，系统工作期间，该线圈与点火开关锁芯中的识读线圈以感应方式进行通信，以便在转发器芯片与防盗 ECU 之间传输各种信息。

2. 点火开关　点火开关带有识读线圈（收发线圈），识读线圈安装在点火开关锁芯上，通过导线与防盗 ECU 相连。识读线圈承担防盗 ECU 与转发器之间的数据信息的传递作用。

3. 防盗 ECU　防盗 ECU 是一个包括微处理器的电子控制器。在点火开关接通时，防盗 ECU 用于系统密码运算与比较，并控制整个防盗系统的通信，包括与转发器、发动机 ECU 的通信，同时还可以与故障检测仪进行通信，以便对防盗系统进行故障诊断、系统匹配、钥匙匹配、读取和清除故障码等操作。

4. 防盗指示灯　通过防盗指示灯不同的闪烁频率来表示防盗系统的不同工作状态。

◆ 提示：要了解发动机防盗锁止系统，首先要理解两个概念。

1. 定码防盗系统

早期的汽车防盗系统是主机与遥控器各有一组相同的密码，遥控器发射密码，主机接收密码，从而完成防盗系统的各种功能，这种密码发射方式称为第一代固定码发射方式。

定码发射方式由于密码量少，容易出现重复码，而且密码易被复制或盗取，从而使车辆被盗（如当车主用遥控器开关车门时，匿藏在附近的盗窃者可以用接收器或扫描器盗取遥控器发出的无线电波或红外线，再经过解码，就可以开启汽车的防盗系统）。

2. 跳码防盗系统

跳码又称滚动码或可变码。跳码防盗系统具有如下特点：①遥控器的密码除了身份码和指令码外，增加了一个跳码部分。所谓的跳码是指遥控器每发射一次信号，密码随即自行改变一次，因此密码不会被轻易复制或盗取；②密码组合上亿组，杜绝了重复码；③主机可以与遥控器之间按特定程序相互识别，即遥控学习设定。一旦遥控器丢失，系统可以重新学习（识别）新的遥控器，而原来的遥控器随即在系统中被擦除，即使他人使用原来的遥控器，系统也会拒绝读取，因此安全性极高。

（二）发动机防盗锁止系统的基本原理

发动机防盗锁止系统通过识读线圈来实现钥匙中的转发器与防盗 ECU 进行双向数据通信，进行密码识别。同时，防盗 ECU 与发动机 ECU 进行数据通信，进行密码识别。只有这两部分的密码均正确，防盗 ECU 才会发出确认信号，允许发动机 ECU 进行下一步的工作，使发动机正常起动和运行。发动机防盗锁止系统的工作原理大致可分为三个过程：

1. 第 1 步：点火钥匙发射钥匙密码信号　当点火钥匙插入点火开关锁芯后，识读线圈产生变化的磁场，点火钥匙内置芯片内的电感小线圈感应电场，其感应的电场能被芯片内的电容储存起来。点火钥匙内的芯片就利用这一电能将钥匙密码以电磁脉冲信号的形式发射出去，如图 1-49 所示。

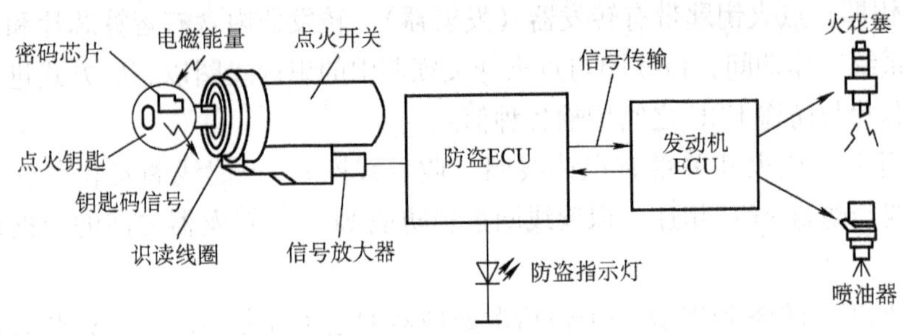

图 1-49　点火钥匙发射钥匙密码信号

2. 第 2 步：点火钥匙与防盗 ECU 的匹配　点火钥匙密码的电磁脉冲信号被识读线圈天线感应接收，识读线圈将钥匙密码脉冲信号经点火开关后端的信号放大器放大后送至防盗 ECU 内的钥匙密码比较电路。比较电路将接收到的钥匙密码与预先储存在防盗 ECU 的钥匙码密码（首次匹配钥匙时储存的密码）进行比较，如果相同则进入下一步，如图 1-50 所示。

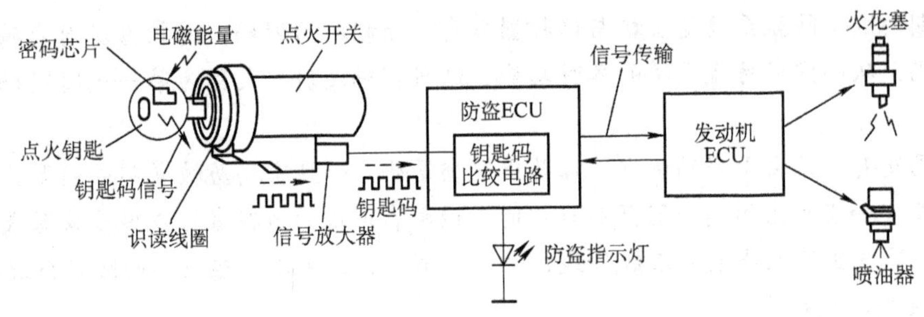

图 1-50　点火钥匙与防盗 ECU 的匹配

3. 第 3 步：防盗 ECU 与发动机 ECU 的匹配　发动机 ECU 向防盗 ECU 发出一个联络代码，防盗 ECU 经过辨认识别（匹配）后，如果密码正确，就发出一个允许发动机正常起动的指令代码给发动机 ECU。发动机 ECU 接收该指令信号，使正常的喷油和点火程序继续执行，发动机正常起动和运行。发动机 ECU 如果接收不到防盗 ECU 的指令代码信号，将会自动切断喷油和点火程序，发动机自动熄火，如图 1-51 所示。

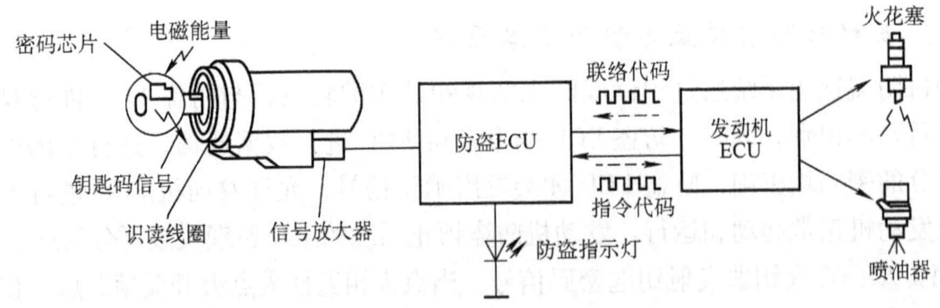

图 1-51　防盗 ECU 与发动机 ECU 的匹配

（三）了解大众车系发动机防盗锁止系统

大众汽车公司从 1995 年开始采用发动机防盗锁止系统，到现在共使用了四种类型的防盗系统：IMMO1、IMMO2、IMMO3 和 IMMO4。

1. 第一代防盗系统　IMMO1 是 1997 年以前使用在奥迪 A4、A6 和 PASSAT B4 等轿车上的防盗系统，被称为第一代防盗系统，其特点是：

（1）采用固定码传输，防盗 ECU（大众汽车公司称为防盗止动器）单独安装，如图 1-52 所示。

（2）点火钥匙密码为 4 位字符，并随车给车主。

（3）钥匙密码在钥匙牌上或粘在副驾驶室的工具箱内。

（4）可用大众汽车公司的专用故障诊断仪 V. A. G 1551 或 V. A. G 1552 诊断故障和匹配钥匙等。

（5）诊断故障和匹配时需输入防盗系统地址码“25”。

2. 第二代防盗系统

（1）第二代防盗系统的特点。IMMO2 是第二代防盗系统，1997 ~ 2000 年生产的奥迪 A2、A3、A4、A6 以及 PASSAT B5 等轿车都采用这种防盗系统，其特点是：

1）采用固定码 + 可变码传输，防盗 ECU 也是单独安装，如图 1-53 所示。

2）点火钥匙密码仍是 4 位字符，并随车给车主。

3）钥匙密码在钥匙牌上或粘在副驾驶室的工具箱内。

4）可用大众汽车公司专用的故障诊断仪 V. A. G 1551 或 V. A. G 1552 诊断故障和匹配钥匙等。

5）诊断故障和匹配时仍需输入防盗系统地址码“25”。

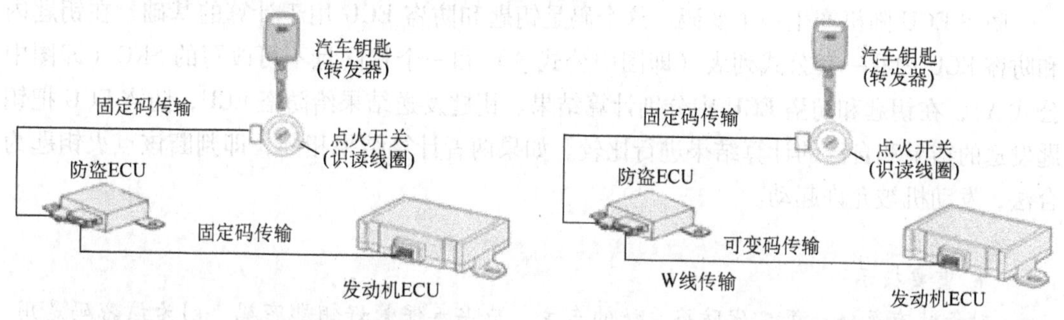

图 1-52　第一代防盗系统的组成　　图 1-53　第二代防盗系统的组成

（2）第二代防盗系统的工作原理。第二代防盗系统能在识读线圈与防盗 ECU 之间形成一个随机的变码，非授权的钥匙不能起动发动机。第二代防盗系统点火钥匙是否合法的认证过程如图 1-54 所示。

第一阶段的认证：固定码传输（从钥匙到防盗 ECU）。

打开点火开关，防盗 ECU 通过改变天线的磁场能量，向钥匙送码器传输数据提出质询。然后，钥匙发送回来它的固定码（首次匹配钥匙时，该固定码已储存在防盗 ECU 中）。钥匙传送的固定码与储存的固定码在防盗 ECU 中进行比较，如果相同，则开始传送可变码。

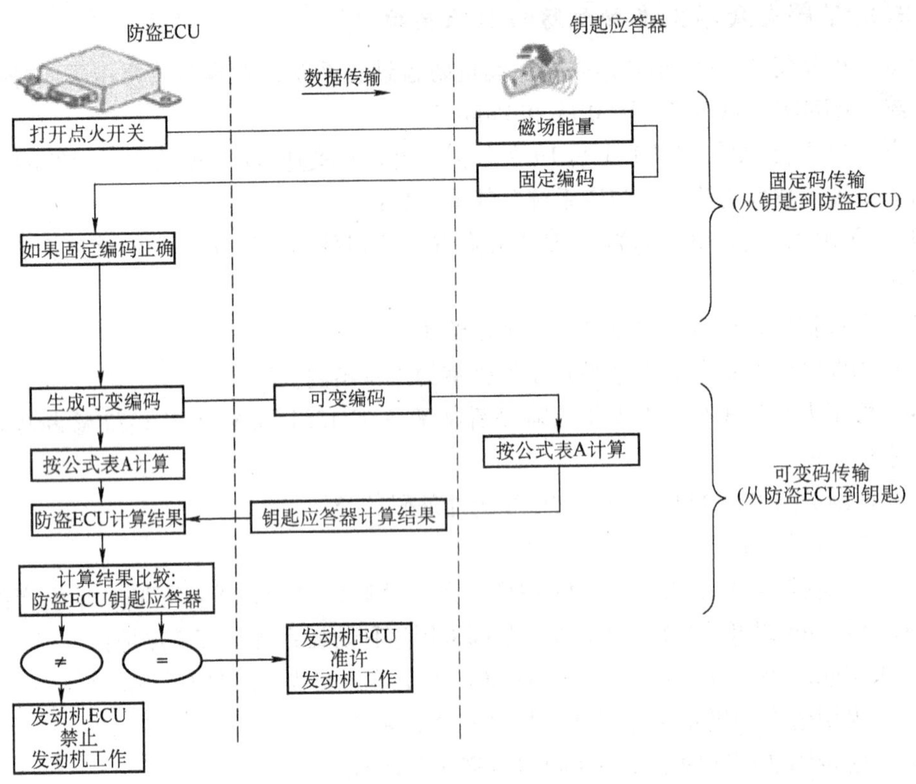

图 1-54　第二代防盗系统点火钥匙是否合法的认证过程

第二阶段的认证：可变码传输（从防盗 ECU 到钥匙）。

防盗 ECU 随机产生一个变码。这个码是钥匙和防盗 ECU 用于计算的基础。在钥匙内和防盗 ECU 内有一套公式列表（即图中公式 A）和一个相同且不可改写的 SKC（即图中公式 A），在钥匙和防盗 ECU 中分别计算结果。钥匙发送结果给防盗 ECU，防盗 ECU 把钥匙发送的结果和自己的计算结果进行比较。如果两者计算结果相同，即判断该点火钥匙为合法，发动机被允许起动。

◆ 重要提示：

对于装有第一、第二代防盗系统的车主，应妥善保管好钥匙密码。因为该密码是用来解密和重新配置点火钥匙用的，如果不慎丢失或遗忘了该密码时：

① 可用大众车系专用的故障诊断仪 V. A. G 1552（或 V. A. S 5052）进入防盗系统，查到 14 位字符的防盗 ECU 密码。

② 将查到的 14 位字符的防盗 ECU 密码，电传给大众汽车公司售后服务部，即可查到该车的防盗钥匙密码。

③ 另外，如果车主不慎丢失了一把钥匙，为了安全起见，必须把其余的钥匙都重新进行一次匹配。这样可以使丢失的钥匙变为非法钥匙，不能起动发动机而起到防盗作用。

3. 第三代防盗系统

（1）第三代防盗系统的特点。IMMO3 是第三代防盗系统，由与组合仪表 ECU 集成在一起的防盗 ECU、发动机 ECU、点火开关上的识读线圈、带 IC 芯片及转发器的点火钥匙以及组合仪表上的防盗指示灯组成，如图 1-55 所示，其特点是：

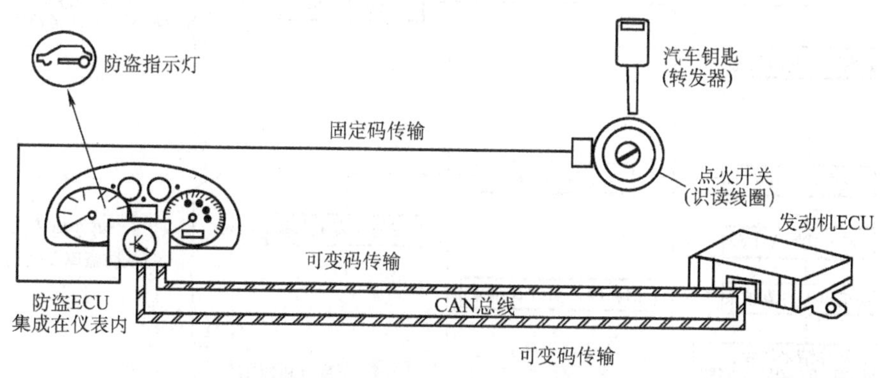

图 1-55 第三代防盗系统的组成

1）采用固定码 + 可变码 + CAN 数据总线传输。

2）防盗 ECU 与组合仪表 ECU 集成一体。

3）点火钥匙密码改为 7 位字符，由厂家保留，不再给车主。

4）7 位密码含有经销商代码、服务站代码和当前日期，因此 7 位密码只当天有效。

5）发动机 ECU 参与防盗密码的计算。

6）诊断故障和匹配时需输入仪表系统地址码“17”。

7）点火钥匙的外部特征是印有“W3”字样。

（2）第三代防盗系统的工作原理。第三代防盗系统能在点火开关内的识读线圈与防盗 ECU 以及发动机 ECU 与防盗 ECU 之间形成一个随机的变码，非授权的钥匙不能起动发动机。第三代防盗系统点火钥匙是否合法的认证过程如图 1-56 所示。

比较图 1-54 与图 1-56 可知，第三代防盗系统点火钥匙是否合法的认证过程比第二代防盗系统增加了第三阶段的认证，从而进一步提高了防盗系统的安全性和可靠性。

第三阶段的认证：可变码传输（从发动机 ECU 到防盗 ECU）。

当第二阶段认证点火钥匙为合法钥匙后，随即进入第三阶段的认证：发动机 ECU 随机产生一变码，在发动机 ECU 和防盗 ECU 内有另一套密码术公式列表（即图中公式 B）和一个相同的 SKC（即图中公式 B）。防盗 ECU 返回这个计算结果到发动机 ECU 内，并与其计算结果进行比较，这个数据由 CAN 总线进行传递。如果两者计算结果相同，即判断该点火钥匙为合法，发动机被允许起动。

4. 第四代防盗系统 第四代防盗系统称为 WFS 防盗系统，与第三代防盗系统的功能基本一致，主要区别在于：

（1）第四代 WFS 防盗系统将所有与防盗相关的控制单元的数据都存储在大众汽车公

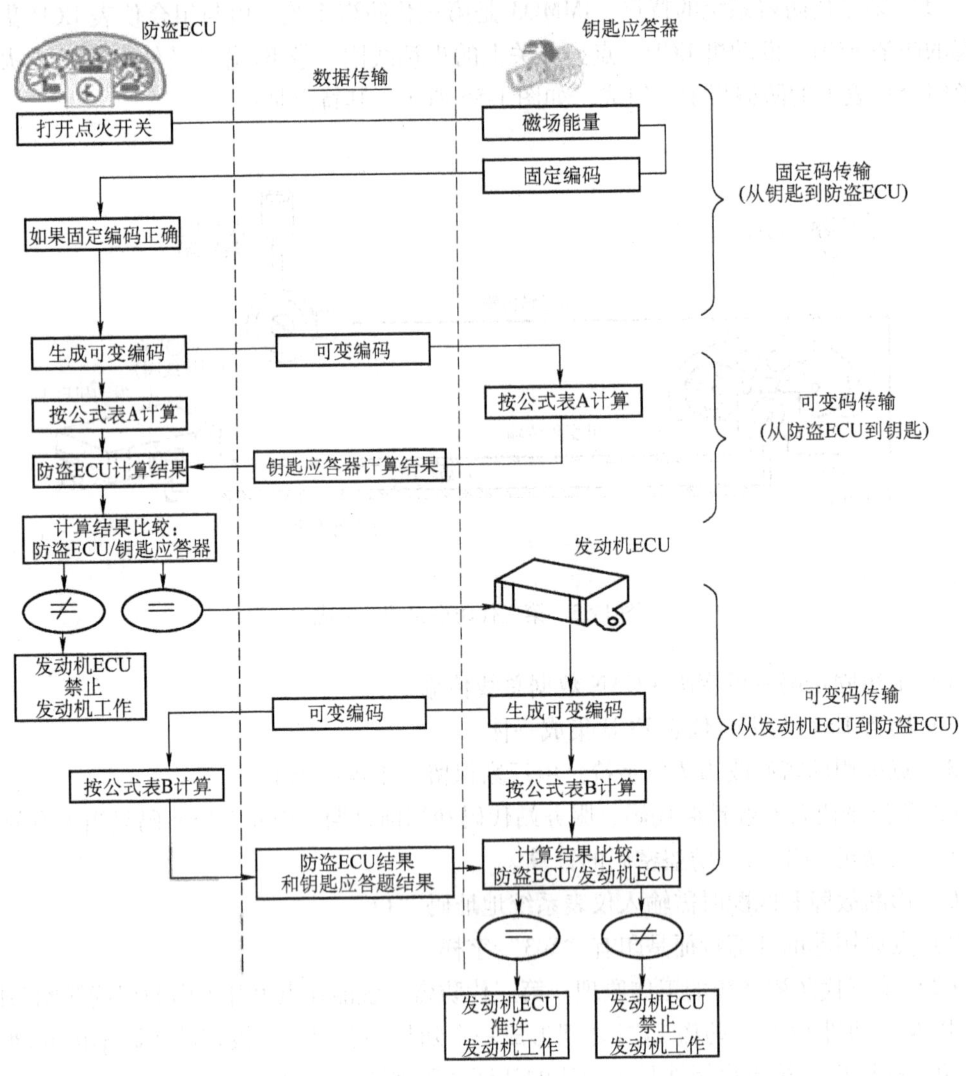

图 1-56　第三代防盗系统点火钥匙是否合法的认证过程

司德国总部中央数据库 FAZIT（车辆查询和中央识别）中。

（2）所有与防盗系统相关的控制单元是通过专用诊断仪直接与大众汽车公司德国总部的中央数据库 FAZIT 连接，诊断仪和数据库可自动进行直接通信，实现对防盗系统部件的匹配（包括车匙），因而防盗系统的安全性得到了更高程度的保障，如图 1-57 所示。

（3）通过在线查询，可以将数据准确、快捷且可靠地传递到车辆上，所有在防盗系统监控下的部件均必须通过在线验证，杜绝了使用冒牌汽车配件。

（4）由于需要在线匹配，目前除 4S 店外，都不能匹配该汽车钥匙。

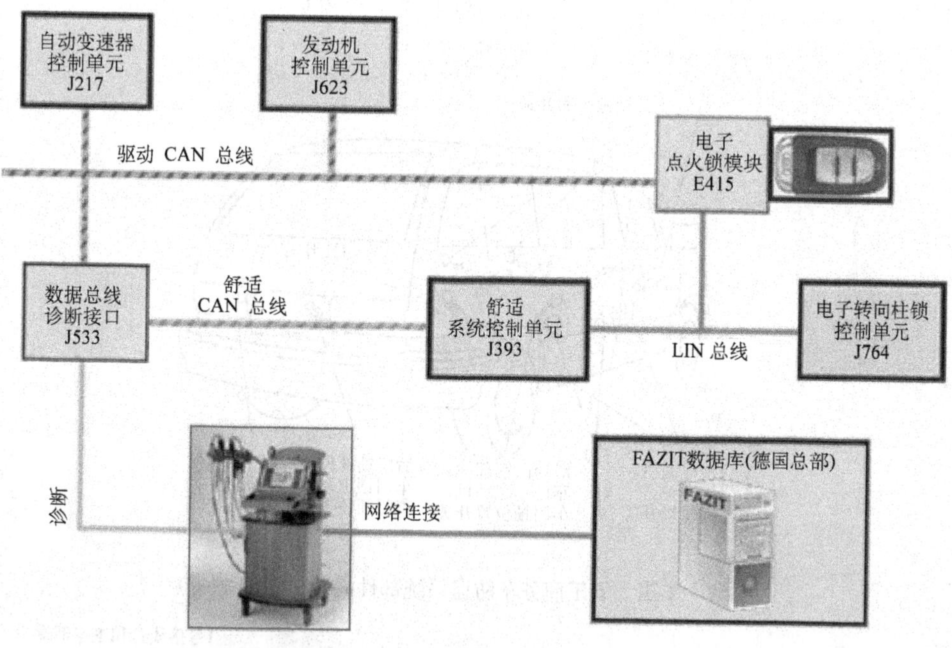

图 1-57 第四代 WFS 防盗系统的组成

任务4 防盗系统的电路分析与维修

【活动情景】

活动在汽车维修实训场地进行，围绕实车边学边练。

【任务要求】

通过学习和训练，掌握丰田大霸王商务车防盗系统检修的基本规范和操作方法；识读汽车防盗系统的控制电路。

【基本内容】

下面以丰田大霸王商务车的防盗系统为例，介绍汽车防盗系统的控制电路与维修方法。

丰田大霸王商务车防盗系统采用的发动机锁止（防起动）系统，主要由防盗 ECU、点火开关、车门钥匙控制开关、钥匙开启警告开关、门控开关、门锁开关、门锁位置开关、门锁电动机、起动机切断系统、防盗指示灯及防盗喇叭等组成，其部件安装位置如图

1-58 和图 1-59 所示。如图 1-60 所示为丰田大霸王商务车防盗系统的电路图。

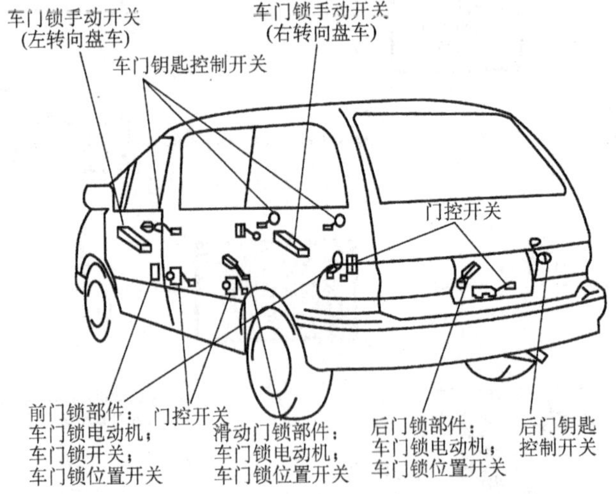

图 1-58　丰田大霸王商务车防盗系统部件安装位置图（一）

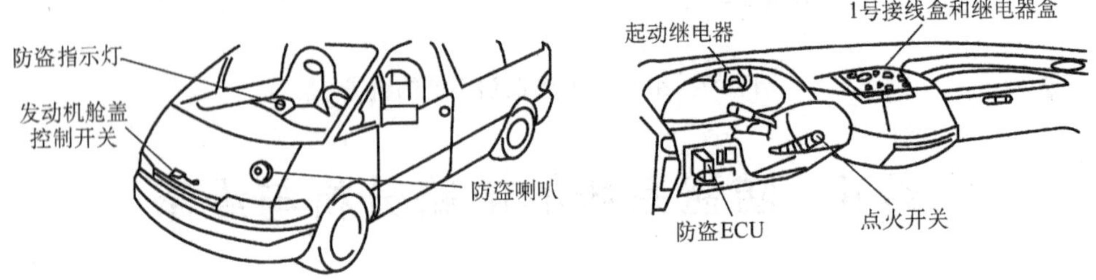

图 1-59　丰田大霸王商务车防盗系统部件安装位置图（二）

一、防盗系统的电路分析

（一）电源电路

丰田大霸王商务车防盗 ECU 有多条供电电路，如图 1-60 所示：一路为 2/12 脚的供电，该电压取自蓄电池正极，经多个保险元件后得到；另一路为防盗 ECU 的 2/18 脚供电，该电压来自蓄电池的正极，但受点火开关的控制；第三路为 8/18 脚的车门控制电路的供电，该电压来自蓄电池正极，经多个保险元件后得到。

（二）门锁驱动电路

防盗 ECU 的 4/18 脚与 3/18 脚内电路及其外接的 4 只电动机和内接的 4 只到位控制开关共同构成了门锁驱动电路，该电路受车门钥匙控制开关或车门锁开关（手动）的控制，由防盗系统 ECU 的 4/18 脚或 3/18 脚输出不同方向的电流来带动相关机构将车门锁上或打开。

(1) 当防盗 ECU 的 4/18 脚输出高电平、3/18 脚输出低电平时，4 只电动机同时工作，将车门锁止。

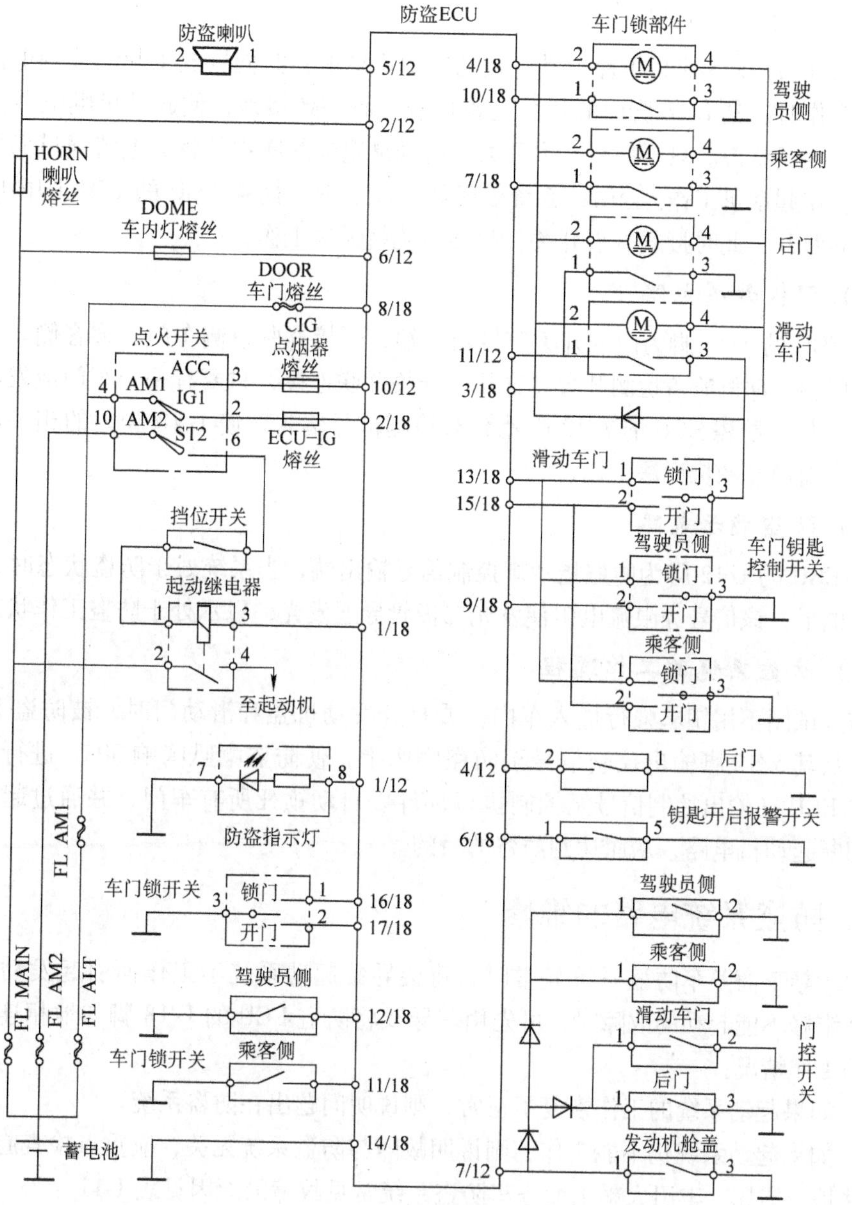

图 1-60　丰田大霸王商务车防盗系统的电路图

（2）当防盗 ECU 的 3/18 脚输出高电平、4/18 脚输出低电平时，4 只电动机同时工作，将车门打开。

（三）门锁控制开关

防盗 ECU 的 13/18 脚、15/18 脚和 9/18 脚外接滑动车门、驾驶员侧车门、乘客（副驾驶）侧车门钥匙控制开关；16/18 脚、17/18 脚、12/18 脚和 11/18 脚为车门锁手动开关。当这几只开关中的任一只打开或闭合时，均会使门锁驱动电动机动作，并带动相关机构将所有车门打开或锁止。

（四）起动控制电路

防盗 ECU 的 1/18 脚内电路及其外接的起动机继电器共同构成了起动控制电路。当防盗系统未工作时，其 1/18 脚内的相关电路控制该脚等效接地，使起动机继电器线圈的电流通路处于接通状态。只要接通点火开关，起动继电器线圈中就将有电流通过而使其常开触头闭合，使起动机工作。当防盗系统处于防盗状态时，防盗 ECU 的 1/18 脚内电路控制该脚与地间断开，此时接通点火开关，起动系统将无法工作。

（五）门控开关电路

防盗 ECU 的 7/12 脚为门控开关信号输入端，外接驾驶员侧车门、乘客侧车门、滑动车门、后门和发动机舱盖检测开关，这几只开关并联连接，只要有一个车门或发动机舱盖未关（盖）好，防盗 ECU 的 7/12 脚就会有检测信号输入，使 1/18 脚内的相关电路处于断开状态，而使起动机无法工作。

（六）防盗指示电路

防盗 ECU 的 1/12 脚为防盗指示灯控制信号输出端，当系统处于防盗状态时，1/12 脚输出为高电平，该信号经限流电阻使发光二极管导通发光，以示处于防盗工作状态。

（七）防盗系统的工作过程

当有人试图不用钥匙强行进入车内，或打开发动机盖和滑动门时，被防盗 ECU 检测到以后，从其 5/12 脚输出控制信号至防盗喇叭上，使防盗喇叭鸣响 30s，进行报警。同时，防盗 ECU 还输出控制信号至控制执行部件以自动锁死所有车门，并通过起动机切断系统来切断起动机电路，从而达到防盗的目的。

二、防盗系统电路的维修

丰田大霸王商务车防盗系统异常时，将会导致起动系统不工作而引起发动机不能工作。故在维修不能起动的故障时，可先用一导线将防盗 ECU 的 1/18 脚与地相连，检查起动系统的工作情况：

（1）如果起动系统的工作恢复了正常，则说明问题出在防盗系统。

（2）如果起动系统仍不能工作，则说明故障与防盗系统无关，应重点检查起动系统中各元器件是否损坏。丰田大霸王商务车防盗系统常见故障的原因见表 1-11。

表 1-11　防盗系统常见故障的原因

故障现象	可能原因
防盗系统不能设定，虽然防盗系统正在工作，但指示灯不亮	1. 电源电路故障 2. 指示灯电路故障
在前门被打开时，防盗系统不工作	1. 前车门锁开关电路故障 2. 前车门锁位置开关和电路故障 3. 门控开关电路故障
当滑动车门或后车门被打开时，防盗系统不工作	1. 滑动车门和后车门位置开关电路故障 2. 门控开关电路故障

（续）

故障现象	可能原因
当发动机舱盖被打开时，防盗系统不工作	门控开关电路故障
当用钥匙打开前车门时，防盗系统不能被解除	前车门锁位置开关电路故障
当用钥匙打开后车门时，防盗系统不能被解除	后车门钥匙控制开关电路故障
当点火开关转至ON或ACC位置时，防盗系统不能被解除	1. 点火开关电路故障 2. 钥匙开启报警开关电路故障
虽然防盗系统正在工作，但起动机切断系统不工作	起动机切断系统电路故障
虽然防盗系统被解除，但起动机切断系统不能解除	起动机切断系统电路故障
虽然防盗系统正在工作，但喇叭不响	防盗系统电路故障
虽然防盗系统未设定，但喇叭会响	防盗喇叭电路故障
钥匙限制防护功能不起作用	1. 钥匙开启报警开关电路故障 2. 门锁开关电路故障 3. 门锁位置开关电路故障

（一）点火开关电路的检测

丰田大霸王商务车防盗系统采用起动电路锁定技术，如果出现点火开关在“START”位置时，起动机不能运转的故障，应先检测点火开关的电路，其具体检测步骤如下：

第1步，检测点火开关及连接器各端子之间的导通性，如图1-61所示。点火开关在“LOCK”位置时，端子1、5、8间导通；在“ACC”位置时，端子3、4间导通；在“ON”位置时，端子2、3、4间及端子9、10间导通；在“START”位置时，端子2、4、7间及端子6、9、10间导通；当点火钥匙插入点火开关时，端子1、5间导通；当点火钥匙未插入点火开关时，端子1、5间不导通。如果导通性不符合上述要求，则应更换点火开关。

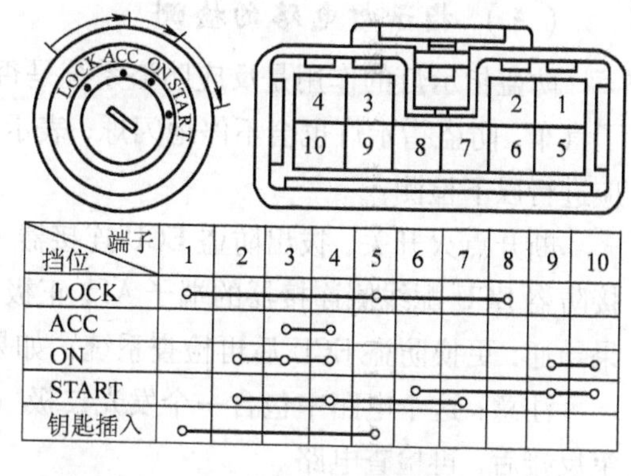

挡位＼端子	1	2	3	4	5	6	7	8	9	10
LOCK	○				○			○		
ACC			○	○						
ON		○	○	○					○	○
START		○		○		○	○		○	○
钥匙插入	○				○					

图1-61　丰田大霸王商务车点火开关连接器及挡位图

第2步，将点火开关转至“ACC”或“LOCK”位置，检测ECU—IG熔丝或点烟器熔丝是否正常。如果正常，进行第3步检测；如果不正常，更换熔丝后再检测系统是否正常，若仍不正常，检测防盗ECU连接器端子B2（注：B2表示B连接器的第2脚端，其余类推）或端子A10（见图1-62）是否与搭铁有短路，若正常，说明其他熔丝故障。

第3步，拔出防盗ECU连接器（见图1-62），把点火开关转至“ACC”或“ON”位置，检测防盗ECU连接器端子B2或端子A10与搭铁之间是否有蓄电池电压。如果有，更换防盗ECU，

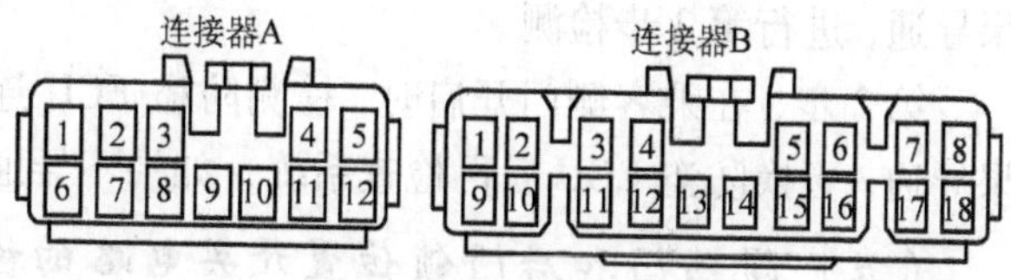

图1-62　防盗ECU配线侧连接器

然后再检测系统；如果没有，说明防盗ECU连接器端子B2或端子A10配线断路。

（二）电源电路的检测

如果防盗ECU无电源故障，应按下面的步骤进行检查：

第1步，断开点火开关，检查DOME熔丝是否熔断。如熔断，则更换熔丝后，再检查防盗系统的工作是否恢复正常。

如果更换熔丝后系统仍不正常，则检查DOME熔丝与防盗ECU连接器A6间的连接导线是否有短路。若系统正常，则检查其他熔丝是否有故障。

第2步，拔出防盗ECU连接器，如图1-62所示，接通点火开关，用万用表的50V DC挡测防盗ECU线束侧端子A6与车身搭铁之间是否有蓄电池电压。如果有蓄电池电压，进行第3步检查；如果没有蓄电池电压，则检查DOME熔丝与防盗ECU连接器端子A6是否断路。

第3步，检查防盗ECU连接器端子B14与搭铁之间的导通性。如果不导通，检查防盗ECU连接器端子B14与搭铁之间的配线是否断路；如果导通，应检查下列电路是否正常：前门锁开关电路、滑动门和后门锁位置开关电路、门锁开关电路、门控开关电路、前门锁位置开关电路、滑动门锁位置开关电路、后门钥匙控制开关电路、点火开关电路、钥匙控制报警开关电路、起动机切断系统电路、防盗喇叭电路。如果上述电路都正常，更换防盗ECU后再检查系统。

（三）指示灯电路的检测

防盗指示灯的作用是反应防盗系统是否工作。装有防盗系统的汽车，即使驾驶员离开了汽车，防盗指示灯也会不停地闪烁，表示汽车防盗系统工作正常。如果防盗指示灯不亮，应进行以下检测：

断开点火开关，拔出防盗ECU连接器（见图1-62），将万用表（电阻挡）的负极表笔接防盗ECU配线侧连接器的端子A1，正极表笔搭铁，检测端子A1和搭铁间是否导通。如果导通，更换防盗ECU后再检查系统；如果不导通，说明指示灯电路断路。

注意：这个电路中包含一个发光二极（LED）管，如果电路指示不导通，将万用表表笔反接后，再检查电路。

（四）前门锁开关电路的检测

前门锁开关的作用是接收遥控器的开、关门信号，控制前车门电动机工作，如果出现前门锁开关不能控制前门电动机工作的故障，应进行下列检查：

第1步，断开点火开关，拔出防盗ECU连接器。在驾驶员侧门开启时，检测防盗ECU连接器端子B10与搭铁之间的导通性。如果不导通，说明驾驶员侧门锁开关电路断路；如果导通，进行第2步检测。

第2步，在乘客侧门开启时，检测防盗ECU连接器端子B7与搭铁之间的导通性。如果导通，更换防盗ECU后再检查系统；如果不导通，检查乘客侧门锁开关电路是否断路。

（五）滑动门和后门锁位置开关电路的检测

滑动门和后门锁位置开关的作用是控制滑动门和后门锁的开或关。如果出现滑动门和

后门锁不能开关或有故障，应进行下列检测：

第 1 步，断开点火开关，拔出防盗 ECU 连接器，锁止后门，检测在滑动门关闭但未锁止时，防盗 ECU 连接器端子 A4 与 A11 之间的导通性；如果不导通，说明滑动门锁开关电路断路；如果导通，进行第 2 步检测。

第 2 步，锁止滑动门，检测在后门打开时，防盗 ECU 连接器端子 A11 与搭铁之间的导通性。如果不导通，说明后门锁开关电路断路；如果导通，应更换防盗 ECU，然后再检测系统。

注意：该电路中有二极管，如果显示电路不导通，交换表笔再检测电路。

（六）门控开关电路的检测

门控开关的作用是控制所有车门锁的位置。当门控开关不能控制车门锁的位置时，应进行下列检测：

第 1 步，断开点火开关，拔出防盗 ECU 连接器，打开驾驶员侧门，关闭其他车门和发动机舱盖，用万用表电阻挡检测防盗 ECU 连接器端子 A7 与搭铁之间的导通性。如果不导通，则检查驾驶员侧车门门控开关电路是否断路，必要时，进行修理或更换；如果导通，进行第 2 步检查。

第 2 步，打开乘客侧门，关闭其他车门和发动机舱盖，用万用表电阻挡检测防盗 ECU 连接器端子 A7 与搭铁之间的导通性。如果不导通，则检查乘客侧车门门控开关电路是否断路；如果导通，进行第 3 步检查。

第 3 步，打开滑动门，关闭其他车门和发动机舱盖，用万用表电阻挡检测防盗 ECU 连接器端子 A7 与搭铁之间的导通性。如果不导通，则检查滑动门门控开关电路是否断路；如果导通，进行第 4 步检查。

第 4 步，打开发动机舱盖，关闭所有车门，检测防盗 ECU 连接器端子 A7 与搭铁之间的导通性。如果不导通，则检查发动机舱盖控制开关电路是否断路；如果导通，进行第 5 步检查。

第 5 步，打开后车门，关闭其他车门和发动机舱盖，检测防盗 ECU 连接器端子 A7 与搭铁之间的导通性。如果导通，则更换一只新的防盗 ECU 后重新进行检查；如果不导通，则检查后门门控开关电路是否断路。

（七）前门锁位置开关电路的检测

前门锁位置开关的作用是用钥匙控制前门锁的状态，如果用钥匙不能控制前门锁锁止或打开，应进行下列检测：

1）断开点火开关，拔出防盗 ECU 连接器，用钥匙锁止驾驶员侧的车门，检测防盗 ECU 连接器端子 B13 与搭铁之间的导通性。如果不导通，说明驾驶员侧门钥匙锁止开关电路断路，再检测防盗 ECU 连接器端子 B9 与搭铁之间的导通性；如果导通，说明驾驶员侧门钥匙开启开关电路对搭铁短路。

2）用钥匙打开驾驶员侧车门，检测防盗 ECU 连接器端子 B15 与搭铁之间的导通性。如果导通，说明驾驶员侧门钥匙锁止开关电路对搭铁短路。

3）用钥匙锁止乘客侧车门，检测防盗 ECU 连接器端子 B13 与搭铁之间及防盗 ECU

连接器端子 B9 与搭铁之间的导通性。如果不导通，说明乘客侧门钥匙锁止开关电路断路。

4）用钥匙打开乘客侧车门，检测防盗 ECU 连接器端子 B15 与搭铁之间的导通性。如果导通，说明乘客侧门钥匙锁止开关电路或乘客侧门钥匙开启开关电路对搭铁短路。

（八）钥匙开启报警开关电路的检测

钥匙开启报警开关的作用是显示使用钥匙开启或锁止车门。如果出现使用钥匙开启或锁止车门时钥匙开启报警开关不工作的情况，则应进行下列检测：

断开点火开关，拔出防盗 ECU 连接器，将钥匙插入点火开关，用万用表电阻挡检测防盗 ECU 连接器端子 A6 与搭铁之间是否导通。如果不导通，说明钥匙开启报警开关电路断路或对搭铁短路；如果导通，则更换一只新的防盗 ECU，然后再重新进行检测。

（九）起动机切断系统电路的检测

起动机切断系统的作用是通过防盗 ECU 切断起动继电器端子 4 的搭铁（见图 1-60），从而使起动机不工作。如果出现非法进入驾驶室还能起动起动机的故障，应进行下列检测：

拔出防盗 ECU 连接器，自动变速器挡位在“N”或“P”位置时，把点火开关转至“START”位置，检测防盗 ECU 连接器端子 B1 与搭铁之间是否有蓄电池电压。如果没有，说明起动继电器电路断路或对搭铁短路；如果有，更换防盗 ECU，然后再检测系统。

（十）防盗喇叭电路的检测

防盗喇叭的作用是发出报警声音，提示有人在接触汽车。如果发生非法操作时防盗喇叭不报警，则应进行下列检测。

第 1 步，断开点火开关，拔出喇叭连接器，检查喇叭是否正常。如果不正常则更换防盗喇叭；如果喇叭无问题，进行第 2 步检测。

第 2 步，拔出防盗 ECU 连接器，用万用表电压挡检测防盗 ECU 连接器端子 A5 与搭铁之间是否有蓄电池电压。如果有，则更换一只新的防盗 ECU，然后再检测系统；如果没有，说明喇叭电路断路或对搭铁短路。

三、防盗系统部件的维修

（一）开关的检查

1. 前门锁位置开关的检查　前门锁位置开关如图 1-63 所示。当前门锁位置开关在开启位置时，端子 2、3 间应该导通；在锁止位置时，端子 1、3 间应该导通。

2. 后门和滑动门钥匙开启开关的检查　后门和滑动门钥匙开启开关如图 1-64 所示。当开关在开启位置时，端子 1、2 间应该导通；在锁止位置时，端子 2、3 间应该导通。

3. 发动机舱盖控制开关的检查　发动机舱盖控制开关如图 1-65 所示。此开关在断开（发动机舱盖关闭）位置时，1、2、3 间应不导通；在接通（发动机舱盖打开）位置时，端子 1、3 间应该导通。

在上述检查中，如果导通性不符合要求，应更换相应的开关。

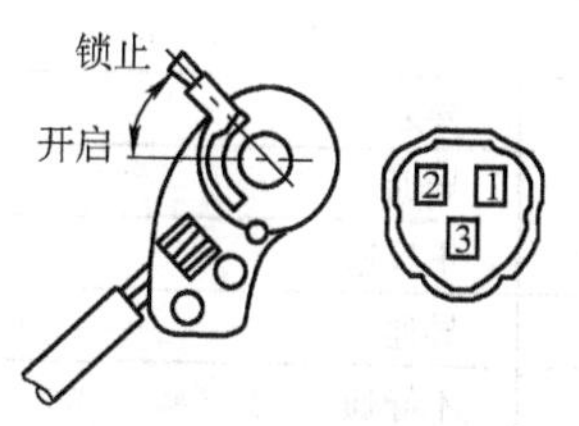

图 1-63　前门锁位置开关及插头

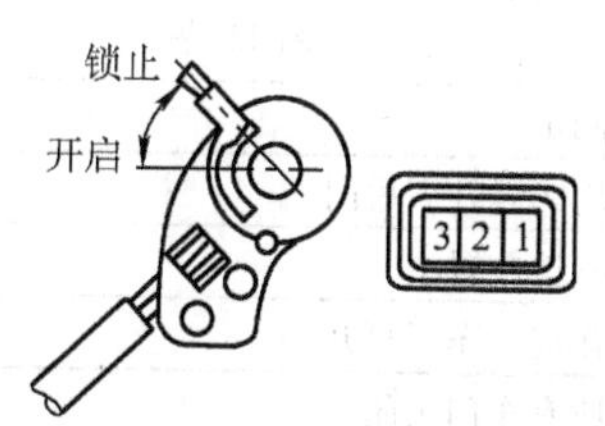

图 1-64　后门和滑动门钥匙开启开关及连接器

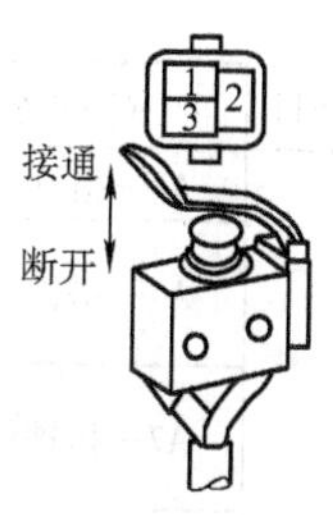

图 1-65　发动机舱盖控制开关及连接器

（二）防盗 ECU 电路的检测

拔出防盗 ECU 连接器（见图 1-62），检测防盗 ECU 配线侧连接器端子的导通性和电压，检测结果应符合表 1-12 的要求。如果电路不正常，应更换相应的连接线束。

（三）防盗喇叭的检查

如图 1-66 所示，将蓄电池正极接喇叭端子 1、负极接端子 2，喇叭应该响。如果不符合要求，应更换喇叭。

（四）防盗指示灯的检查

如图 1-67 所示，将蓄电池正极接端子 3、负极接端子 2，指示灯应亮。如果不亮，应更换指示灯。

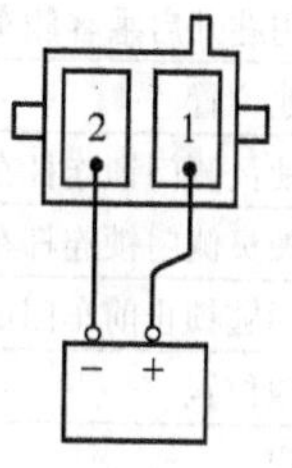

图 1-66　防盗喇叭的检查

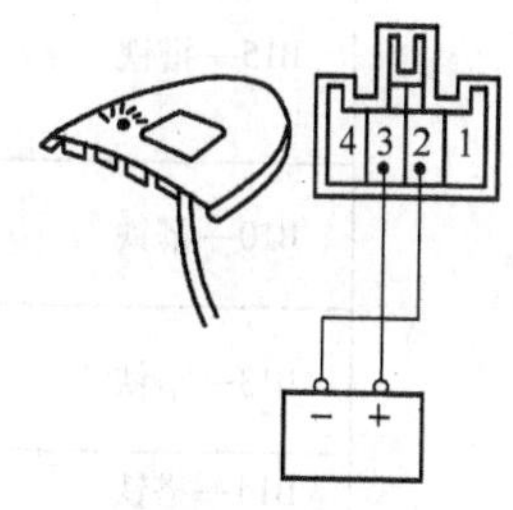

图 1-67　防盗指示灯的检查

（五）车门连接器的检查

（1）如图 1-68 所示，将万用表正极表笔接滑动门连接器 A、负极表笔接连接器 B，检测各端子间的导通性。当钥匙固定在锁止位置时，端子 A1 和 B1、A1 和 B3、A2 和 B1 间及端子 A2、B1 间不导通，端子 A2 和 B2、B3 间导通。当钥匙在开启位置时，端子 A1 和 B1、B2、B3 间导通，端子 A2 和 B1、B2、B3 不导通。

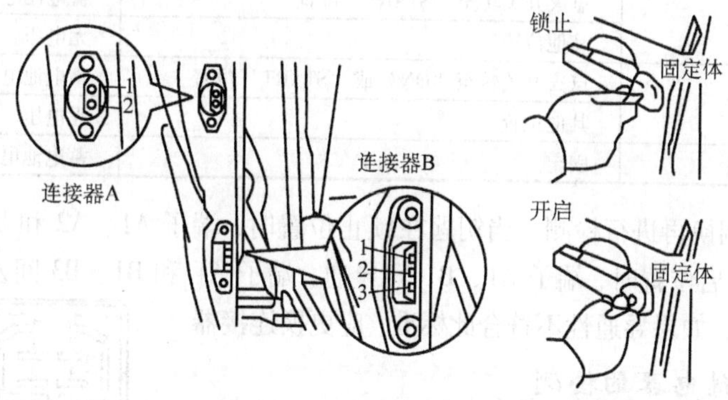

图 1-68　车门连接器的检查

表 1-12　防盗 ECU 端子标准值

检测项目	测试端子	测试条件	标准值
导通性	A1—搭铁	固定	导通
	A4—搭铁	用钥匙开启后门	导通
		其他位置	不导通
	A7—搭铁	任何一车门打开	导通
		所有车门关闭	不导通
	A11—搭铁	后车门或滑动车门锁连杆在开启位置	导通
		后车门或滑动车门锁连杆在关闭位置	不导通
	B3—B4	固定	导通
	B6—搭铁	钥匙插入点火开关	导通
		钥匙未插入点火开关	不导通
	B7—搭铁	乘客侧门锁连杆在开启位置	导通
		乘客侧门锁连杆在锁止位置	不导通
	B15—搭铁	用钥匙开启驾驶员侧车门	导通
		用钥匙开启乘客侧车门或滑动门	导通
		其他位置	不导通
	B10—搭铁	驾驶员侧门锁连杆在开启位置	导通
		驾驶员侧门锁连杆在锁止位置	不导通
	B13—搭铁	用钥匙锁止前车门或滑动车门	导通
		其他位置	不导通
	B14—搭铁	固定	导通
	B16—搭铁	门锁手动开关在锁止位置	导通
		其他位置	不导通
	B17—搭铁	门锁手动开关在开启位置	导通
		其他位置	不导通
电压	A2—搭铁	固定	蓄电池电压
	A5—搭铁	固定	蓄电池电压
	A6—搭铁	固定	蓄电池电压
	A10—搭铁	点火开关转至“ON”或“ACC”位置	蓄电池电压
		其他位置	无电压
	B1—搭铁	点火开关转至“START”位置	蓄电池电压
		其他位置	无电压
	B2—搭铁	点火开关转至“ON”或“START”位置	蓄电池电压
		其他位置	无电压
	B8—搭铁	固定	蓄电池电压

（2）将表笔调换再进行检测。当钥匙在锁止位置时，端子 A1、A2 和 B1、B2、B3 间不导通；当钥匙在开启位置时，端子 A1、B1 间导通，端子 A1 和 B1、B3 间及端子 A2 和 B1、B2、B3 间不导通。如果导通性不符合此标准，应更换连接器。

（六）起动继电器的检测

起动继电器的检测如图 1-69 所示，将蓄电池电压接至继电器端子 1 和 3 间时，端子 2 与 4 之间应该导通。如果导通

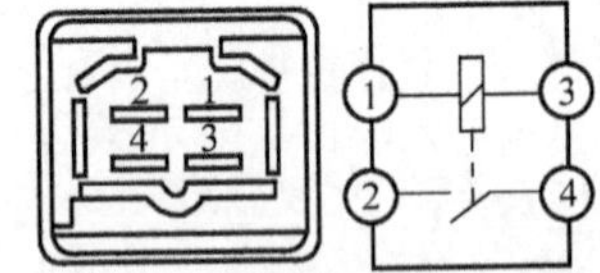

图 1-69　起动继电器的检测

性不符合要求，应更换继电器。

任务5　防盗系统的故障诊断与匹配

【活动情景】

活动在汽车维修实训场地进行，围绕实车边学边练。

【任务要求】

通过学习和训练，了解桑塔纳 2000GSi 型轿车防盗系统的结构特点，学会用 V. A. G 1552（或 V. A. S 5051）故障检测仪对大众车系防盗系统进行故障诊断、系统匹配、钥匙匹配、读取和清除故障码等操作。

【基本内容】

下面以桑塔纳 2000GSi 型轿车防盗系统为例，介绍汽车防盗系统的故障诊断与匹配方法。

桑塔纳 2000GSi 型轿车防盗系统属于大众车系第二代发动机锁止防盗系统，其主要组成如图 1-70 所示。

（1）点火钥匙（内带转发器）；

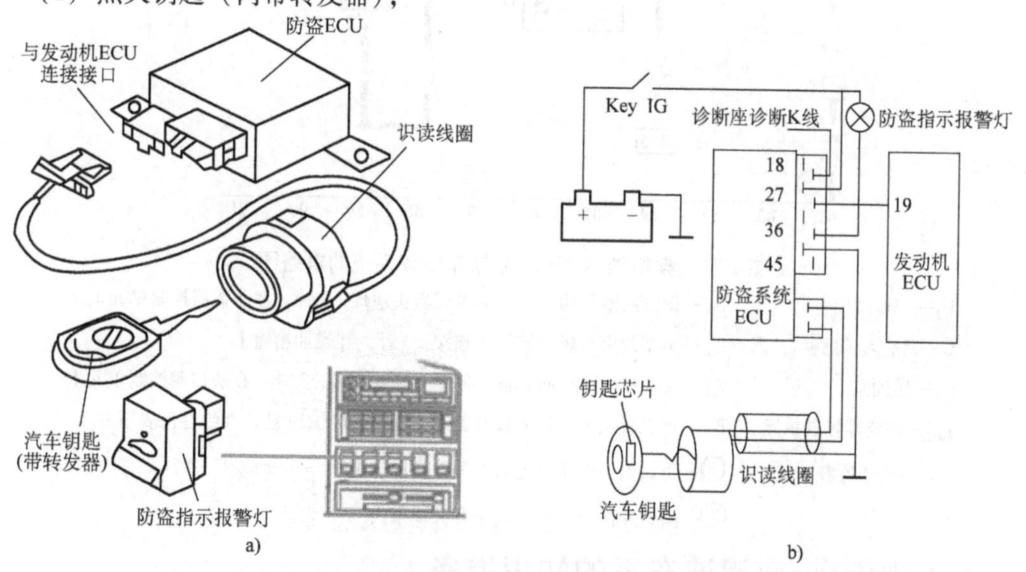

图 1-70　桑塔纳 2000GSi 型轿车防盗系统的组成

a）防盗系统的组成　b）防盗系统连接关系示意图

（2）点火开关（内带识读线圈）；

（3）防盗 ECU（零件号为 J362，装在左转向柱支架上）；

（4）发动机 ECU（零件号为 J220，装在驾驶员侧仪表板下）；

（5）防盗指示灯（零件号为 K117，装在仪表板上）。

如图 1-71 所示为桑塔纳 2000GSi 型轿车防盗系统的电路图。

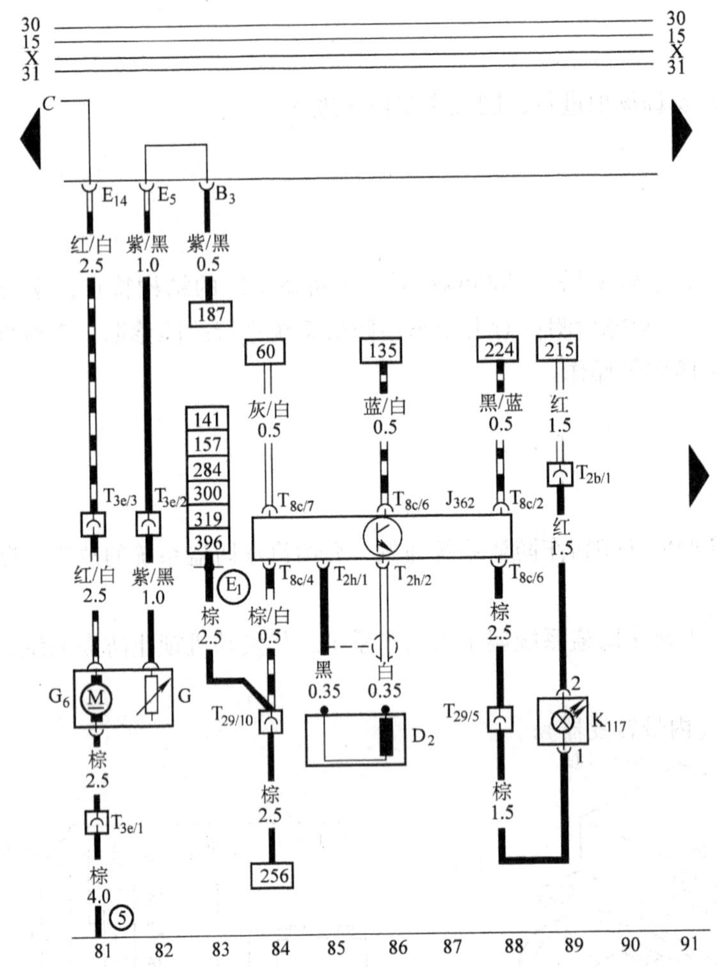

图 1-71　桑塔纳 2000GSi 型轿车防盗系统的电路图

D_2—识读线圈	T_{2h}—识读线圈与防盗器控制单元插头连接，2 针，在防盗器控制单元上
G—燃油表传感器	T_{3e}—尾部线束与燃油箱插头连接，3 针，在燃油箱盖上
G_6—燃油泵	T_{8c}—仪表板线束与防盗器控制单元插头连接，8 针，在防盗器控制单元上
J_{362}—防盗器控制单元	T_{29}—仪表板线束与仪表板开关线束插头连接，29 针，在组合仪表下方
K_{117}—防盗器警告灯	⑤—搭铁点，在中央电器左侧星形搭铁爪上
	(E_1)—搭铁连接线，在仪表板开关线束内

一、维修大众/奥迪车系的知识准备

1. 故障诊断仪　汽车故障诊断仪是目前汽车维修必不可少的检修仪器。现代汽车各系

统的控制单元（ECU）中都配备了一个故障存储器。一旦电控系统出现故障，便以故障码的形式储存在电控单元的存储器中，维修人员可用故障诊断仪进行故障诊断、系统匹配、读取和清除故障码等操作。大众/奥迪车系的专用故障诊断仪是 V. A. G 1552 和 V. A. S 5052 等，如图 1-72 所示。

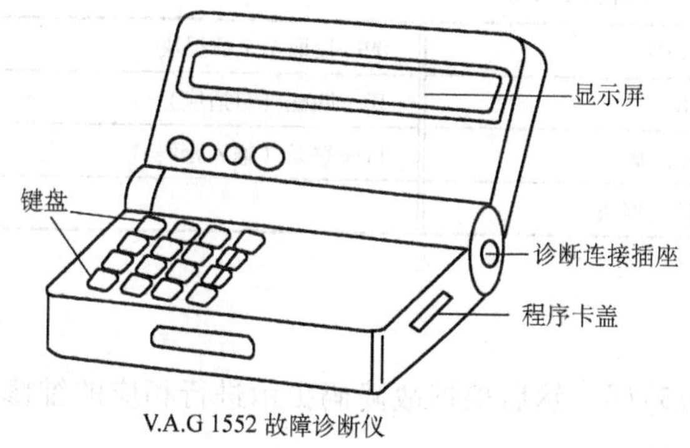

V.A.G 1552 故障诊断仪

V.A.S 5052 故障诊断仪

图 1-72 大众/奥迪车系的专用故障诊断仪

◆ 重要提示：

汽车故障诊断仪可分原厂故障诊断仪（专用型）和非原厂故障诊断仪（通用型）两种。

原厂故障诊断仪是汽车制造公司为自己生产的汽车而专门设计制造的，一般只在特约维修站配备，如大众/奥迪车系用 V. A. G 1552、V. A. S 5052（见图 1-72）；丰田车系用 INTELLIGENT TESTER；日产车系用 CONSULT；本田车系用 MTS3100；宝马车系用 MODIC；奔驰车系用 STAR2000 等。

通用型故障诊断仪则不是汽车制造厂家提供或指定的，而是由汽车保修设备制造公司为适应诊断检测多种车型而设计制造的。通用型故障诊断仪适用车型广，基本上涵盖了美、欧、亚及国产车系，其功能也与专用型故障诊断仪相近，能够满足用户的基本需要。国内公司生产的通用型故障诊断仪有元征 X-431、金德 K 系列等。通用型故障诊断仪对某些车系的部分电控系统故障是无法检测到的。

2. 大众/奥迪车系地址码　为了方便维修诊断，大众/奥迪车系每个控制单元（ECU）都有特定的系统地址码，并适用于所有车型，如发动机 ECU 的地址码是 01、自动变速器是 02 等。表 1-13 所列是大众/奥迪车系车身电控系统的常用地址码。

表 1-13　大众/奥迪车系车身电控系统的常用地址码

15—安全气囊	26—电动天窗	42—驾驶员侧车门
17—组合仪表	35—中央门锁	52—乘客侧车门
25—防盗系统	36—驾驶员座椅控制	62—左后车门
37—巡/导航系统	46—舒适系统	72—右后车门
08—空调暖风	47—音响系统	76—倒车雷达系统

3. 大众/奥迪车系功能码　在选择了地址码进入某一个系统后，每个系统都有一个功能码菜单，操作者必须选择一项来指令检测仪和控制单元 ECU 完成何种工作。无论进入哪个系统，功能码菜单都是一样的，见表 1-14。

表 1-14　功能码菜单

01—查询控制单元版本	05—清除故障码	09—读取单个数据块
02—查询故障码	06—结束输出	10—匹配（自适应）
03—执行元件诊断	07—控制单元编码	11—登录（输入密码）
04—基本设置	08—读取测量数据块	

二、防盗系统故障自诊断

利用故障诊断仪读取汽车防盗系统故障码，然后根据故障码提示进行相应的维修操作，是目前应用最广泛的维修方法。下面介绍用 V. A. G 1552 故障诊断仪读取桑塔纳 2000GSi 型轿车的汽车防盗系统故障码的具体操作步骤。

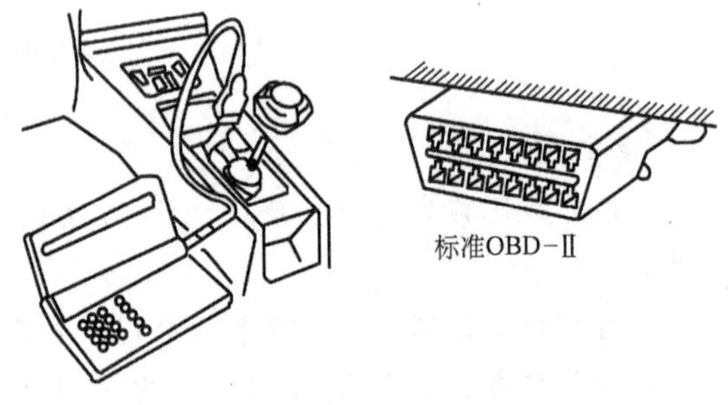

图 1-73　V. A. G 1552 的连接

1. 操作步骤

（1）将大众专用故障诊断仪 V. A. G 1552 的插头与变速杆前的诊断座插口连接，如图 1-73 所示。

（2）接通点火开关后，故障诊断仪自动进入操作模式 1（车辆系统测试），之后屏幕自动显示：

Test of vehicle　　HELP Insert address word XX	车辆系统测试　　帮助 输入地址码 XX

（3）输入防盗系统地址码“25”，屏幕将显示：

Test of vehicle　　Q 25-Immobiliser	车辆系统测试　　Q 25-防盗系统

（4）按“Q”键确认，屏幕显示：

330 953 253 IMMO VWZ6ZOTO 123456 V01　　→ Coding 00000　　WSC 01205

约 5s 后，屏幕显示直接进入 01——查询防盗 ECU 版本。

注：屏幕中 330 953 253 为防盗 ECU 零件号；IMMO 为电子防盗系统缩写；VWZ6ZOTO 123456 为防盗 ECU 密码，凭此 14 位字符密码可向大众公司维修热线查询防盗钥匙密码；V01 为防盗 ECU 软件版本；Coding 00000 为编码号；WSC 01205 为维修站代码。

（5）按“→”键，屏幕将显示功能菜单：

Test of vehicle HELP Select function XX	车辆系统测试 帮助 选择功能 XX

2. 故障码的读取

（1）输入数字“02”，选择“查询故障”功能，并按“Q”键确认，屏幕将显示：

X Fault recognized	发现 X 个故障

注：如屏幕显示“NO Faults recognized”，即未发现故障，按“→”键，退回到功能菜单。

（2）按“→”键，可以逐个显示故障码和故障内容（见表 1-15），直到全部故障显示完毕。

（3）故障码查询结束后，按“→”键退回到功能菜单。

（4）根据故障码，按表 1-15 所提示的故障原因，找到相应部件，进行检查修理。

3. 故障码的清除

（1）输入数字“05”，进入选择“清除故障码”功能，并按“Q”键确认，就可清除防盗系统中的故障码。此时屏幕显示：

Test of vehicle → Fault memory is erased	车辆系统测试 → 故障存储已被清除

（2）输入数字“06”，选择“结束输出”功能，并按“Q”键确认。完成这一功能后，退出防盗系统诊断程序，回到待机状态。

表 1-15 桑塔纳 2000GSi 轿车防盗系统故障码

故障码	故障原因	故障现象	故障排除方法
65535	防盗 ECU（J362）损坏	1. 警告灯亮 2. 发动机不能起动	更换新件并重新匹配
00750	1. 警告灯故障 2. 线路短路/断路 3. 对正极短路（警告灯坏）	1. 警告灯亮 2. 警告灯不亮	1. 检修线路 2. 更换损坏的警告灯
01128	1. 识读线圈损坏 2. 线路断路/短路	警告灯闪烁，发动机不能起动	1. 检修线路 2. 更换识读线圈
01176	1. 钥匙转发器损坏 2. 识读线圈 D2 损坏 3. 非法钥匙	警告灯闪烁，发动机不能起动	1. 配制新车钥匙，完成所有操作 2. 钥匙匹配程序 3. 更换识读线圈 4. 配制新钥匙
01177	1. 发动机 ECU 更换后没有匹配 2. 连接线路断路/短路	1. 警告灯闪烁，发动机不能起动 2. 警告灯不亮	完成发动机 ECU 和防盗 ECU 的匹配程序，检查两 ECU 之间的线路
01179	配匙程序不正确	警告灯快速闪烁	1. 读取故障码 2. 清除故障码 3. 完成所有钥匙匹配程序

三、防盗ECU与发动机ECU的匹配

◆ 重点提示：

更换发动机ECU或防盗ECU后，必须对其进行匹配，使防盗ECU与发动机ECU两者能够互相联系并确认。否则，防盗ECU将不会识别发动机ECU，或发动机ECU不会识别防盗ECU，防盗系统就会被起动，发动机即使被起动也会自动熄火。

1. 更换发动机ECU（J220）后的匹配　修理中更换了发动机ECU后，必须重新与防盗ECU进行匹配（进行匹配时，必须使用一把原车的合法钥匙）。匹配程序如下：

（1）连接故障诊断仪V. A. G 1552，打开点火开关，输入防盗系统地址码“25”，按“Q”键确认，屏幕将显示：

Test of vehicle　　HELP Select function XX	车辆系统测试　　帮助 选择功能 XX

（2）按“→”键，输入功能码“10”匹配功能后，屏幕显示：

Test of vehicle　　Q 10-Adaptation	车辆系统测试　　确认 10-匹配

（3）按“Q”键确认，屏幕将显示：

Adaptation Feed in channel number XX	匹配 输入通道号 XX

（4）此时输入“00”通道号并按“Q”键确认，屏幕将显示：

Adaptation　　→ Learned values have been erased	匹配　　→ 已知数值已被清除

（5）按“→”键完成匹配程序，故障诊断仪返回待机状态。

注：1）由于匹配时点火开关是在“ON”状态下进行的，所以新更换的发动机ECU随机代码就被防盗ECU读入并储存起来，而原发动机ECU的代码则被清除。

2）由于拆下旧的发动机ECU时，是在断电情况下操作的，所以新的发动机ECU匹配后，还要使用故障诊断仪V. A. G 1552对新的发动机ECU做一次基本设定。

◆ 重点提示：

第一代和第二代防盗系统的防盗ECU单独安装，修理时应进入防盗系统。因此，当使用V. A. G 1552故障诊断仪诊断防盗系统故障时，应输入防盗系统地址码“25”。

第三代防盗系统的防盗ECU与组合仪表集成在一起，修理时应进入组合仪表系统，因此，当使用V. A. G 1552故障诊断仪诊断防盗系统故障时，应输入组合仪表系统地址码“17”。

2. 更换防盗 ECU（J362）后的匹配　更换防盗 ECU 后，或者试用一个从别的车上拆下来的防盗 ECU 时，都必须重新做一次发动机 ECU 与防盗 ECU 的匹配，其操作步骤与上述相同，但要注意，此时必须将所有车钥匙都重新做一次钥匙匹配。

四、钥匙的匹配

◆ 重点提示：

所谓钥匙匹配，是将以前所有合法钥匙的代码清除，重编新的合法代码。如果用户遗失一把合法的钥匙，只要将其他钥匙重新完成一次匹配钥匙程序，那么丢失的钥匙就变为非法钥匙而不能起动发动机，从而起到防盗作用。匹配钥匙必须要有钥匙密码，而且最多只能配 8 把钥匙。

1. 下列情况，都必须进行钥匙匹配

（1）新配钥匙。

（2）钥匙遗失。

（3）更换防盗 ECU 后。

◆ 提示：如果汽车钥匙遗失，可用故障诊断仪 V. A. G 1552 先查出 14 位字符的防盗 ECU 的密码后，再向大众汽车公司服务热线获得 4 位字符的钥匙密码。

2. 钥匙匹配程序

（1）连接故障诊断仪 V. A. G 1552，打开点火开关，输入防盗系统地址码“25”，按“Q”键确认。

（2）按“→”键选择“输密码（登录）”功能。

（3）输入功能码“11”，按“Q”键确认，屏幕将显示：

Login procedure Enter code number XXXXX	输入密码 输入密码号　XXXXX

（4）输入密码，即要求输入钥匙密码。输入密码时，必须在 4 位密码前加个“0”，换言之，输入的密码必须是 5 位字符（例如钥匙密码是 8888，则应输入 08888），如果输入密码正确时，屏幕将显示：

Login procedure Enter code number 08888	输入密码 输入密码号　08888

如果屏幕显示如下，表明密码输入错误，应重新输入正确的密码。

Function is unknown　or Cannot be carried out at moment	功能不清楚或 此刻不能执行

◆ 重点提示：

① 输入钥匙密码时，切记要在4位密码前加个“0”，否则防盗ECU会锁死。

② 如果钥匙密码输入错误，允许再输入一次。两次输错密码后，防盗ECU就会锁死，这时应在点火开关接通的状态下等30min后，进行第二次匹配。

（5）按“Q”键确认，屏幕将显示：

Test of vehicle HELP Select function XX	车辆系统测试 帮助 选择功能 XX

（6）输入“10”，选择“匹配”功能并按“Q”键确认，屏幕将显示：

Adaptation Feed in channel number XX	匹配 输入通道号 XX

（7）输入通道号“21”，按“Q”键确认，屏幕将显示：

Channel 21 Adaptation 2 → < -1 -3 >	通道21 匹配2 → < -1 -3 >

注：通道号可在维修手册中查到，桑塔纳轿车为21。

（8）输入钥匙数。钥匙数量可根据需要输入数字0~8。上面屏幕中的2，表示已有2把合法的钥匙储存。此时键入“1”则表示要减少1把钥匙，键入“3”则表示增加1把钥匙，直到屏幕右上角的数字符合需要的钥匙数为止。

注意：此时如果输入“0”，表示全部钥匙都变为非法，将不能起动发动机。

（9）按“→”键，屏幕将显示：

Channel 21 Adaptation 2 → Enter adaptation value XXXXX	通道21 匹配2 → 输入匹配钥匙数 XXXXX

（10）如需匹配5把钥匙，则输入“00005”，并按“Q”键确认，屏幕将显示：

Channel 21 Adaptation 2 → Changed value is stored	通道21 匹配2 → 输入匹配钥匙数 0005

（11）继续按“Q”键，屏幕将显示：

Channel 21 Adaptation 5 Q < -1 -3 >	通道21 匹配5 Q < -1 -3 >

（12）继续按“Q”键，屏幕将显示：

Channel 21 Adaptation 5 Stoer changed value?	→	通道 21 匹配 5 是否要储存改变的钥匙数?	→

（13）如需匹配 5 把钥匙，则输入“00005”，并按“Q”键确认，屏幕将显示：

Channel 21 Adaptation 5 Changed value is stored	→	通道 21 匹配 5 改变的钥匙数已储存	→

（14）按“→”键，回到待机状态，输入“06”，选择“结束输出”功能，按“Q”键确认。

至此，在汽车点火开关上的这把钥匙匹配完毕。然后，关闭点火开关，换入另一把钥匙，打开点火开关至少 1s 后，重复上述操作，直到把所有的钥匙都匹配完毕。

3. 钥匙匹配的注意事项

（1）匹配全部钥匙的操作过程不能超过 30s；

（2）如果只将钥匙插入点火开关，而没有接通点火开关，那么这把钥匙匹配无效。

（3）每次匹配钥匙的操作过程顺利完成后，防盗指示灯会亮 2s，然后熄灭 0.5s，再亮 0.5s 后熄灭，表示操作过程完成。

（4）如果操作过程中发现错误，例如将已匹配好的钥匙重复进行匹配，防盗指示灯将以快速闪亮（2 次/s）的方式报警，匹配过程自动中断。

（5）如果需要匹配的钥匙无转发器或转发器有故障，故障诊断仪将拒绝执行操作。

（6）匹配好的钥匙都必须试用一下，看能否起动发动机，也可用故障诊断仪选择功能码“02”读取故障码，如果没有故障码显示，说明钥匙匹配完成。

任务 6 汽车防盗系统遥控器的设定与匹配

【活动情景】

活动在汽车维修实训场地进行，围绕防盗系统实训台或实车边学边练。

【任务要求】

通过学习和训练，掌握常见品牌汽车防盗系统的设定与匹配操作。

【基本内容】

为了防盗安全，目前许多轿车的遥控器都有记忆或改变频率的功能，当蓄电池电压过低或断开蓄电池时间过久时，遥控器均需要重新设定。有时为了方便，也需要复制遥控器。不同车型的遥控器有不同的设定、复制方法，现提供几种供参考。

一、长安雨燕轿车遥控钥匙的匹配

长安雨燕轿车遥控钥匙的匹配方法：

（1）确认所有车门都已关上。

（2）点火钥匙已经从点火钥匙锁芯中拔出。

（3）打开驾驶员侧的车门。

（4）把点火钥匙插入点火开关锁芯并旋转至“ON”挡。

（5）在10s内从点火开关锁芯中拔出点火钥匙。

（6）在从点火开关锁芯中拔出点火钥匙后20s内按压并松开驾驶座侧的门灯开关3次。

（7）再把点火钥匙插入点火开关锁芯并旋转至“ON”挡。

（8）在10s内从点火开关锁芯中拔出点火钥匙。

（9）所有车门自动锁上并打开1次。

（10）在步骤（5）后20s内按遥控钥匙发射器上的“UNLOCK”键。

（11）所有车门自动锁上并打开1次。

（12）这样就完成遥控钥匙发射器的设置程序。

（13）如果还有其他遥控钥匙发射器需要设定，重复以上步骤即可。

注：雨燕轿车最多只能设定3把钥匙发射器。

二、福克斯轿车遥控钥匙的匹配

福克斯轿车遥控钥匙的匹配方法：

（1）福克斯轿车最多可以匹配8把带遥控的钥匙，在进行设定时，这些钥匙必须留在车内，系上安全带并关上所有车门（可确保在设定时不会有干扰的警示声音）。

（2）设定具有无线遥控功能的新钥匙时，应在6s之内将点火开关转至“ACC”位置4次。

（3）断开点火开关，此时会有一个提示声音（表示现在有10s的时间可以进行具有遥控功能的新钥匙的设定）。

（4）按下遥控器上的任一按钮，此时会有提示声音响起进行确认，将所有钥匙（包括原来的钥匙）重复进行这个步骤。

（5）重新接通点火开关，或者等候10s，不进行任何其他的钥匙设定，即可结束钥匙的匹配。

三、赛欧轿车遥控钥匙的匹配

赛欧轿车遥控器的匹配方法：

（1）在开锁状态下，3s内将车门从关到开做两次，最后保持在开的位置。

（2）将钥匙插入点火开关锁芯，10s内从“ON”到“OFF”执行5次操作，最后保持

在“OFF”位置。

(3) 若转向灯闪一下，表明系统已进入密码学习模式。

(4) 16s 内按遥控器锁门键，如果转向灯闪一下，说明匹配成功。

(5) 若需复制第二个遥控器，在 16s 内，重复步骤 (4)。

(6) 最多只能设定两个遥控器。

四、别克 GS/GL/GLX 和君威轿车遥控器的匹配

别克 GS/GL/GLX 和君威轿车遥控器的匹配方法：

(1) 坐在车辆的驾驶员座椅上。

(2) 从点火开关上拔出点火钥匙。

(3) 关闭所有车门。

(4) 按住中控门锁开关上的开锁按钮并保持。

(5) 插入并拔出点火钥匙 3 次（注意不要转动钥匙），最后将钥匙保留在点火开关内。

(6) 松开门锁开关，将听到 3 声响，该响声表明发射器匹配正在起动。

(7) 同时按遥控器上的开锁和闭锁按钮并保持 12s，听到两声响，表明遥控器匹配已成功。

(8) 要设定其他遥控器（最多 4 个），重复步骤 (7) 即可。

(9) 将点火钥匙从点火开关中拔出，退出匹配。

五、一汽花冠和威驰轿车遥控器的设定方法

如果更换了遥控器或者 TVSS ECU（丰田车系防盗系统电脑），必须对遥控器进行重新设定。其设定方法如下：

(1) 在汽车处于非警戒状态时，进行以下工作。

1) 打开驾驶员侧车门，把钥匙插入点火开关的钥匙孔。

2) 在 10s 内把点火开关从“ON”转到“OFF”5 次，使安全指示器 LED 灯点亮。

(2) 安全指示器 LED 灯亮时，在步骤 (1) 以后，于 16s 以内按压遥控器任意开关一次，这样会使 LED 灯熄灭。再次按压同样的开关一次，会使 LED 灯闪烁一次，然后保持常亮，遥控器设定完成。

(3) 为了设定其他遥控器，在先前的设定工作完成后 16s 内重复步骤 (2)。一次只能设定 4 个遥控器。如果试图设定 5 个，则最早登记在 TVSS ECU 中的识别码将被清除。

(4) 当任何一扇车门关上，点火开关转到“ON”挡或者遥控器在设定后的 16s 内没有信号发出，则 LED 灯会熄灭，遥控器的设定结束。

六、东风日产轩逸轿车遥控器的匹配

东风日产轩逸轿车遥控器的匹配方法：

(1) 关闭全部车门。

(2) 通过副驾驶侧车门上的门锁旋钮锁上车门。

(3) 在 10s 内将钥匙插入和拔出 6 次（插入和拔出算一次）。

(4) 所有车门将会自动开锁。

(5) 在 3s 内打开点火开关到“ACC”挡，同时重复步骤（2）。

(6) 按一次遥控器的任意键，门锁就会动作。

(7) 此时打开驾驶员侧的车门，这一把钥匙就算配好了。

(8) 需要多配几把钥匙，就继续下面的操作：

1) 关上全部车门，用副驾驶侧车门上的旋钮将车门锁上。

2) 按第二把钥匙的任意键，门锁会动作。

3) 打开驾驶员侧的车门，设定成功。

注：轩逸轿车的遥控器数量最多能匹配 5 把，当匹配第 6 把时，第一把就会失效。

【项目小结】

通过本项目的学习，了解汽车中控门锁与防盗系统的类型、结构组成及工作原理；识读中控门锁与防盗系统控制电路；了解掌握大众车系第一至第四代防盗系统的结构特点。通过实践活动，掌握中控门锁与防盗系统的检修方法和步骤以及常见故障的诊断排除方法，学会用 V. A. G 1552（或 V. A. S 5052）故障诊断仪对大众车系防盗报警系统进行读取和清除故障码的基本操作；学会大众车系防盗 ECU 与发动机 ECU 的匹配以及汽车钥匙的匹配步骤；学会品牌车型遥控器的设定、匹配方法。

【思考与练习】

一、填空题

1. 汽车防盗系统可分为________防盗系统、________防盗系统和________防盗系统三大类。

2. 发动机防盗锁止系统是在美国通用汽车公司________防盗系统的基础上发展而成的。

3. 发动机防盗锁止系统由________、________、________、防盗 ECU、发动机 ECU 等组成。

4. 发动机防盗锁止系统的工作原理分为三个过程：________、________、________。

5. 大众车系第三代防盗系统由与________集成在一起的防盗 ECU、发动机 ECU、点火开关上的________、点火钥匙上的________以及组合仪表上的________组成。

6. 装用第一和第二代防盗系统的大众车系在车匙牌上有一个________位字符的密码，新车的钥匙密码一种是在________上，另一种是在________。

7. 大众车系的防盗钥匙密码是用来________和重新配置________的。

8. 如果不慎丢失钥匙牌或遗忘了钥匙密码，可通过大众车系专用故障诊断仪 V. A. G 1552，输入防盗系统地址码________（第三代防盗系统应输入组合仪表系统地址码________）后，可查到防盗 ECU 的密码，该密码为________位字符。然后，将此密码电传给大众汽车公司热线，即可查到该车的钥匙密码。

9. 如果车主不慎丢失了一把合法的车钥匙，为了安全起见，必须把其余钥匙都重新进行一次________，这样可以使丢失的车钥匙变为________钥匙，不能起动发动机而起到防盗作用。

10. 桑塔纳 2000GSi 汽车防盗系统故障码为 65535，说明是________________损坏。

11. 修理或更换防盗 ECU 后，或试用一个从别的车上拆下来的防盗 ECU，都必须重新做一次________与________的匹配，同时还必须把所有________都重新做一次钥匙匹配。

12. 桑塔纳 2000GSi 型轿车的防盗 ECU（J362）安装在________支架中央线路板上方。

13. 对大众车系进行汽车钥匙匹配在输入 4 位字符密码之前，必须先输入一个“________”，否则防盗 ECU 会锁死。

14. 对大众车系进行汽车钥匙匹配的操作过程必须要在________内完成，而且必须要接通________，否则匹配无效。

二、简答题

1. 简述汽车中控门锁的功能。

2. 简述汽车中控门锁执行机构的类型及工作原理。

3. 简述汽车中控门锁控制器的类型。

4. 简述具有报警功能的中控门锁防盗报警系统的特点。

5. 简述汽车发动机防盗锁止系统的基本工作原理。

6. 简述大众车系第一至第四代发动机防盗锁止系统的特点和区别。

7. 简述无钥匙进入系统的特点。

8. 简述大众车系车身系统常用的地址码有哪些?

9. 简述大众车系第三代发动机防盗锁止系统钥匙是否合法的认证原理。

10. 如何获得大众车系第一至第三代防盗 ECU 密码和防盗钥匙密码?

11. 举例说明几款品牌车型遥控器的设定方法。

项目二 电动座椅与电动后视镜系统的维修

【项目描述】

本项目介绍汽车电动座椅与电动后视镜的组成、主要部件的结构原理、电路控制原理及维修方法。

【学习目标】

（1）能正确表述电动座椅的组成及各部件的功能。
（2）能表述电动座椅的控制原理。
（3）识读电动座椅的电路图。
（4）能正确表述电动后视镜的组成和结构特点。
（5）能表述电动后视镜的控制原理。
（6）识读电动后视镜的电路图。

【能力目标】

（1）会识别、检测和更换电动座椅电动机、位置传感器和控制开关。
（2）会正确拆装电动座椅。
（3）掌握一种以上车型电动座椅记忆开关的操作方法。
（4）会诊断和排除电动座椅系统的故障。
（5）会检测和判断电动后视镜各元件的性能。
（6）会诊断和排除电动后视镜系统的故障。
（7）会操作调节电动后视镜。

任务1　了解电动座椅

【活动情景】

活动在普通教室或多媒体教室进行，用电动座椅的挂图或示教板进行讲解。

【任务要求】

通过学习，了解汽车电动座椅的类型、结构及工作原理，识读电动座椅的控制电路。

【基本内容】

一、认识汽车电动座椅

电动座椅利用电动机的动力，通过操纵控制开关来调整座椅的高低、前后位置和靠背的倾斜度，以适应不同体形的驾驶员与乘员的乘坐舒适性要求。驾驶员通过按键操纵，既可以将座椅调整到最佳的位置上，以获得最好的视野，得到易于操纵转向盘、脚踏板、变速杆等操纵件的位置，还可以获得舒适和最习惯的乘坐角度。电动座椅与普通座椅的主要区别是调整装置及其调整功能不同，如图2-1所示。

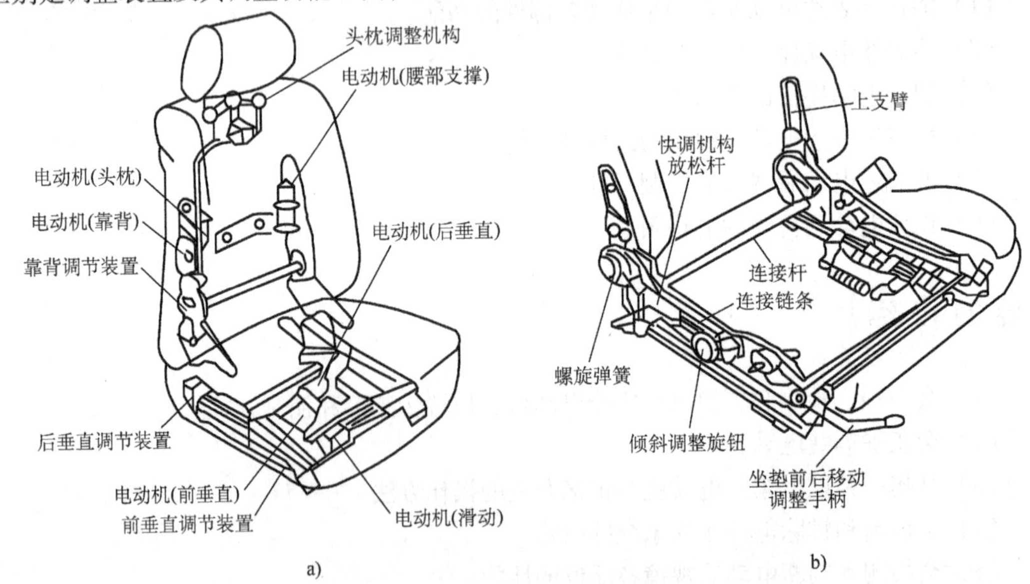

图2-1　电动座椅与手动座椅的区别

a）电动座椅　b）手动座椅

（一）电动座椅的分类

1. 根据座椅电动机的数目和调节方向数目的不同分类　根据座椅电动机的数目和调节方向数目的不同，电动座椅有双向、四向、六向、八向、十向、十二向等。

（1）双向电动座椅：是指该可调座椅只能进行前后两个方向的移动，是一种较简单的电动可调座椅，它只装有一个电动机。

（2）四向电动座椅：是指该可调座椅不仅前后两个方向的位置可以移动，其高低也可以进行自动调整，它装有两个电动机。

（3）六向电动座椅：是指该可调座椅不仅能向前后两个方向移动，还可分别对座椅的前部和后部的高低进行调整，它装有三个电动机。

（4）八向电动座椅：除了具有六向电动座椅的功能外，还有靠背倾斜度调整的功能，它装有四个电动机，如图 2-2 所示。

（5）十向电动座椅：除了具有八向电动座椅的功能外，一般还有腰撑前后位置调整

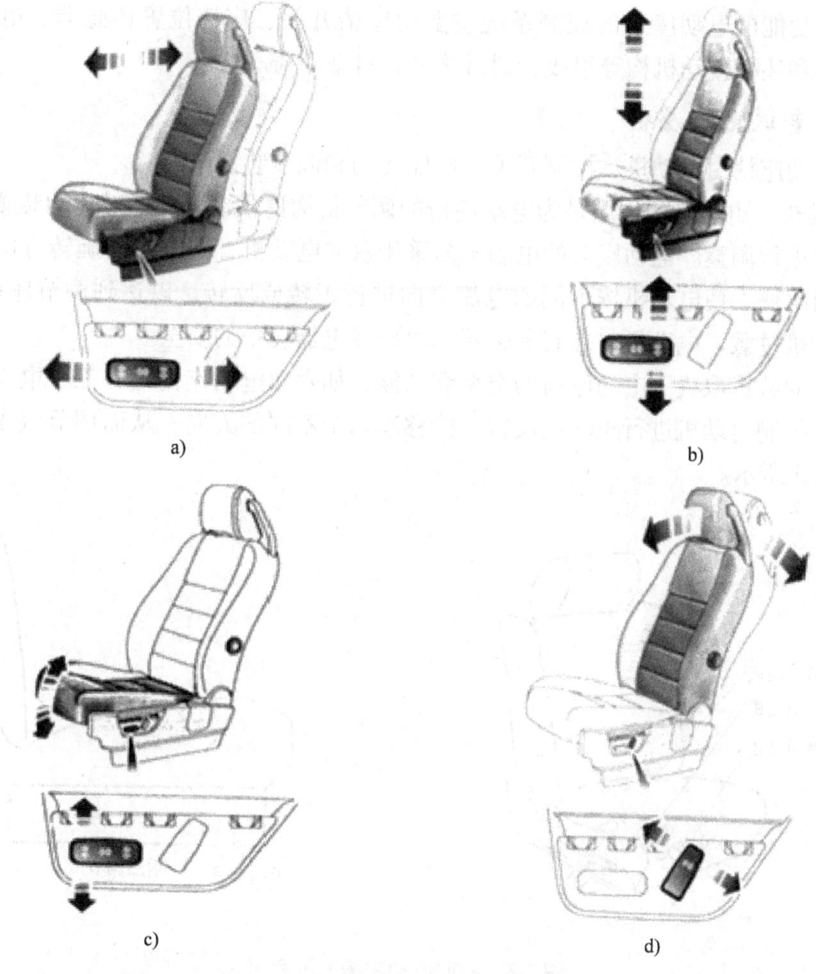

图 2-2　典型的八向电动座椅调整示意图

a）座椅前后滑动调整　b）座椅后部高低调整　c）座椅前部高低调整　d）靠背倾斜调整

(或头枕高度调整功能)，它装有五个电动机。

(6) 十二向电动座椅：除了具有八向电动座椅的功能外，一般还同时具有腰撑前后位置调整和头枕高度调整功能，它装有六个电动机。

2. 根据座椅有无加热器功能分类　根据有无加热器功能，电动座椅又可分为无加热器式和有加热器式两种。有加热器式电动座椅可以在冬季寒冷的时候对座椅的坐垫进行加热，以使驾驶员或乘员乘坐更舒适。

3. 根据座椅有无储存记忆功能分类　根据有无储存记忆功能，电动座椅可分为无储存记忆功能和带储存记忆功能两种。

无储存记忆功能的电动座椅由座椅开关、电动机、传动和执行机构以及控制装置等组成，通常称之为普通电动座椅。

带储存记忆功能的电动座椅是在普通电动座椅的基础上增加了一套电子控制系统，该电子控制系统能把驾驶员调定的座椅位置靠电子控制单元储存下来，以作为以后调节的依据。驾驶员需要对座椅进行调节时，只要按一下按钮即可按记忆自动调节到理想的位置。带储存记忆功能的电动座椅的控制系统主要由座椅开关、座椅位置传感器、电子控制单元、电动机和座椅传动机构等组成，通常称之为自动座椅。

(二) 普通电动座椅

普通电动座椅由电动机、控制开关、座椅传动和调节装置组成。

1. 电动机　电动机的作用是为电动座椅的调节机构提供动力，通过传动装置驱动调整机构对座椅进行调整。电动座椅的电动机多采用双向电动机，即电枢的旋转方向随电流的方向改变而改变，使电动机按不同的电流方向进行正转或反转，以达到调节座椅的目的。为防止电动机过载，电动机内装有断路器，以确保电器设备的安全。

电动机的数量取决于电动座椅的类型和功能，如六向电动座椅共有三个电动机，通过控制开关，控制电动机进行正转或反转，能移动六个不同的方向，从而调节汽车座椅的位置，如图 2-3 所示。

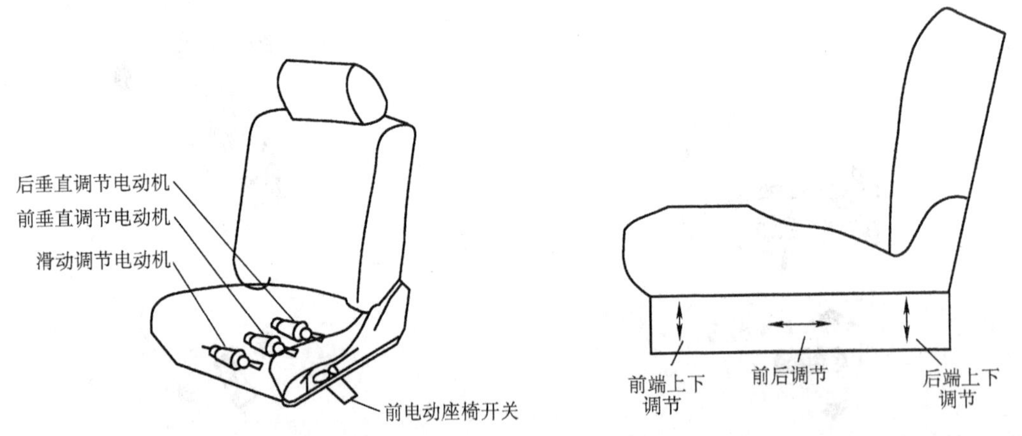

图 2-3　六向电动座椅的示意图

(1) 在座椅的下面安装一个滑动用电动机，用来调节座椅在水平方向的前、后移动。

（2）在座椅的下面安装座椅前垂直调节电动机，用来调节座椅前端在垂直方向的上、下移动。

（3）在座椅的下面安装座椅后垂直调节电动机，用来调节座椅后端在垂直方向的上、下移动。

如图 2-4 所示为八向电动座椅，它是在六向电动座椅的基础上增加一个靠背倾斜电动机，用来控制座椅靠背的角度变化，从而实现八个不同方向的调节。

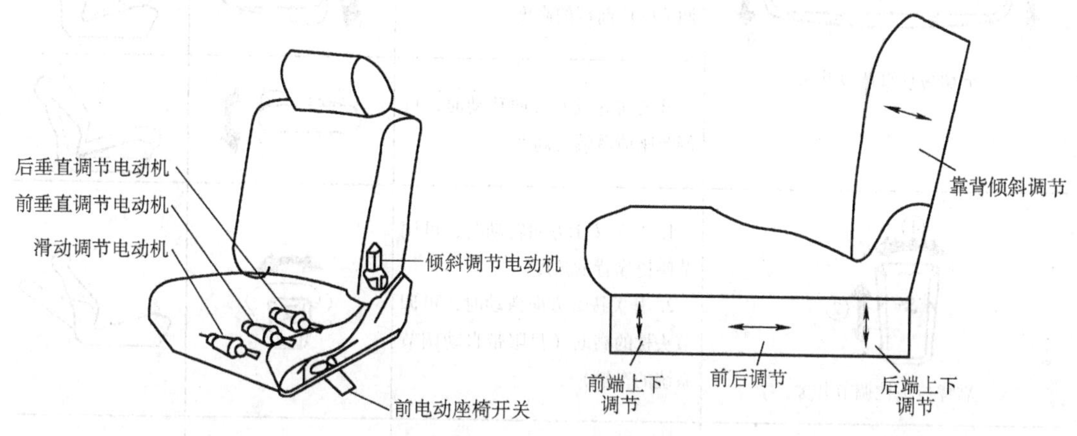

图 2-4 八向电动座椅的示意图

2. 控制开关 电动座椅的控制开关通常安装在座椅旁边，有的安装在车门扶手上或仪表板上，以方便驾驶员或乘员操控。

电动座椅控制开关一般都设有前后滑动调节开关、高度垂直调节开关及靠背倾斜调节开关，部分高级轿车的电动座椅除上述的调节开关外，常常还设有腰部支撑调节开关和头枕调节开关等，如图 2-5 所示。各控制开关的功能见表 2-1。

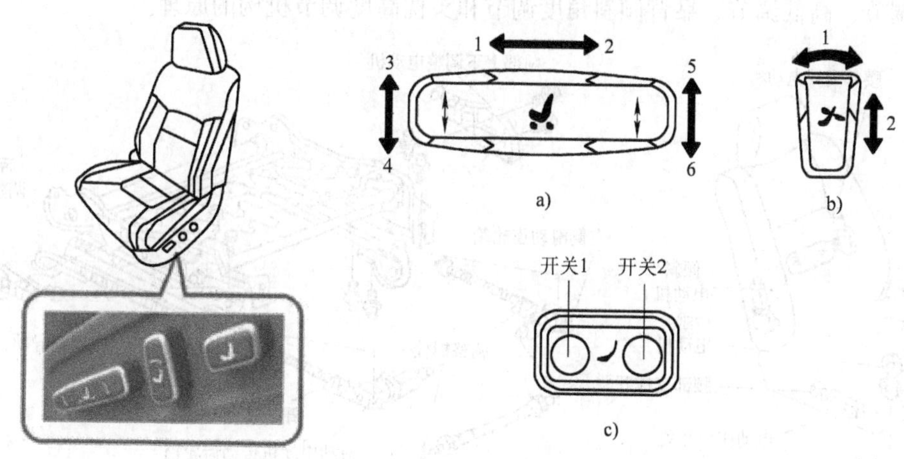

图 2-5 电动座椅的控制开关

a）滑动与垂直调节开关 b）靠背与头枕调节开关 c）腰部支撑调节开关

表 2-1 电动座椅控制开关的功能

座椅开关	功能	座椅开关动作	座椅位置
①②③④⑤⑥ 滑动与垂直调节开关	开关向①或②方向移动时，座椅就向前或向后移动		
	开关向③或④方向移动时，可调节座椅前端的高度		
	开关向⑤或⑥方向移动时，可调节座椅后端的高度		
①② 靠背与头枕调节开关	1. 开关按①方向转动时，可调节座椅靠背的角度 2. 开关按②方向滑动时，可调节头枕的高度（只限带自动调节系统的车辆）		
开关1 开关2 腰部支撑调节开关	1. 压下开关 1 可增加腰部的支撑力 2. 压下开关 2 则减小腰部的支撑力		

3. 调节机构 调节机构的作用是将电动机的动力传给座椅调节装置，使座椅按驾驶员或乘员的理想位置进行调节，典型电动座椅调节机构的组成如图 2-6 所示。下面将介绍座椅前后调节、高低调节、靠背倾斜角度调节和头枕高度调节机构的原理。

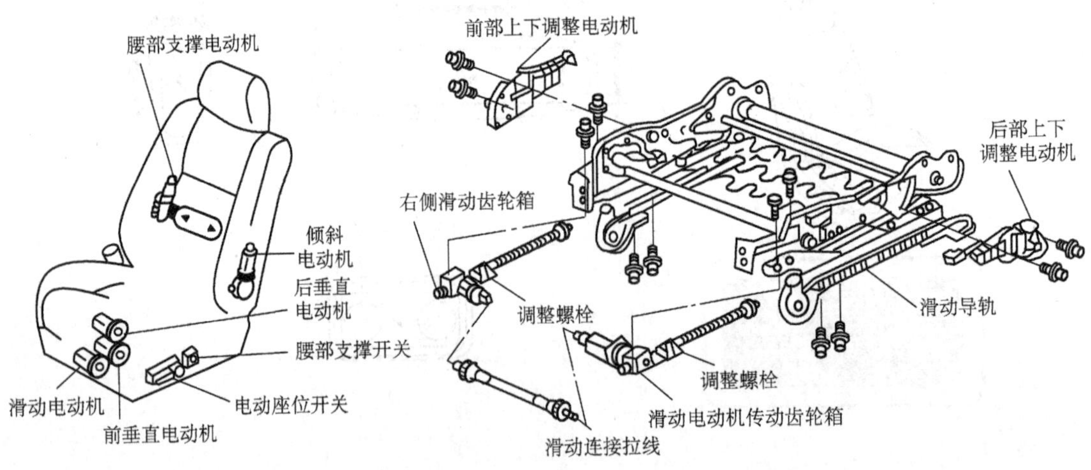

图 2-6 典型电动座椅调节机构的组成

（1）座椅前后调节机构。座椅前后调节机构主要由电动机、传动螺杆、蜗轮传动件、

齿条、导轨等组成，其中齿条分别安装在左右两条导轨上。调整时，操控电动座椅的前后调节开关在向前（或向后）位置时，电动机的动力通过传动螺杆传至两侧的蜗轮和齿条，并使齿条沿导轨轴向移动，使座椅向前（或向后）移动，如图 2-7 所示。

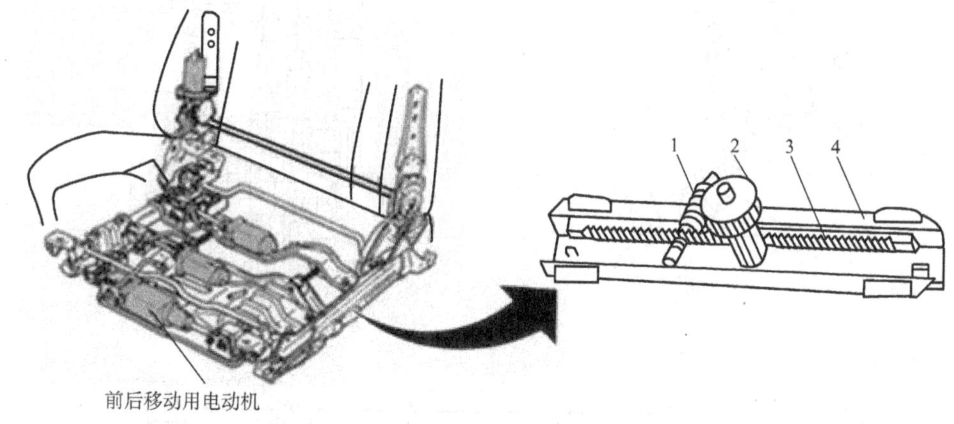

图 2-7 座椅前后调节机构

1—传动螺杆 2—蜗轮 3—齿条 4—导轨

（2）座椅高低调节机构。座椅高低调节机构利用剪式千斤顶原理，使座椅上升或下降，如图 2-8 所示。当操控高低调节开关在升高位置时，电动机正转，依次经外壳、螺杆传动，使塑料螺母按 a 所示的方向沿着螺杆移动；然后，连杆 2 经连杆 1，绕着支点 p 沿 b 方向转动，于是，座椅前端经连杆 3 和支架垂直升高。当操控高低调节开关在下降位置时，电动机反转，座椅向下垂直降低。

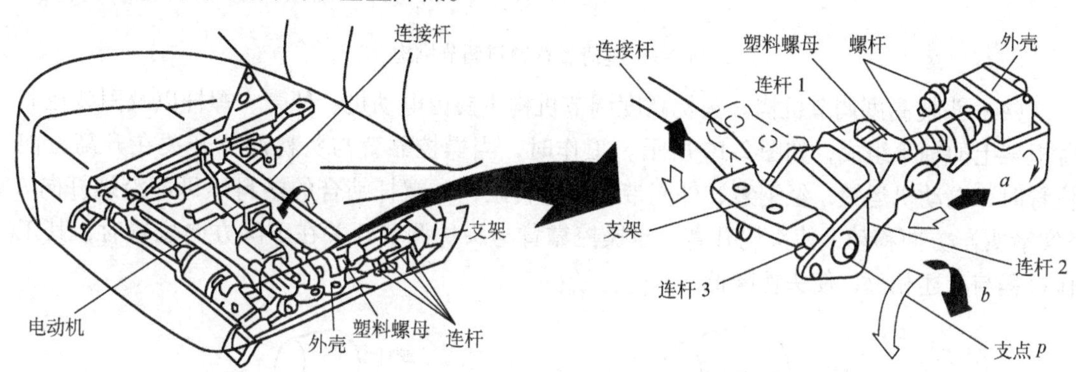

图 2-8 座椅高低调节机构

（3）座椅靠背倾斜调节机构。座椅靠背倾斜调节机构主要由铰链销钉、链轮、内齿轮（30 个齿）、外齿轮（29 个齿）、电动机等组成，如图 2-9a、b 所示。靠背调节机构的铰链销钉有一个偏心凸轮，凸轮的中间轴 A 与安装在坐垫侧的外齿轮同轴；铰链销钉的中间轴 B 与安装在座椅靠背侧的链轮同轴，并与内齿轮同轴转动。

靠背调节机构的工作情况如图 2-9c 所示。当操控靠背与头枕调节开关在前倾或后倾位置时，靠背调节电动机运转，并带动链轮转动，安装在链轮上的铰链销钉也以同样的转向一起转动。由于外齿轮安装在坐垫侧，因而铰链销钉的中间轴 B 围绕着带偏心凸轮的中间轴 A 旋转。这样，内齿轮就与外齿轮啮合，铰链销钉每转一圈，所啮合的齿轮转动 12°。座椅靠背调节的最大角度约为 54°。

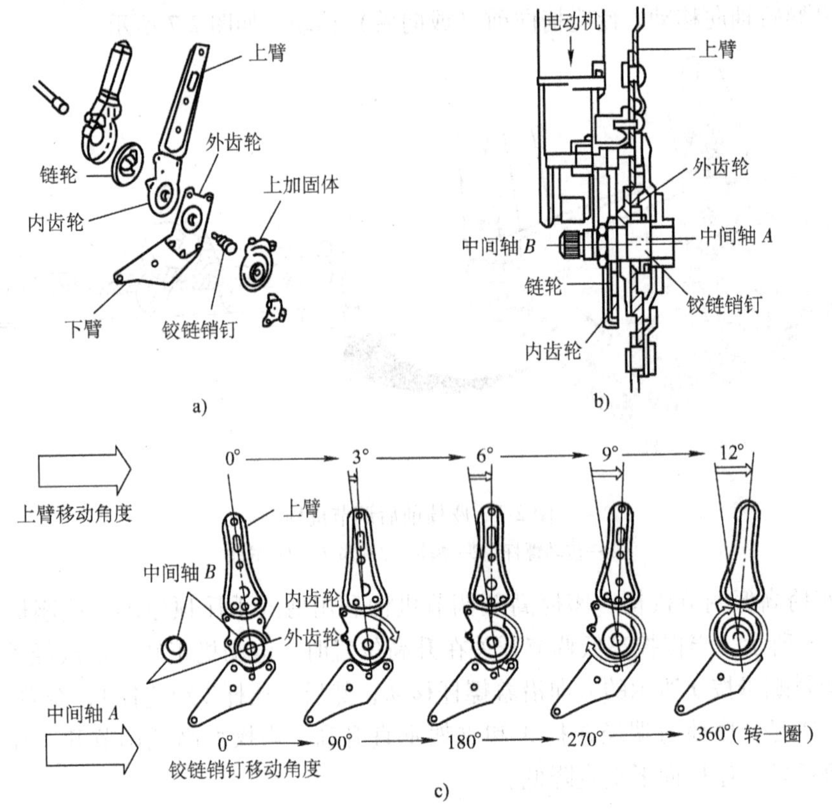

图 2-9　座椅靠背倾斜调节机构

（4）头枕高度调节机构。头枕高度调节机构主要由电动机、外壳、螺杆以及固装在靠背框架上的轴等组成，如图 2-10 所示。工作时，当操控靠背与头枕调节开关在升高方向位置时，电动机运转，经钢索、外壳带动螺杆转动，与螺杆啮合的塑料螺母即沿螺杆向 a（实箭头）方向移动，使头枕升高；当操控靠背与头枕调节开关在下降方向位置时，其工作过程与上述相反，使头枕降低。

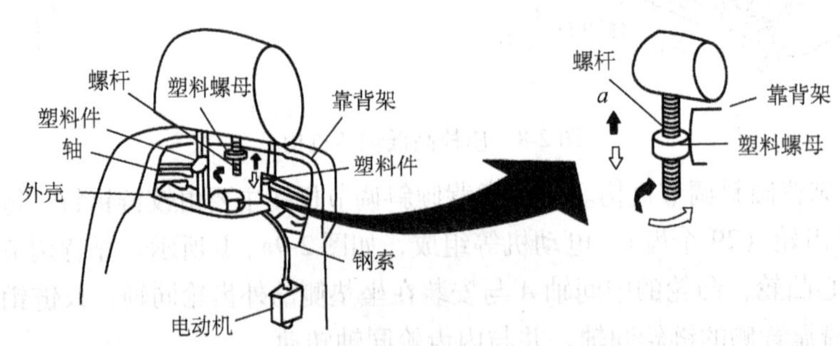

图 2-10　头枕高度调节机构

（三）带储存记忆功能的电动座椅

带储存记忆功能的电动座椅是在普通电动座椅的基础上增加了一套电子控制系统，如

图2-11所示为丰田雷克萨斯LS400轿车带储存记忆功能的电动座椅控制系统的电路图。丰田雷克萨斯LS400轿车带有储存记忆功能的电动座椅主要由电动座椅开关（头枕、靠背、腰部、滑动、前垂直、后垂直）、存储和复位开关（记忆开关）、转向柱倾斜与伸缩ECU、位置传感器（头枕、靠背、滑动、前垂直、后垂直）、电动座椅ECU及电动机等组成，如图2-12所示，其各个部件的主要功能见表2-2。

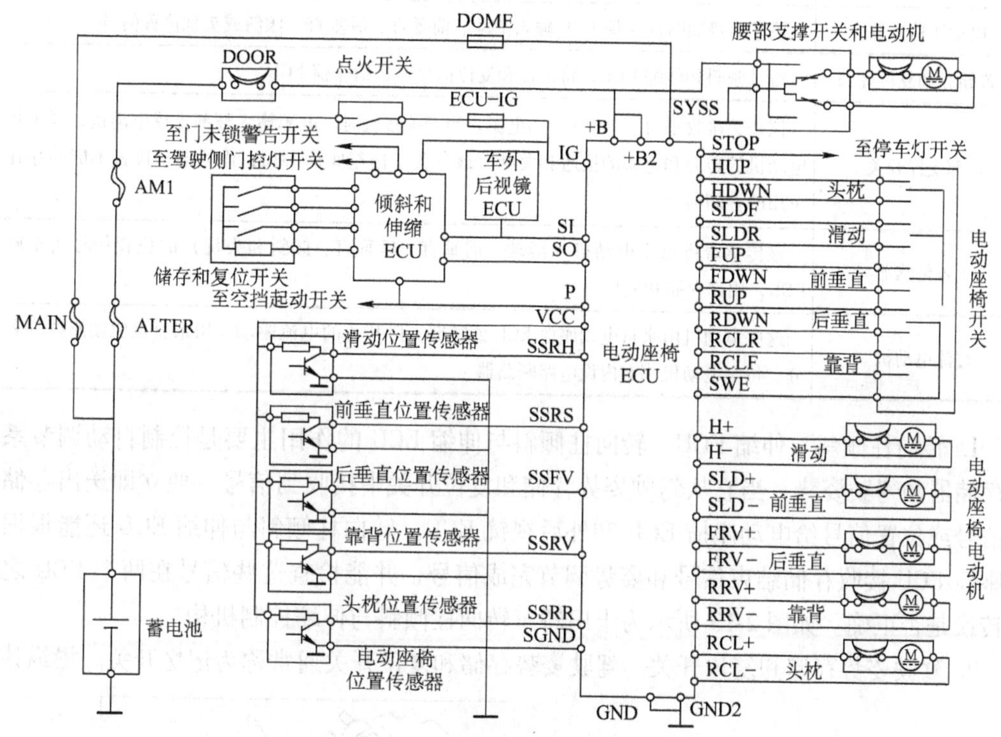

图2-11 丰田雷克萨斯LS400轿车带储存记忆功能的电动座椅控制系统的电路图

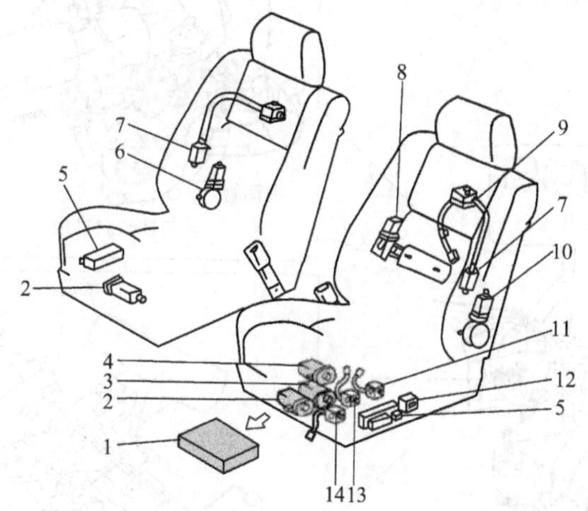

图2-12 丰田雷克萨斯LS400轿车带有储存记忆功能的电动座椅的结构

1—电动座椅ECU 2—前后移动电动机 3—前垂直电动机 4—后垂直电动机 5—电动座椅开关 6—靠背倾斜电动机 7—头枕电动机 8—腰部支撑电动机 9—头枕位置传感器 10—靠背倾斜电动机和位置传感器 11—后垂直位置传感器 12—腰部支撑开关 13—前垂直位置传感器 14—滑动位置传感器

表 2-2　丰田雷克萨斯 LS400 轿车带储存记忆功能的电动座椅各部件的主要功能

部件名称	功　能
电动座椅 ECU	座椅 ECU 控制电动座椅的电源通断、存储执行和复位动作。当接收到来自电动座椅开关的输入信号后，在座椅 ECU 内的继电器动作，控制电动座椅运动。座椅的存储和复位由倾斜和伸缩 ECU 和座椅 ECU 之间的相互联系进行控制
电动座椅开关	该开关接通时向座椅 ECU 输入滑动、前垂直、后垂直、倾斜或头枕位置信号
位置储存和复位开关	通过倾斜和伸缩 ECU，将记忆和复位信号输送给座椅 ECU
腰部支撑开关	该开关接收来自 DOOR CB 的电源。当开关接通时，电源输入腰部支撑电动机，开关控制电动机的转向和电流的接通和关断。该开关不接至座椅 ECU，而且调整位置不能储存在复位用的存储器中
位置传感器	该传感器将每个电动机（滑动、前垂直、后垂直、倾斜和头枕）的位置信号送至座椅 ECU，用作存储和复位
直流电动机	这些电动机由来自电动座椅 ECU 或腰部支撑开关的电流驱动，用来直接驱动座椅的各部分。每个电动机都有内设电路断路器

1. 转向柱倾斜与伸缩 ECU　转向柱倾斜与伸缩 ECU 的作用主要是控制自动调节系统的存储器和驾驶姿势。当它从驾驶姿势存储和复位开关中接收到信号，便立即送出存储指令信号或位置信号给电动座椅 ECU 和外后视镜 ECU。转向柱倾斜与伸缩 ECU 还能根据电动座椅 ECU 接收存储结束信号和姿势调节完成信号，并能检查这些信号在两个 ECU 之间的转换是否正确。如图 2-13 所示为丰田轿车转向柱倾斜与伸缩控制机构。

2. 驾驶姿势存储和复位开关　驾驶姿势存储和复位开关通常称为记忆开关。操纵该开

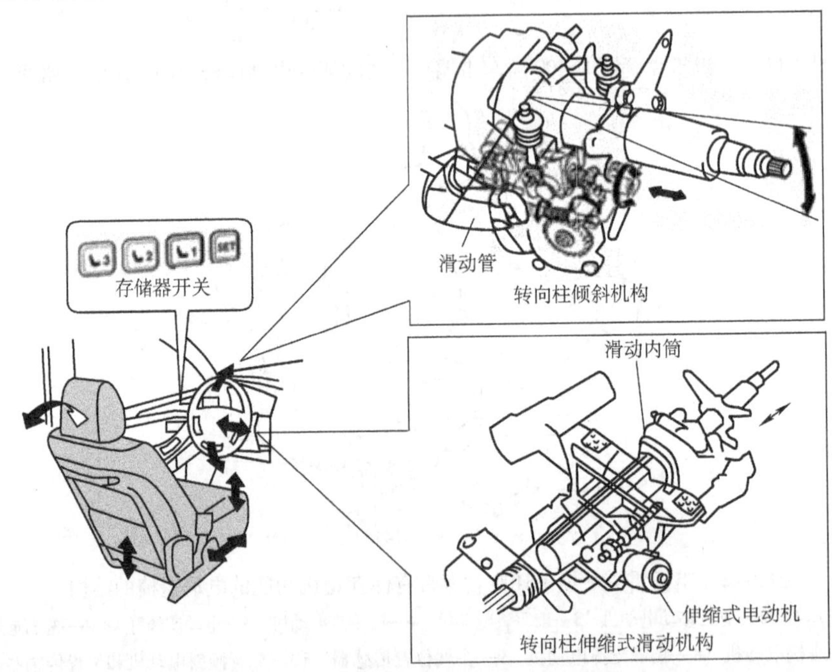

图 2-13　丰田轿车转向柱倾斜与伸缩控制机构

关，座椅位置即被存储于存储器内（如倾斜与伸缩转向柱、外后视镜、安全带的系紧等）。存储和复位开关会使电动座椅 ECU 调节两个预选座椅位置中的一个。驾驶姿势存储和复位开关通常安放在驾驶员容易操纵的车门装饰物上。每个座椅调节装置均有一个位置传感器，将各种不同的位置转换成电信号，并送至电动座椅 ECU。如图 2-14、图 2-15 所示分别为丰田轿车和宝马轿车的座椅位置记忆开关。

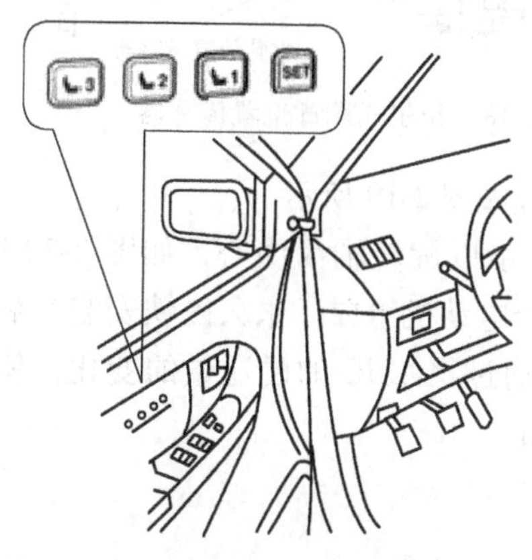

图 2-14　丰田轿车的座椅位置记忆开关

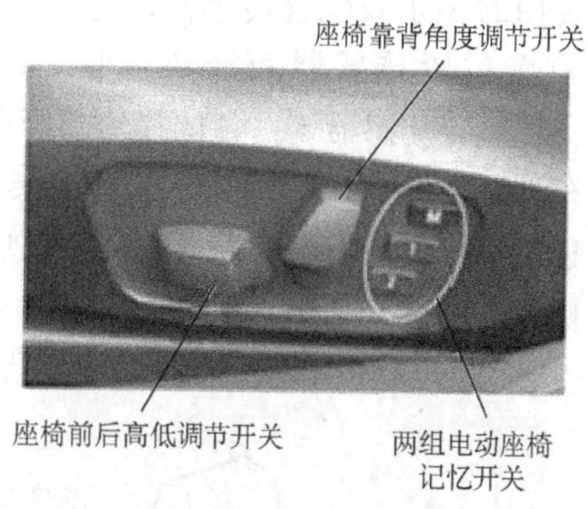

图 2-15　宝马轿车的座椅位置记忆开关

3. 位置传感器　座椅的调节、倾斜与伸缩，转向柱的调节，安全带的系紧，转向盘和车外后视镜位置的移动，都是由电动机驱动的。为了检测这些装置的位置，分别给它们设置了位置传感器，其中电动座椅常用的位置传感器主要有滑动电位器式和霍尔式两种。

如图 2-16 所示为滑动电位器式位置传感器，它主要由驱动齿轮、螺杆、滑块和电阻等组成。它的作用是将座椅的位置转变成电压信号输送给座椅 ECU 存储起来，其基本原理是，当调节座椅时，电动机将动力传给螺杆使螺杆转动，螺杆又带动滑块在电阻上滑移，于是改变了电阻值，电阻值的变化引起电压的变化。当座椅的位置调定后，将电压输送给座椅 ECU，驾驶员只要按下存储按钮，就能将选定的调节位置进行存储，作为重新调节的基准。使用时，只要按压指定的按键，座椅就会自动调节到预先选定的座椅位置上。

如图 2-17 和图 2-18 所示为霍尔式位置传感器，它主要由永久磁铁和霍尔集成电路组成。

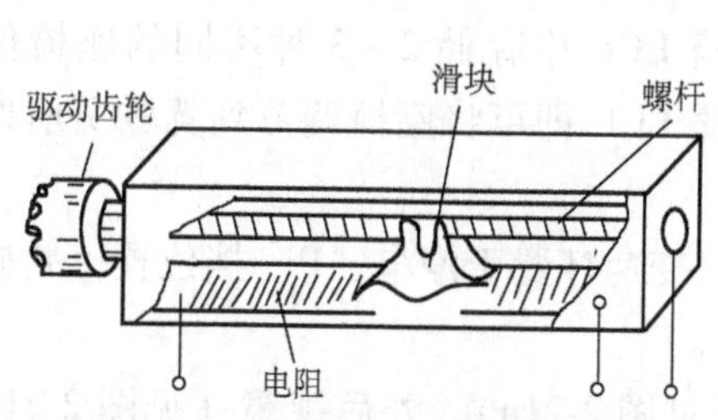

图 2-16　滑动电位器式位置传感器

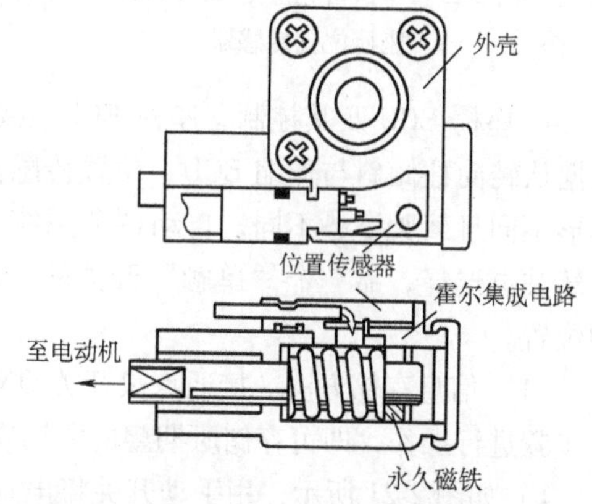

图 2-17　霍尔式滑动、垂直、头枕位置传感器

永久磁铁安装在电动机的驱动轴上，由于驱动轴的旋转引起通过霍尔元件的磁通量的变化，使霍尔元件产生霍尔电压（信号），然后将此信号送往电动座椅 ECU。

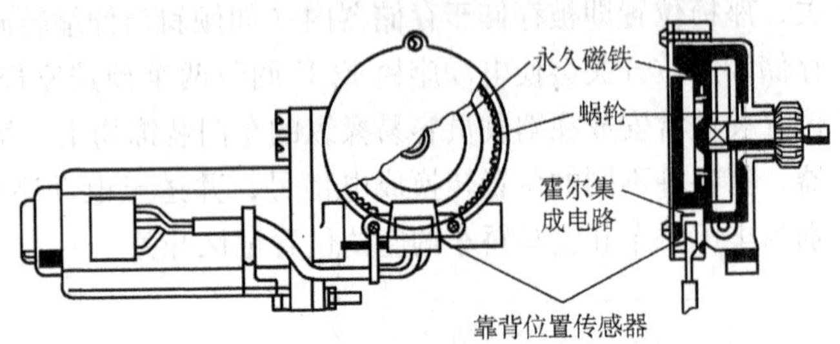

图 2-18　霍尔式靠背位置传感器

丰田雷克萨斯 LS400 轿车电动座椅装用的霍尔式位置传感器，包括有靠背位置传感器和滑动、垂直、头枕位置传感器等，各位置传感器在车上的布置如图 2-19 所示。

车外后视镜也是采用霍尔式位置传感器。后视镜以旋转轴为中心，如图 2-20 所示，由可独立进行上下方向和左右方向移动后视镜的两个电动机组成，永久磁铁安装在后视镜电动机驱动的旋转轴螺杆上。由于转轴的旋转引起通过霍尔 IC 的磁通量的变化，使霍尔 IC 产生霍尔电压（信号），从而检测出后视镜的位置。

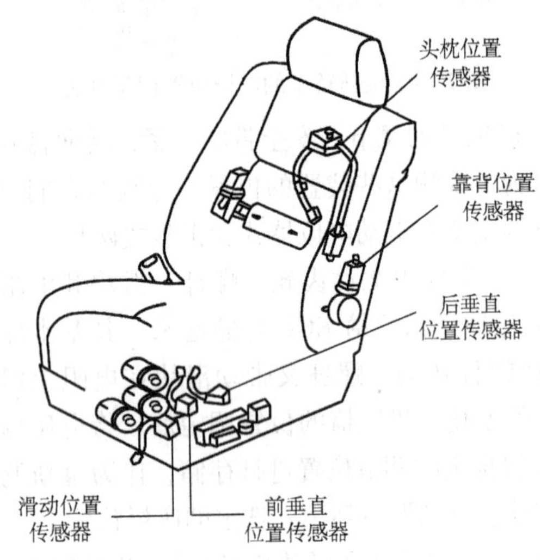

图 2-19　丰田雷克萨斯 LS400 轿车座椅位置传感器

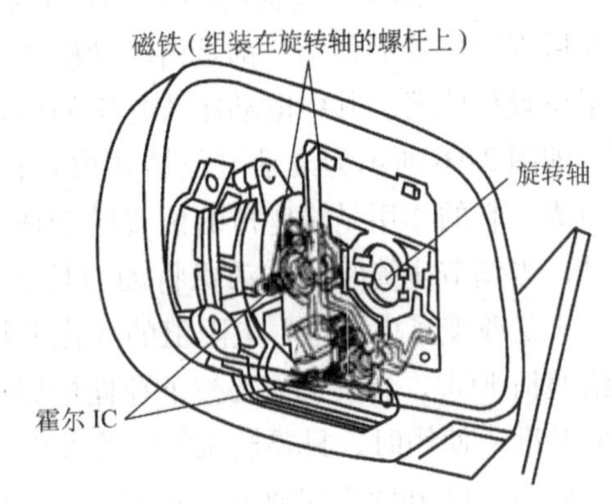

图 2-20　车外后视镜位置传感器

4. 座椅 ECU 及其控制　座椅 ECU 主要用来控制靠手动调节的座椅调节装置，也能根据从转向柱倾斜与伸缩 ECU、位置传感器等送来的信号存储座椅位置。由于驾驶员的体形不同且驾驶姿势不同，自动调节系统能在座椅 ECU 中存储 2～3 种不同的座椅位置供驾驶员选择，靠一个“单触”开关的点动，座椅 ECU 即可将座椅调节到驾驶员所期望的位置。

（1）信息存储方法。接通点火开关 ON（Ⅱ），变速杆置于停车“P”挡位置，并按如下步骤进行操作，即可存储所期望的电动座椅位置。

1）如图 2-21 所示，用手动开关将电动座椅（见图 2-21a）、外后视镜（见图 2-21b）、倾斜与伸缩转向柱（见图 2-21c）调节至最舒适的位置。

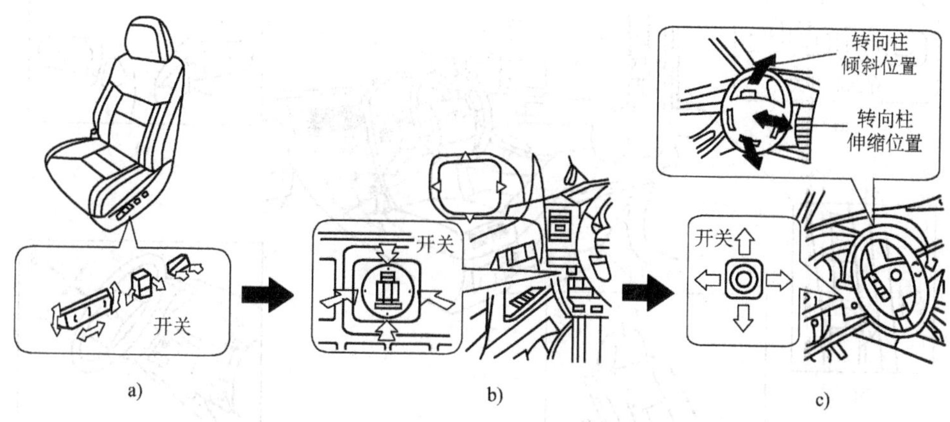

图 2-21 电动座椅、外后视镜、倾斜与伸缩转向柱的调节
a）电动座椅调节 b）外后视镜调节 c）倾斜与伸缩转向柱调节

2）按下记忆开关“SET”按钮的同时，按下按钮“L1”、“L2”或“L3”，直至听到蜂鸣声为止，如图 2-22 所示。

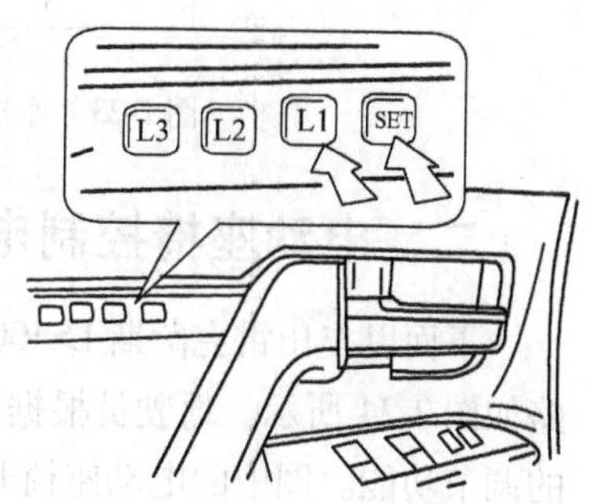

图 2-22 存储记忆操作

3）这时，所选的按钮（“L1”、“L2”或“L3”）已被预设，将存储当时状态的驾驶位置，之前记录的位置将被覆盖。

（2）选择已存储的座椅位置。当点火开关置于“ON”、变速杆处于“P”位置时，按下记忆开关按钮“L1”、“L2”或“L3”（可听到蜂鸣声），即可选择到所期望的已存储的座椅位置。

丰田雷克萨斯 LS400 轿车驾驶员座椅还具有以下实用功能，即电动座椅控制系统设定后，当驾驶员关闭点火开关离开座椅时，座椅前后移动电动机自动向后移动座椅，以增大座椅与转向盘间的距离，驾驶员可方便地从座椅上离开；当驾驶员回到座椅上，打开点火开关后，座椅前后移动电动机又向前移动座椅到原来设定好的位置，其具体调节程序如下：

1）点火钥匙插入时的位置自动调节。当点火钥匙插入点火开关的钥匙孔内，且将点火开关接通（ON），变速杆置于“P”位置时，座椅便能按图 2-23 a、b、c、d、e 中 1→2→3→4→5→6→7 的顺序自动调节至最舒适的位置。在自动调节位置的控制期间，如操纵任一手动开关，自动调节则被取消。

2）点火钥匙拔出时的位置自动调节。当驾驶员关闭点火开关离开座椅时，座椅前后移动电动机自动移动座椅，增大座椅与转向盘间的距离，以方便驾驶员从座椅上离开，其工作过程与点火钥匙插入时基本相同（只是顺序有所不同），座椅位置的自动控制会在驾驶员门被打开和保持打开之后 30s 内停止。

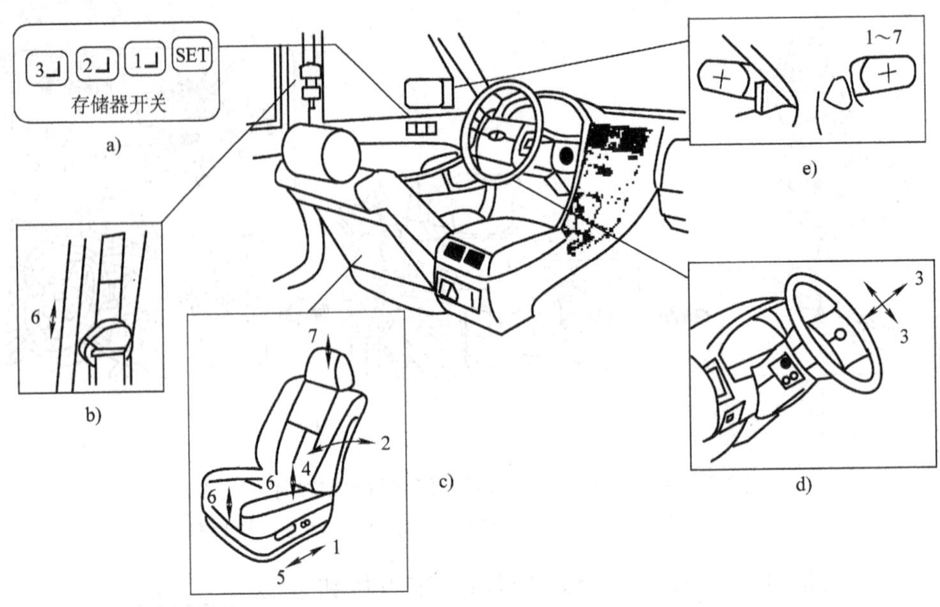

图 2-23　座椅、转向柱、后视镜和安全带的自动调节顺序

二、电动座椅控制电路分析

下面以丰田雷克萨斯 LS400 轿车电动座椅为例，介绍电动座椅的工作原理，其控制电路如图 2-24 所示。驾驶员根据需要操纵开关并接通电动座椅的调节电路，即可完成不同的调节功能。图中的电动座椅开关 12，内部有四套开关触头，从右到左分别是后垂直开关 a、倾斜开关 b、前垂直开关 c 和滑动开关 d。

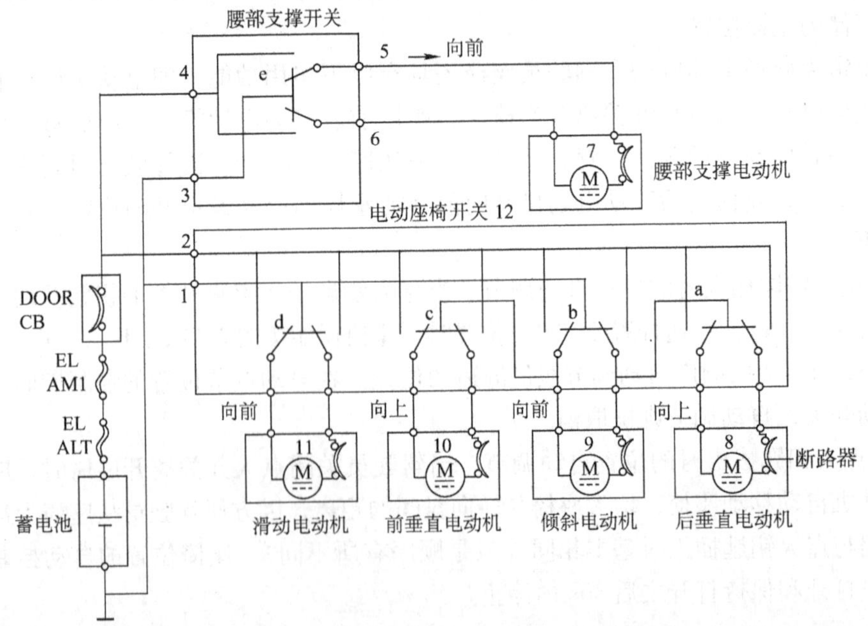

图 2-24　丰田雷克萨斯 LS400 轿车电动座椅的控制电路

（一）电动座椅的前后滑动调节

1. 座椅向前滑动调节　按下电动座椅开关上的相应位置，滑动开关 d 中的左触头向左结合，如图 2-25 所示，此时电路为：

蓄电池正极→熔丝 FL ALT→熔丝 FL AM1→断路器 DOOR CB→座椅开关 2 号端子→滑动开关 d 左触头→滑动电动机 11→断路器→滑动开关 d 右触头→座椅开关 1 号端子→蓄电池负极。滑动电动机通电工作，座椅水平向前滑动。

2. 座椅向后滑动调节　若需要座椅向后滑动，滑动开关 d 右触头向右闭合，此时流过滑动电动机 11 的电流方向与上述相反，电动机反转，座椅后移。

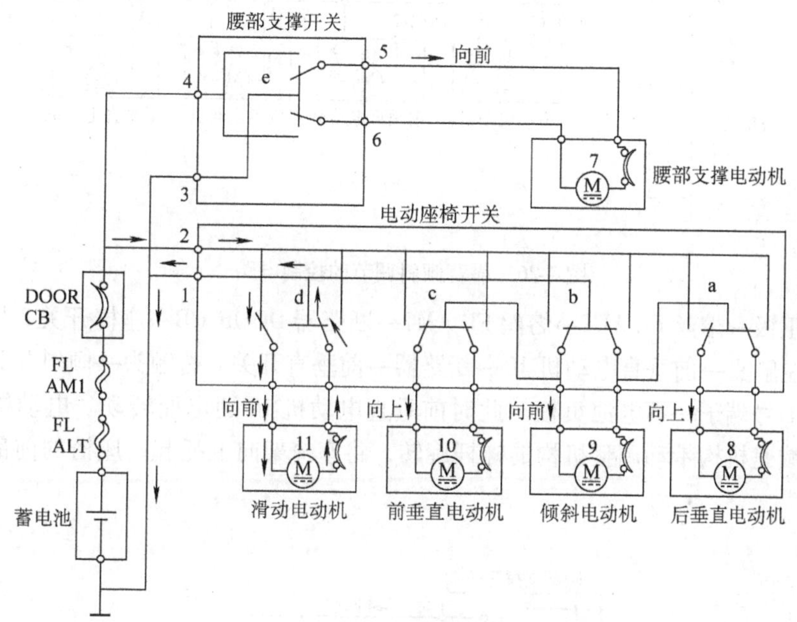

图 2-25　前后滑动调节的控制电路

（二）靠背倾斜的调节

1. 座椅前倾调节　按下电动座椅开关上的相应位置，倾斜开关 b 中的左触头向左结合，如图 2-26 所示，此时的电路为：

蓄电池正极→熔丝 FL ALT→熔丝 FL AM1→断路器 DOOR CB→座椅开关 2 号端子→倾斜开关 b 左触头→倾斜电动机 9→断路器→倾斜开关 b 右触头→座椅开关 1 号端子→蓄电池负极。倾斜电动机 9 通电转动，驱动靠背向前倾斜。

2. 座椅后倾调节　如果需要靠背向后倾斜，只需要将电动座椅开关向与原来相反的方向扳动，其电流就会与原来的方向相反。由于电动机是双向永磁性电动机，所以电流相反时，电动机的旋转方向也相反，靠背就会向与原来相反的方向倾斜。

（三）座椅前部的垂直调节

1. 座椅的前部垂直向上调节　按下电动座椅开关上的相应位置，前垂直开关 c 左触头向左结合，如图 2-27 所示，此时的电路为：

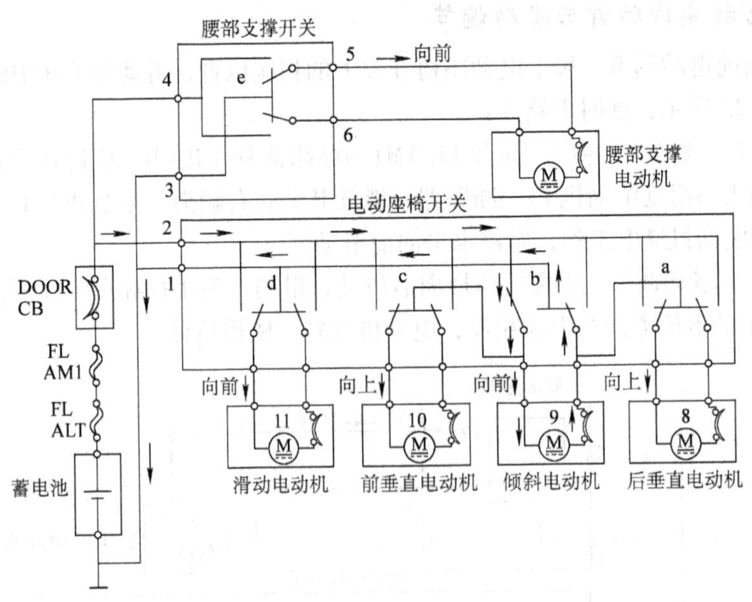

图 2-26 靠背倾斜调节的控制电路

蓄电池正极→熔丝 FL ALT→熔丝 FL AM1→断路器 DOOR CB→座椅开关 2 号端子→前垂直开关 c 左触头→前垂直电动机 10→断路器→前垂直开关 c 右触头→倾斜开关 b 左触头→座椅开关 1 号端子→蓄电池负极。此时前垂直电动机 10 通电而转动。电动机的动力通过蜗轮蜗杆减速机构带动调整机构的螺杆旋转，将座椅架向上托起，座椅的前部向上垂直移动。

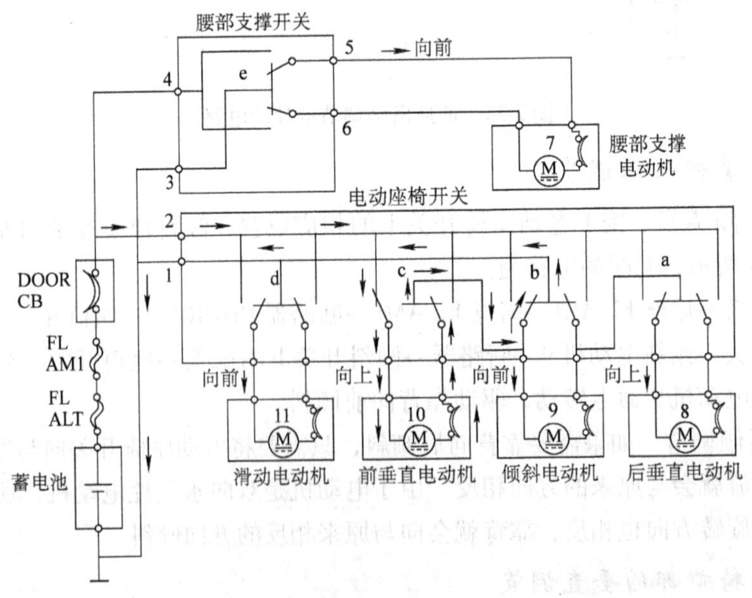

图 2-27 座椅前/后垂直调节控制电路

2. 座椅的前部垂直向下调节　按下电动座椅开关上的相应位置，前垂直开关 c 的右触头向右结合。此时流过电动机 10 的电流方向与上述相反，电动机反转，座椅的前部向下垂直移动。

（四）座椅后部的垂直调节

1. 座椅后部垂直向上调节　按下电动座椅开关上的相应位置，后垂直开关 a 中的左触头向左结合，电路为：

蓄电池正极→熔丝 FL ALT→熔丝 FL AM1→断路器 DOOR CB→座椅开关 2 号端子→后垂直开关 a 左触头→后垂直电动机 8→断路器→后垂直开关 a 右触头→倾斜开关 b 右触头→座椅开关 1 号端子→蓄电池负极。此时后垂直电动机 8 通电而转动，座椅后部向上垂直移动。

2. 座椅后部垂直向下调节　按下电动座椅开关上的相应位置，后部垂直开关 a 的右触头向右结合，此时流过电动机 8 的电流方向与上述相反，电动机反转，座椅后部向下垂直移动。

（五）座椅高度的调节

按下电动座椅开关上的相应位置，前、后垂直电动机同时通电运动，座椅便整体向上或向下运动。

（六）腰部支撑的调节

当腰部支撑开关 e 的上触头闭合时，如图 2-28 所示，电路为：

蓄电池正极→熔丝 FL ALT→熔丝 FL AM1→断路器 DOOR CB→腰部支撑开关 4 号端子→腰部支撑开关 e 的上触头→腰部支撑开关 5 号端子→断路器→腰部支撑电动机 7→腰部支撑开关 6 号端子→腰部支撑开关 e 的下触头→腰部支撑开关 3 号端子→蓄电池的负

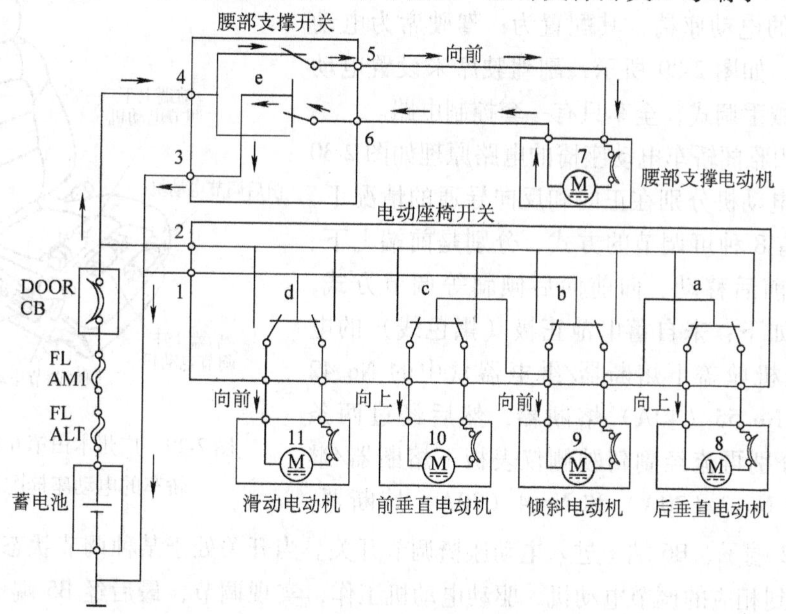

图 2-28　腰部支撑调节的控制电路

极，构成闭合电路。此时，腰部支撑电动机7通电转动，腰部支撑向一个方向运动。

当腰部支撑开关e的下触头闭合时，其电路为：

蓄电池正极→熔丝FL ALT→熔丝FL AM1→断路器DOOR CB→腰部支撑开关4号端子→腰部支撑开关e的下触头→腰部支撑开关6号端子→腰部支撑电动机7→断路器→腰部支撑开关5号端子→腰部支撑开关e的上触头→腰部支撑开关3号端子→蓄电池的负极。此时，腰部支撑电动机7通电，腰部支撑向另一个方向运动。

任务2　电动座椅的维修

【活动情景】

活动在汽车维修实训场地进行，围绕电动座椅实训台或实车边学边练。

【任务要求】

通过学习和训练，掌握电动座椅各部件检测的基本规范和操作方法。

【基本内容】

现以广州本田雅阁轿车的电动座椅为例，介绍电动座椅的维修方法。

广州本田第6代雅阁2.3L轿车驾驶员座椅为8种可调方式的电动座椅，其配置为：驾驶席为电动八向可调式，如图2-29所示，副驾驶席未设置电动座椅，为机械手调式，全车只有一套控制电路。

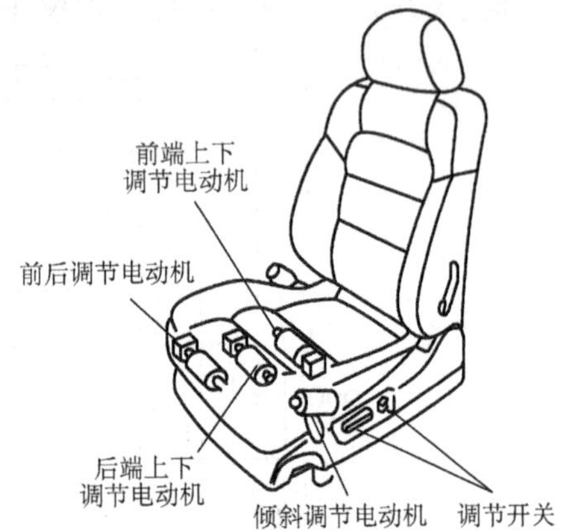

图2-29　广州本田第6代雅阁轿车的电动座椅配置

广州本田雅阁轿车电动座椅的电路原理如图2-30所示。调节电动机分别在正向和反向导通的情况下，4个双向共有8种可调节的方式，分别是前端上下、后端上下、前后移动、向前向后倾斜等调节方式，其工作原理如下：来自蓄电池正极（黑色线）的电流流经发动机舱盖下熔断器/继电器盒中的No.42（100A）和No.55（40A）熔断器，然后经过两条黄/绿导线分别再流经副驾驶侧仪表板下熔断器/继电器盒中的No.2（20A）和No.4（20A）熔断器，再分别经B2端子、B6端子进入电动座椅调节开关。当开关处于某种调节状态时，电流经开关触头流到相应的调节电动机，驱动电动机工作，实现调节，最后经B5端子、B1端子搭铁构成回路。

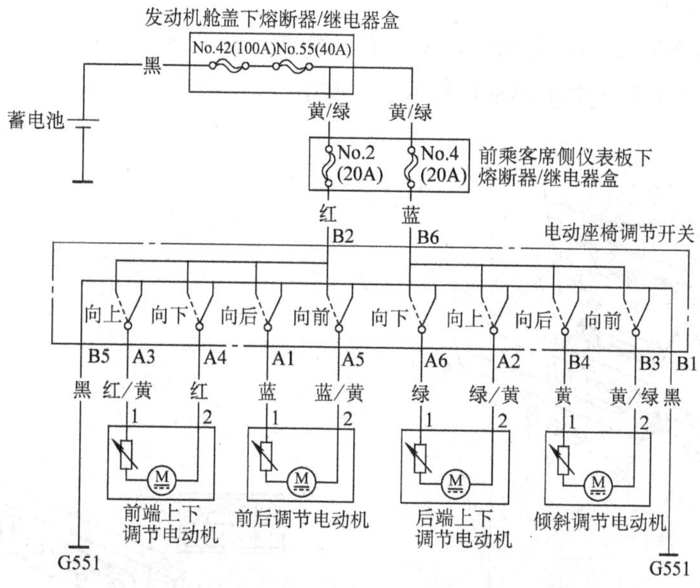

图 2-30　广州本田雅阁轿车电动座椅的电路原理

一、电动座椅的故障诊断

电动座椅的常见故障及其故障分析见表 2-3。

表 2-3　电动座椅的常见故障及分析

故障现象	故障原因及诊断
所有调节开关均不起调节作用	（1）首先检查 No. 42（100A）和 No. 55（40A）熔断器是否熔断 （2）检查蓄电池至 No. 42 和 No. 55 熔断器之间的导线是否有断路或短路
调节开关一半可调，另一半不能调	（1）如前端上下、前后移动不能调，而后端上下、倾斜调节可调，则应检查 ① 检查 No. 2（20A）熔断器是否熔断 ② 检查 No. 42 和 No. 55 熔断器至 No. 2 之间的导线以及 No. 2 至 B2 之间的导线是否有断路或短路 ③ 检查 B5 至搭铁点之间的导线是否搭铁良好或有断路 （2）如果是后端上下、倾斜调节不可调，而前端上下、前后移动可调，则应检查 ① 检查 No. 4 熔断器是否熔断以及连接导线是否断路 ② B1 至搭铁点导线是否有断路或短路
座椅调节开关个别挡位不可调	（1）检查座椅调节开关、电动机、机械传动部分等 （2）检查 No. 2（20A）或 No. 4（20A）熔断器是否熔断 （3）依次按下各调节开关，当处在某一挡位时熔断器又烧断，则表明该部分有短路故障或该处电动机可能被卡住

二、电动座椅部件的检测

（一）电动座椅调节开关的检测

（1）拆下图 2-31 所示位置的螺钉，然后拔出电动座椅调节开关按钮，再从驾驶席座椅处拆下电动座椅调节开关罩。

（2）拆开图 2-32 所示的电动座椅调节开关的两个 6 芯插头，再拆下该开关的两个固定螺钉，然后从开关罩上取下电动座椅调节开关。

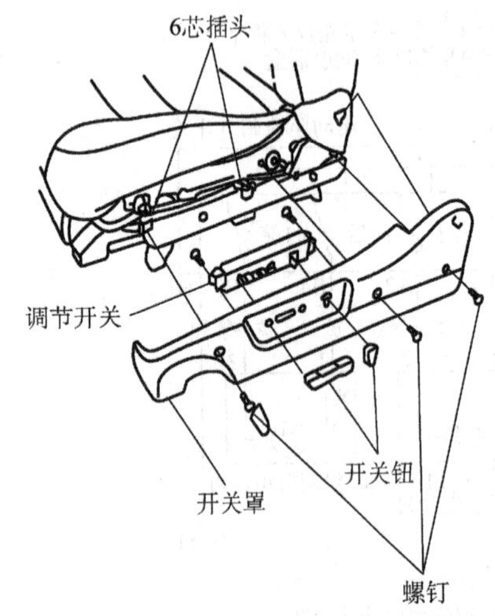

图 2-31　调节开关两个 6 芯插头的拆卸

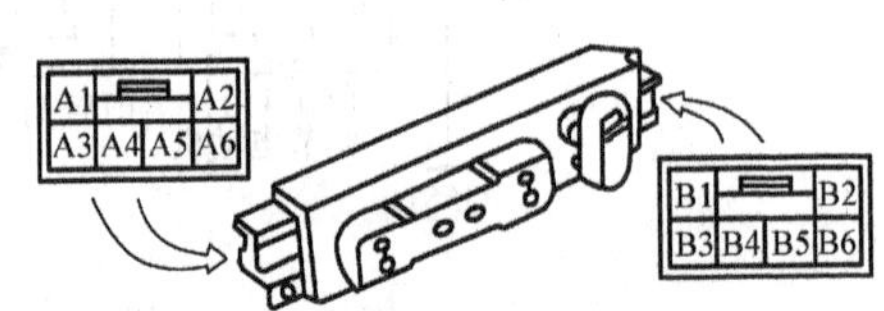

图 2-32　电动座椅调节开关的 6 芯插头

（3）当调节开关处于某一调节挡位时，按表 2-4 的要求检测两个 6 芯插头各端子之间的导通状况。若有不符合表 2-4 的状况，则表明调节开关内部有断路、接触不良或短路故障，应更换调节开关。

表 2-4　电动座椅调节开关的导通性检测

端子 开关位置		导通端子
前后（滑移）调节开关	向前	A1、B5 端子；　A5、B6 端子
	向后	A1、B6 端子；　A5、B5 端子
倾斜调节开关	向前	B2、B3 端子；　B1、B4 端子
	向后	B2、B4 端子；　B1、B3 端子
前端上下调节开关	向上	A3、B6 端子；　A4、B5 端子
	向下	A4、B6 端子；　A3、B5 端子
后端上下调节开关	向上	A2、B2 端子；　A6、B1 端子
	向下	A6、B2 端子；　A2、B1 端子

（二）电动座椅调节电动机的检测

（1）如图 2-33 所示拆下驾驶员座椅轨道端盖，再拧下驾驶员座椅的 4 个固定螺栓。

（2）拆开座椅线束插头和线束夹，然后拆下驾驶员座椅。

（3）如图 2-34 所示，拆下电动座椅调节开关的两个 6 芯插头。

（4）按照表 2-4 所列，将两个 6 芯插头的某两个端子分别用导线接蓄电池的正、负极，检查各调节电动机的工作情况是否符合表 2-5 所列的要求（注意：当电动机停止运转或有

异响时，立即断开端子与蓄电池电源的连接，以中止该项检测)。

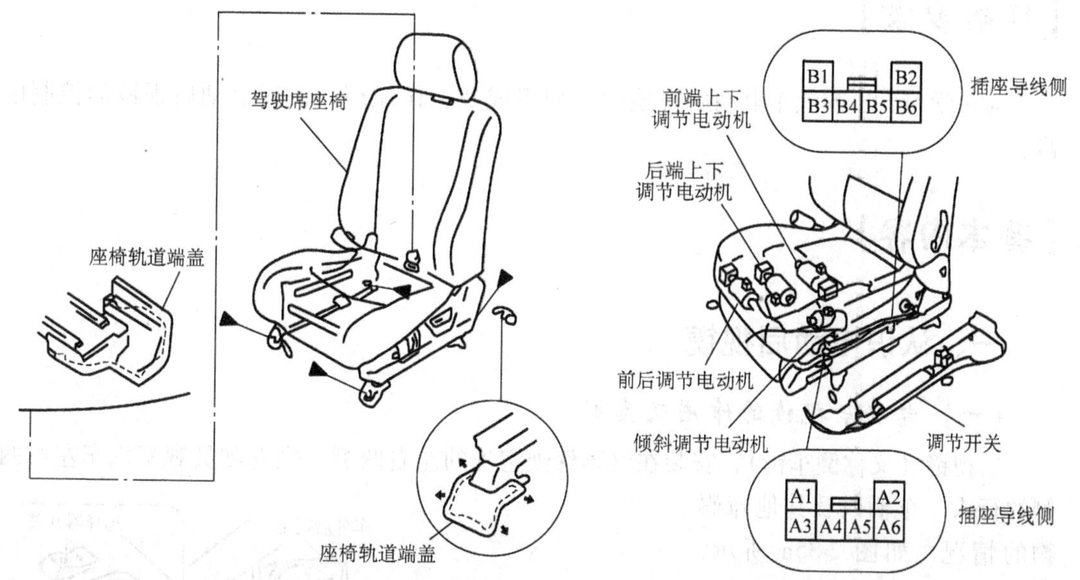

图 2-33 拆下驾驶员座椅轨道端盖

图 2-34 拆下电动座椅调节开关的 6 芯插头

表 2-5 电动座椅调节电动机工作情况的检测

开关位置 \ 端子		(+)	(-)
前后（滑移）调节电动机	向前	A5	A1
	向后	A1	A5
倾斜调节电动机	向前	B3	B4
	向后	B4	B3
前端上下调节电动机	向上	A3	A4
	向下	A4	A3
后端上下调节电动机	向上	A2	A6
	向下	A6	A2

（5）如果某个别调节电动机不运转或运转不平稳，则拔下该电动机上的两芯插头，将蓄电池正、负极用导线直接与相应的插座相连，若运转良好则为 6 芯插座至调节电动机两芯插座间导线出现断路、搭铁或接触不良等故障；如果线束正常，电动机仍然不运转或运转不正常，则为电动机故障，应更换电动座椅的调节电动机。

任务 3 了解电动后视镜

【活动情景】

活动在普通教室或多媒体教室进行，用汽车电动后视镜的挂图或示教板进行讲解。

【任务要求】

通过学习，了解汽车电动后视镜的结构组成及工作原理，识读电动后视镜的控制电路。

【基本内容】

一、认识电动后视镜

（一）电动后视镜的作用及类型

后视镜（又称倒车镜），安装在汽车驾驶室外的左右两侧，供驾驶员观察汽车左右两侧的行人、车辆以及其他障碍物的情况，如图 2-35a 所示，确保行车和倒车的安全。

汽车上的后视镜位置直接关系到驾驶员能否观察到车后的情况，起着“第二只眼睛”的作用。传统后视镜的调整比较麻烦，而装用了电动后视镜后，驾驶员坐在座椅上只需通过控制开关就可以方便快捷地对后视镜上下左右的后视角度进行随意调节，如图 2-35b 所示。电动后视镜操作起来十分方便，避免了驾驶员边开车边将手伸出车外调整后视镜（这时只能调整驾驶员一侧的外后视镜）而影响行车安全的隐患。

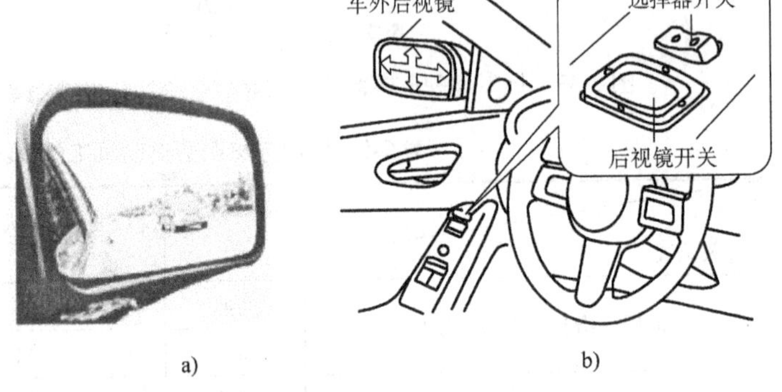

图 2-35　电动后视镜的调节
a）后视镜　b）电动后视镜的开关

电动后视镜按安装位置不同可分为外后视镜和内后视镜两种，其中外后视镜用来观察汽车后侧方的情况，内后视镜用来观察汽车后方及车内的情况；按后视镜能否折回分为可折回式和不可折回式两种形式。可折回式电动后视镜在洗车和停车时，为避免不必要的刮伤，可以方便地折回。目前，在一些高档轿车上还配置了具有加热、防眩目、防雨雾模糊、带记忆功能等功能的电动后视镜。

（二）电动后视镜的结构与组成

电动后视镜一般由镜片、驱动电动机、控制开关以及控制电路等组成。

电动外后视镜的外形及内部结构如图 2-36 所示，它由装在电动后视镜的背后使后视镜进行上下和左右方向位置变换的两个独立的微电动机、永久磁铁及霍尔 IC 和驱动机构等组成。同电动座椅一样，电动后视镜也是通过改变电动机的电流方向，来实现对后视镜位置的调整的。

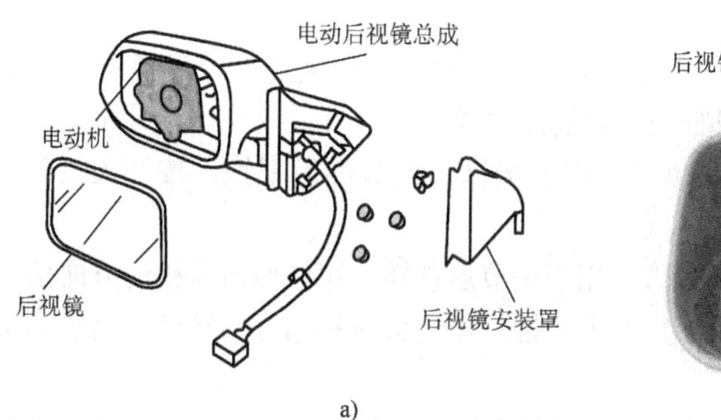

a)

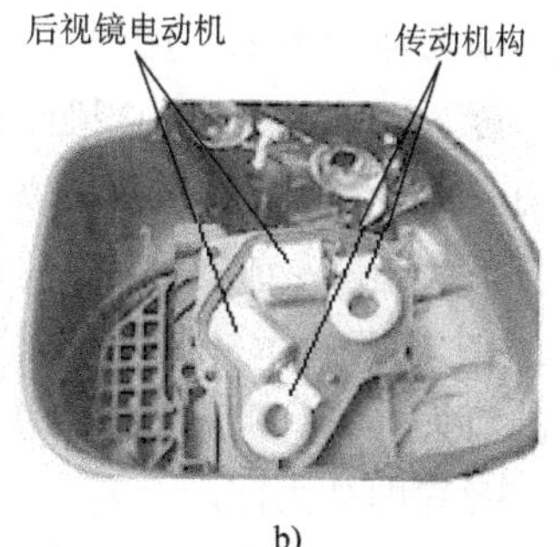

b)

图 2-36 电动外后视镜的结构与组成

驾驶员在车内通过操控后视镜的控制开关（见图 2-37），可对外后视镜进行水平与垂直方向的倾斜转动调整（见图 2-38）。通常上、下（垂直）方向的倾斜转动由一个永磁电动机控制，左、右（水平）方向的倾斜转动由另一个永磁电动机控制。如图 2-39 所示为常见品牌轿车的电动后视镜开关。

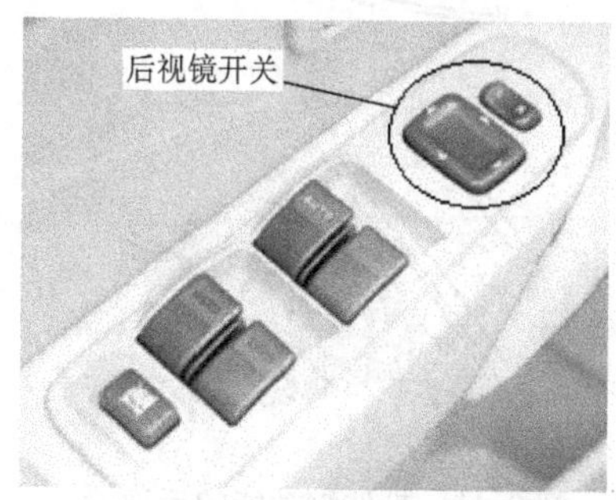

图 2-37 电动后视镜的控制开关

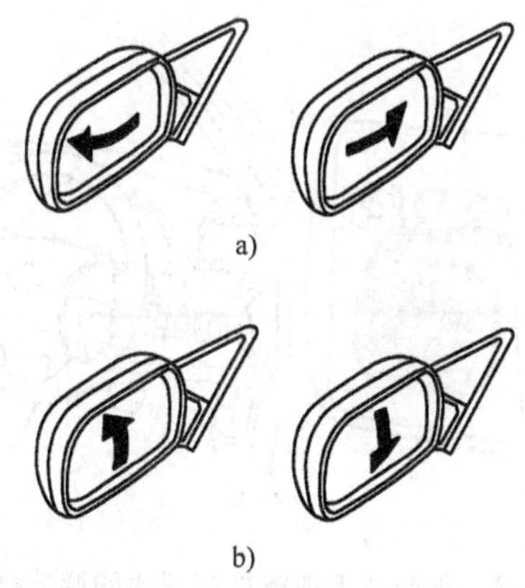

a)

b)

图 2-38 电动后视镜水平及垂直方向的调整
a）水平方向的倾斜调整 b）垂直方向的倾斜调整

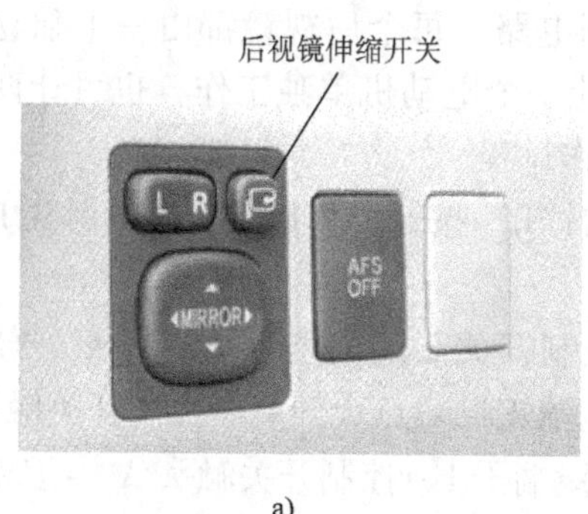

a)

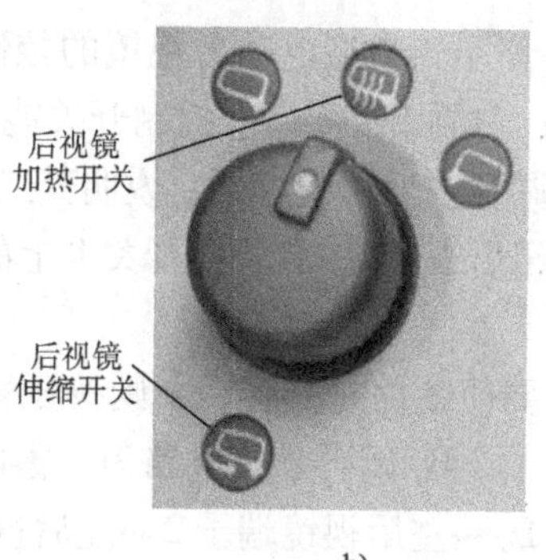

b)

图 2-39 常见品牌轿车的电动后视镜开关
a）丰田雷克萨斯的电动后视镜开关 b）奥迪 A6 的电动后视镜开关

电动后视镜的调节操作：

当点火钥匙在“ACC”或“ON”位置时，驾驶员可以通过操控后视镜开关来调整外后视镜的角度，以将后视镜的视野调节到最佳位置。

（1）如图2-40所示的选择开关1：用于选择要调节的后视镜，按开关上的“L”或“R”，分别表示选择左或右后视镜。

（2）如图2-40所示的调节开关2：用于调节后视镜，可按照所需要的方向按开关。按压开关上的箭头（▲、▼、◄、►）位置，镜片按箭头所指的方向转动，当感觉位置合适时松开手，镜片即被固定。

有的电动后视镜还带有伸缩功能，这时需增加一个伸缩电动机，由伸缩开关控制伸缩电动机工作，使整个后视镜回转伸出或缩回：

（1）如图2-41所示位置1——后视镜缩回。

（2）如图2-41所示位置2——后视镜伸出。

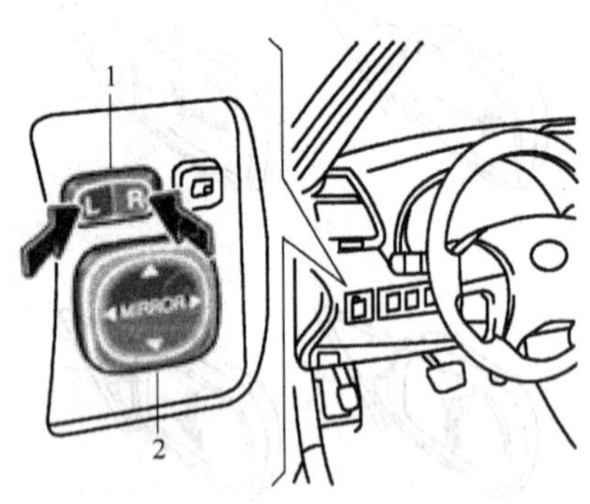

图2-40　典型外后视镜控制开关的调节操作

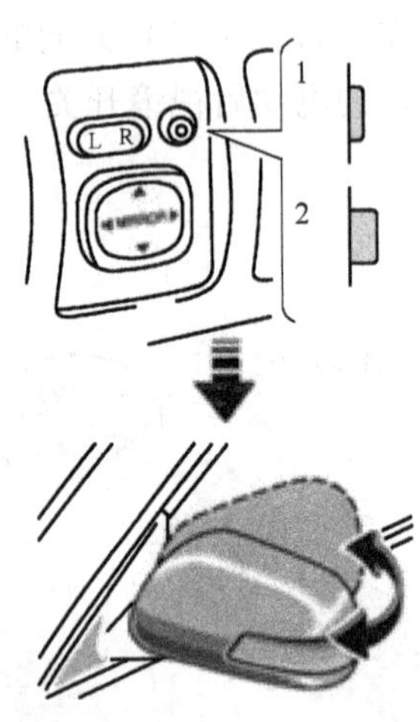

图2-41　带伸缩功能的后视镜

二、电动后视镜的控制原理

如图2-42所示为典型电动后视镜的控制电路。每个后视镜都由一个独立的开关控制（左侧 D_1、D_2；右侧 E_1、E_2）。控制开关能让一个电动机单独工作，也可让两个电动机同时工作。现以调整左后视镜为例，说明其工作过程。

首先，按压后视镜左/右调整开关1上的“L”按键，使后视镜中的触头 D_1、E_1 闭合，此时：

（1）如果要使镜片向上旋转，则按压控制开关2的向上（▲）按键，使后视镜控制开关中的触头 A_1、B_1 闭合。其电路为：蓄电池正极→点火开关→控制开关触头 B_1→左/右调整开关触头 D_1→左后视镜端子2→左后视镜端子1→控制开关触头 A_1→搭铁→蓄电池负极。这样，左后视镜镜片将向上旋转，直到松开后视镜控制开关为止。

（2）如果要使镜片向右旋转，则按压控制开关2的向右（►）按键，使后视镜控制开关中的触头 A_2、C_2 闭合。其电路为：蓄电池正极→点火开关→控制开关触头 A_2→左后

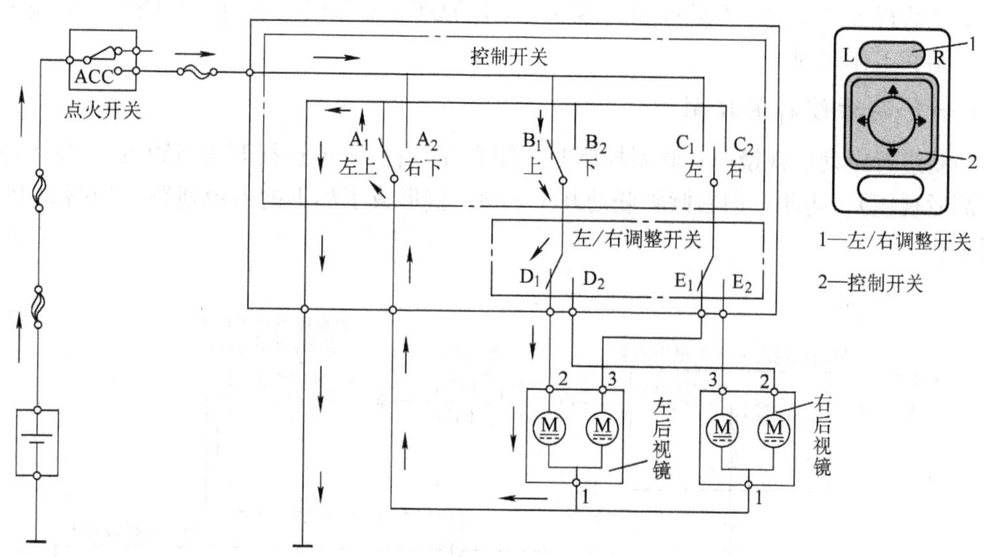

图 2-42 典型电动后视镜的控制电路

视镜端子 1→左后视镜端子 3→左/右调整开关触头 E_1→控制开关触头 C_2→搭铁→蓄电池负极，如图 2-43 所示。这样，左后视镜镜片将向右旋转，直到松开后视镜控制开关为止。

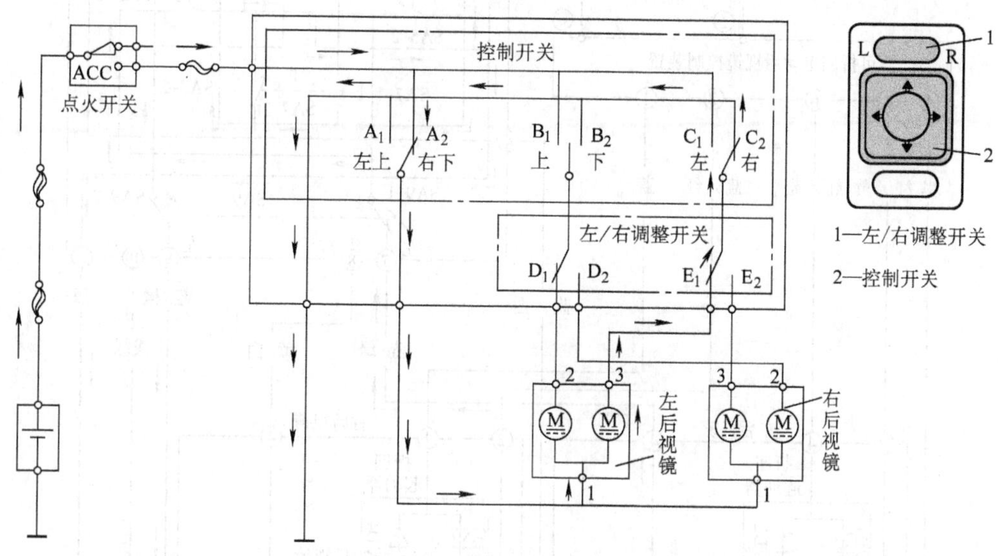

图 2-43 左后视镜镜片向右旋转时的电流流向

三、电动后视镜控制电路分析

广州本田雅阁轿车装用可折回式电动后视镜系统，驾驶员可在车内方便地调整后视镜的倾斜角度，同时，当车辆驶入狭窄的车位及在路边停放时，其宽大的后视镜可以向后折叠缩回，以避免不必要的刮伤。如图 2-44 所示，其控制系统主要由电动后视镜开关、可折回电动后视镜控制装置、后视镜起动器和折回起动器等组成。

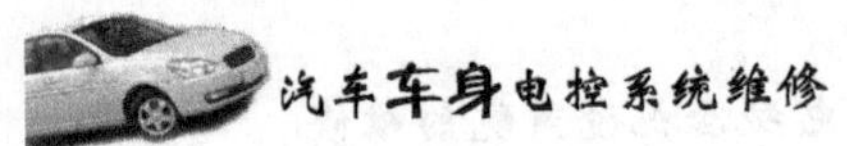

电动后视镜系统左、右后视镜的结构及工作原理基本相同，下面以左侧电动后视镜为例来介绍其工作原理。

（一）向右倾斜的控制

当要进行电动后视镜向右倾斜控制时，闭合左/右后视镜选择开关 SA9 至左端（即选择左侧后视镜），再闭合向右倾斜联动开关 SA8，就形成了如下的电流通路，如图 2-44 箭头所示：

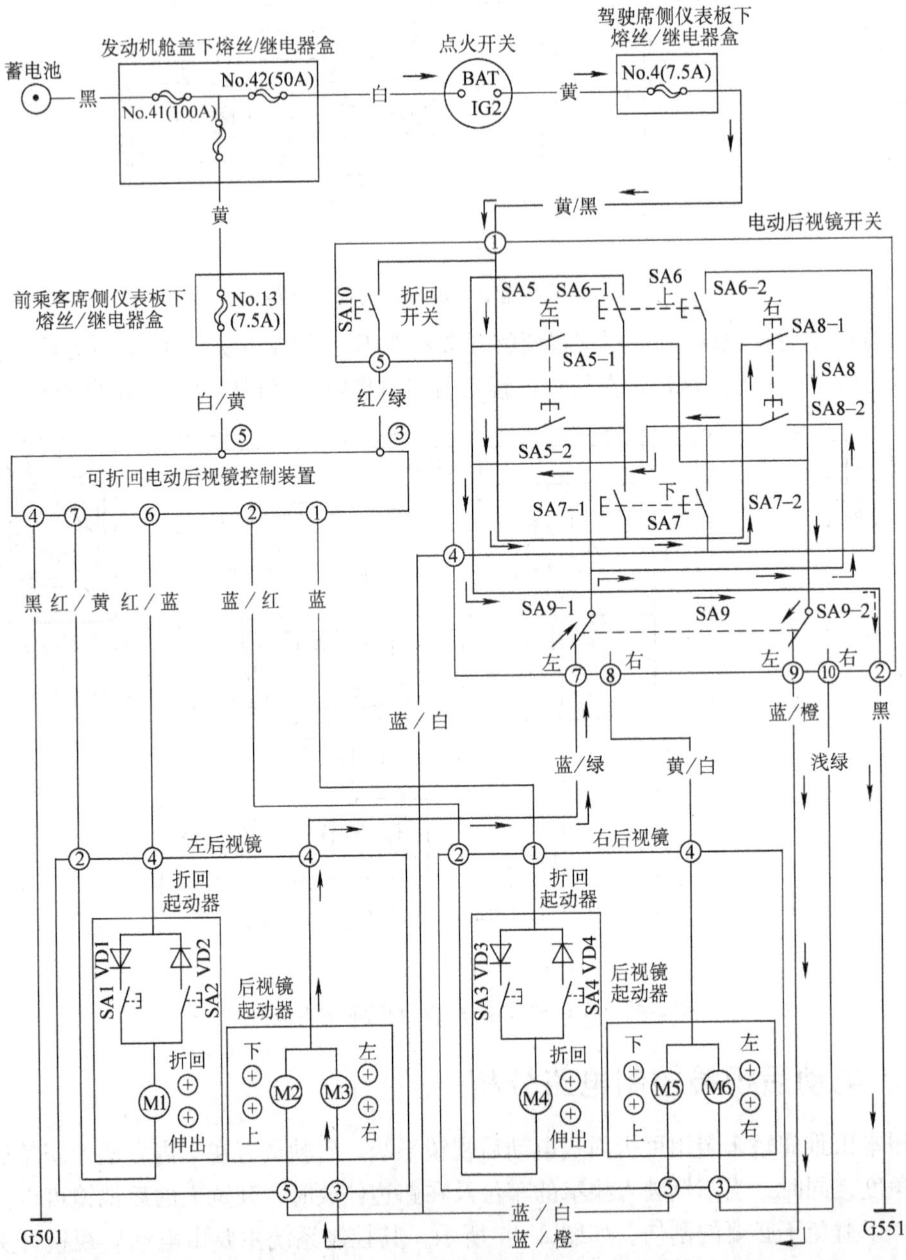

图 2-44　左侧电动后视镜向右倾斜时的控制电路

蓄电池正极→No. 41（100A）熔丝→No. 42（50A）熔丝→点火开关 IG2 闭合的触头→No. 4（7.5A）熔丝→电动后视镜开关①脚→向右倾斜联动开关 SA8-1 闭合的触头→SA9-2 与左端闭合的触头→电动后视镜开关⑨脚→左后视镜③脚→后视镜起动器电动机 M3→左后视镜④脚→蓝/绿线→电动后视镜开关⑦脚→SA9-1 与左端闭合的触头→SA8-2 开关闭合的触头→电动后视镜开关②脚→黑线→G551 搭铁点→蓄电池负极。

上述这一电流通路，使左后视镜的 M3 电动机中有从下到上的电流流过，从而使 M3 电动机起动工作，驱动左后视镜向右倾斜。

（二）向左倾斜的控制

当要向左倾斜控制电动后视镜时，闭合左/右后视镜选择开关 SA9 至左端（即选择左侧后视镜），再闭合向左倾斜联动开关 SA5，其控制电路读者可参照上述左后视镜向右倾斜时的控制电路自行分析，在此不再叙述。

（三）向下倾斜的控制

当要向下倾斜控制电动后视镜时，闭合左/右后视镜选择开关 SA9 至左端（即选择左侧后视镜），再闭合向下倾斜联动开关 SA7，就形成了如下的电流通路，如图 2-45 中箭头所示：

蓄电池正极→No. 41（100A）熔丝→No. 42（50A）熔丝→点火开关 IG2 闭合的触头→No. 4（7.5A）熔丝→电动后视镜开关①脚→向下倾斜联动开关 SA7-1 闭合的触头→SA9-1 与左端闭合的触头→电动后视镜开关⑦脚→蓝/绿色线→左后视镜④脚→后视镜起动器电动机 M2→左后视镜⑤脚→蓝/白色线→电动后视镜开关④脚→向下倾斜联动开关 SA7-2 闭合的触头→电动后视镜开关②脚→黑色线→G551 搭铁点→蓄电池负极。

上述这一电流通路，使左后视镜的 M2 电动机中有从上到下的电流流过，从而使 M2 电动机起动工作，驱动左后视镜向下倾斜。

（四）向上倾斜的控制

当要向上倾斜控制电动后视镜时，闭合左/右后视镜选择开关 SA9 至左端（即选择左侧后视镜），再闭合向上倾斜联动开关 SA6，其控制电路读者可参照上述左后视镜向下倾斜时的控制电路自行分析，在此不再叙述。

（五）可折回控制

左、右后视镜折回电路主要由可折回电动后视镜的控制装置，左、右折回起动器，折回开关 SA10 等组成。

（1）可折回控制装置的供电。可折回控制装置的供电有常通电源和可控电源两种方式。常通电源是由蓄电池正极提供电压，经 No. 41（100A）、No. 13（7.5A）熔丝、白/黄线加到可折回电动后视镜的控制装置；可控电源是指受折回开关 SA10 控制的电源，该电压是从电动后视镜开关⑤脚加到可折回电动后视镜控制装置③脚上的。由可折回电动后视镜控制装置输出相应的控制电压，驱动相应的电动机 M1 或 M4 正向运转或反向运转，使后视镜伸出或缩回，达到折回控制的目的。

（2）折回控制过程。在左、右后视镜伸缩电动机（即折回起动器）总成内，有两对联动触头 SA1 与 SA2、SA3 与 SA4，由这两对联动触头的通断来控制折回电动机 M1、M4

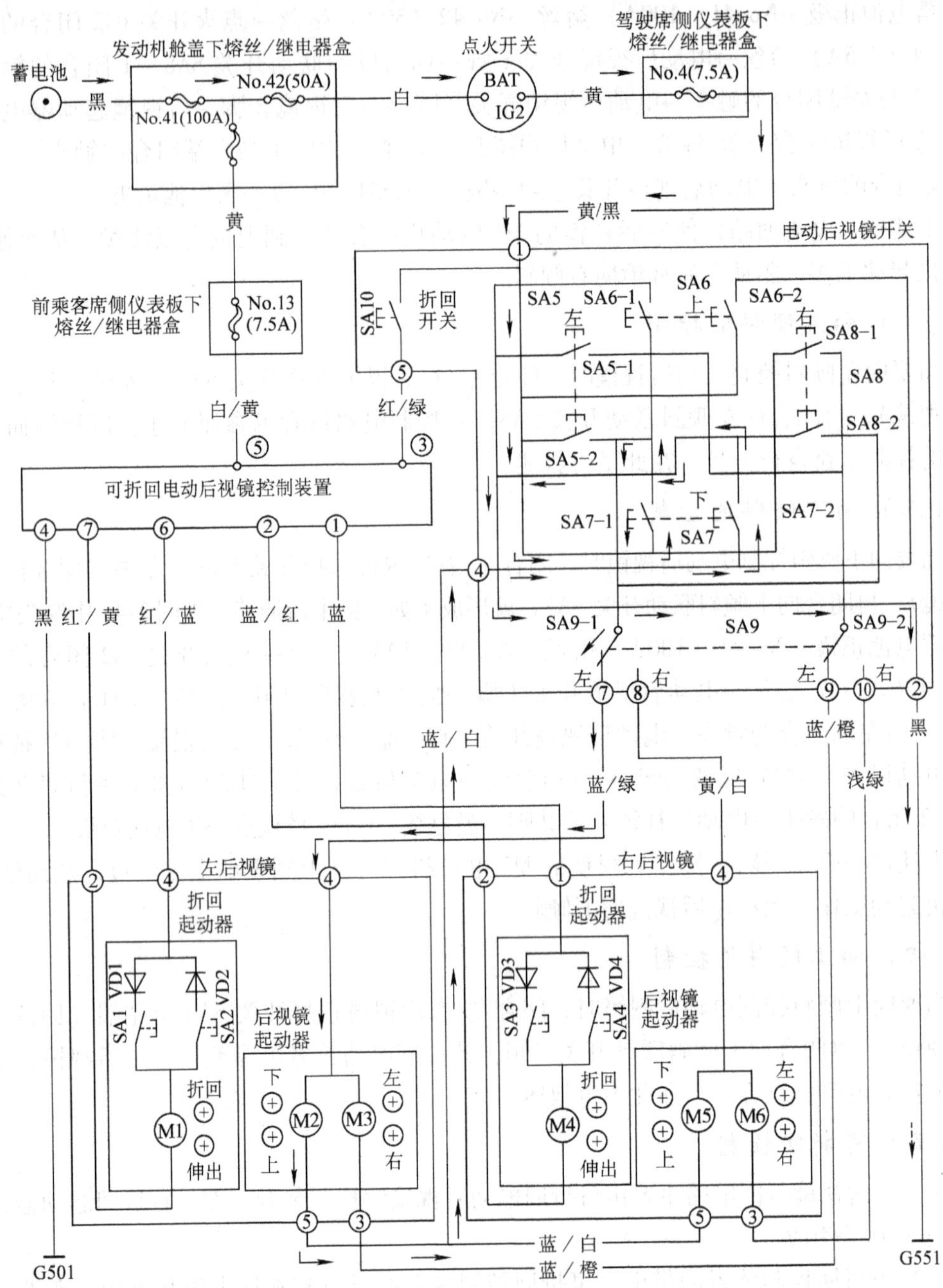

图 2-45 左侧电动后视镜向下倾斜时的控制电路

中流过的电流的方向，以达到使电动后视镜伸出或缩回的目的。这两对联动触头的工作均受可折回电动后视镜控制装置的控制，其控制原理相同。下面以左后视镜的折回控制为例，说明 SA1 与 SA2 在左后视镜处于各种工况下的通断情况。

1）后视镜位于完全缩回至平行于车身时，SA2 闭合，SA1 断开。当后视镜要伸出，但尚未完全伸出到正常位置时，电流从可折回电动后视镜控制装置的⑦脚输出，从下到上经过折回电动机 M1→SA2 闭合的触头→二极管 VD2→可折回电动后视镜控制装置⑥脚，

使M1驱动后视镜逐渐从平行于车身的状态伸出来。一旦后视镜完全伸出来并处于正常位置时，SA2受控断开，SA1受控闭合。

2）同样，当后视镜正在缩回去，但尚未完全缩回时，也仍是SA2开关断开、SA1开关闭合，其电流控制回路如下：

可折回电动后视镜控制装置⑥脚→左后视镜④脚→二极管VD1→SA1闭合的触头→折回驱动电动机M1→左后视镜②脚→可折回电动后视镜控制装置⑦脚。

上述这一电流通路，使折回电动机M1中有从上到下的电流流过，电动机M1以相反的方向运转，使后视镜逐渐缩回去。一旦后视镜完全缩回去后，SA2又受控闭合，而SA1则受控断开，为下一次的伸出作准备。

任务4　电动后视镜的维修

【活动情景】

活动在汽车维修实训场地进行，围绕电动后视镜实训台或实车边学边练。

【任务要求】

通过学习和训练，学会对电动后视镜的功能检测、部件检测和故障排除的基本操作。

【基本内容】

现以广州本田雅阁轿车的电动后视镜为例，介绍电动后视镜的维修方法。

广州本田雅阁轿车的后视镜为电动可折回式，驾驶员在车内即可方便地调整后视镜的倾斜角度，同时，当车辆驶入自动洗车房或在狭窄的车位及路边停放时，其后视镜可以向后折合收回，以避免不必要的刮伤。电动后视镜有A、B、C三种结构形式，其结构如图2-46所示。

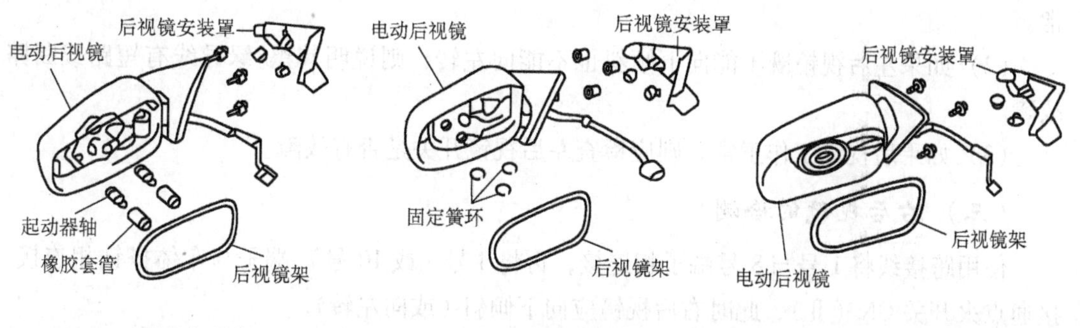

图2-46　本田雅阁轿车电动后视镜的结构形式

一、电动后视镜功能的检测

若电动后视镜工作不正常，应先拆下驾驶席侧车门板，再拆开电动后视镜开关的10芯插头，如图2-47所示，然后根据故障情况进行具体的检测。

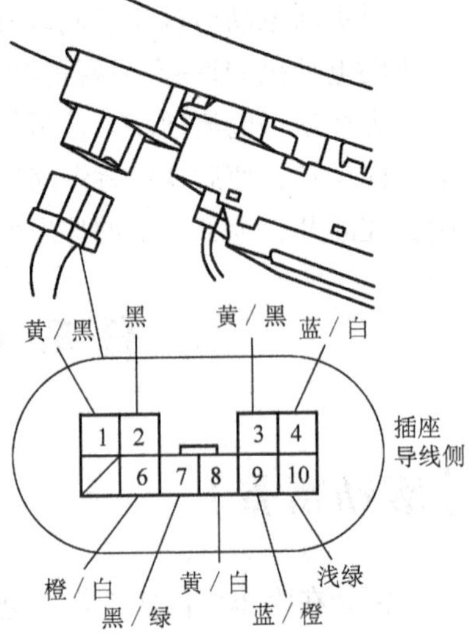

图2-47　拆开电动后视镜开关的10芯插头

（一）左、右后视镜的综合检测

如果左、右后视镜均不工作，则应首先进行此项综合检查。

（1）接通点火开关ON（Ⅱ），用万用表直流电压挡检测1号端子与车体搭铁之间的电压，其值应为蓄电池电压。如果被测电压很小或为零，则应检查：

1）驾驶席侧仪表板下的熔丝/继电器盒中的4号（7.5A）熔丝是否熔断。

2）检查如图2-47所示与1号端子相连接的黄/黑导线是否断路。

（2）如果上述检测的电压为蓄电池电压，则应用万用表欧姆挡检测2号端子与车体搭铁之间的导通情况。如果检测结果为不导通，则应作以下检查：

1）检查如图2-47所示与2号端子相连接的黑色导线是否断路。

2）检查G551是否搭铁不良。

3）如果检测结果为导通，则应按上述方法分别检查左、右后视镜的工作情况。

（二）左后视镜的检测

使用跨接线将1号与7号端子相连，再将4号（或9号）端子与车体搭铁线相连接。接通点火开关ON（Ⅱ），此时，左后视镜应向下倾斜（或向左转）。

（1）如果左后视镜不能向下倾斜（或向左转），则应检查左后视镜与10芯插头之间的蓝/白（或蓝/橙）导线是否断路。如果导线正常，则检查左后视镜起动器的工作是否正常。

（2）如果左后视镜既不能向下倾斜也不能向左转，则说明其黑/绿导线有短路或断路故障。

（3）如果后视镜工作正常，则应检查左后视镜开关是否有故障。

（三）右后视镜的检测

使用跨接线将1号与8号端子相连接，再将4号（或10号）端子与车体搭铁相连接。接通点火开关ON（Ⅱ），此时右后视镜应向下倾斜（或向左转）。

（1）如果右后视镜不能向下倾斜（或向左转），则应检查右后视镜与10芯插头之间的蓝/白（或浅绿）导线是否断路。如果导线正常，则检查右后视镜起动器的工作是否

正常。

（2）如果右后视镜既不能向下倾斜也不能向左转，则说明其黄/白导线有短路或断路故障。

（3）如果右后视镜工作正常，则应检查右后视镜开关是否有故障。

二、电动后视镜开关的检测

（1）拆下驾驶席侧车门板。

（2）从电动后视镜开关上拆开如图 2-48 所示的 10 芯插头。

（3）按照表 2-6 所列，检测电动后视镜开关在各开关位置时端子之间的导通情况。

（4）按住电动后视镜可折回开关，检测 1 号与 5 号端子之间的导通情况，其结果应为导通。

如果检测的结果与上述要求不符，则应检查相应端子的连接导线是否有断路故障，必要时更换被检测的开关。

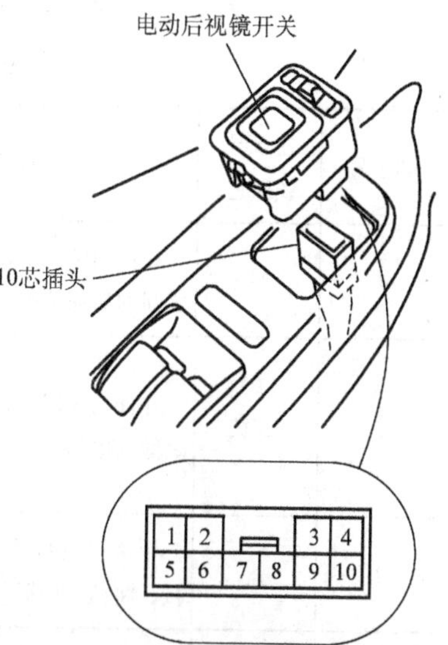

图 2-48　电动后视镜开关的 10 芯插头

表 2-6　电动后视镜开关在各开关位置时端子之间的导通情况

开关位置＼端子		1	2	4	7	8	9	10
左(L)	上	○	—	○				
			○	—	○			
	下	○	—	—	○			
			○	○				
	左	○	—	—	○			
			○	—	—	—	○	
	右	○	—	—	—	—	○	
			○	—	○			
右(R)	上	○	—	○				
			○	—	—	○		
	下	○	—	—	—	○		
			○	○				
	左	○	—	—	—	○		
			○	—	—	—	—	○
	右	○	—	—	—	—	—	○
			○	—	—	○		

三、电动后视镜控制装置的检测

（1）拆下驾驶席侧车门板。

（2）拆开如图 2-49 所示电动后视镜控制装置的 7 芯插头。

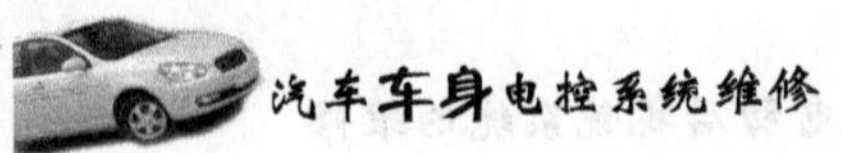

（3）外观检查插头和插座端子，确认端子本身及其与插头的接触情况良好。

（4）按照表 2-7 所列，对电动后视镜控制装置的 7 芯插头端子进行检测。

表 2-7　电动后视镜控制装置的检测

端子号	连接导线颜色	检 测 方 法	正 常 结 果	异常结果及可能的故障原因
4	黑	在任何情况下，检测端子与车体搭铁之间的导通情况	导通	1. 搭铁线 G501、G551 搭铁不良 2. 端子连接导线断路
5	白/黄	在任何情况下，检测端子与车体搭铁之间的电压	蓄电池电压	1. 前乘客席侧仪表板下的熔丝/继电器盒中的 13 号（7.5A）熔丝熔断 2. 端子连接导线断路
1	蓝	用跨接线将蓝端子与白/黄端子相连接，将蓝/红端子与黑端子相连接	右后视镜应折回	1. 右折回起动器故障 2. 端子连接导线断路
2	蓝/红	用跨接线将蓝/红端子与白/黄端子相连接，将蓝端子与黑端子相连接	右后视镜应伸出	
6	红/蓝	用跨接线将红/蓝端子与白/黄端子相连接，将红/黄端子与黑端子相连接	左后视镜应折回	1. 左折回起动器故障 2. 端子连接导线断路
7	红/黄	用跨接线将红/黄端子与白/黄端子相连接，将红/蓝端子与黑端子相连接	右后视镜应伸出	

四、电动后视镜起动器的检测

（1）拆下驾驶席侧车门板。

（2）如图 2-50 所示，从电动后视镜上拆开其 6 芯插头。

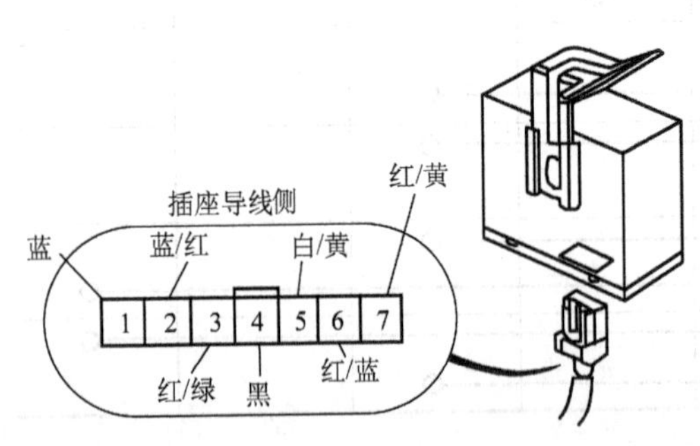

图 2-49　电动后视镜控制装置的 7 芯插头

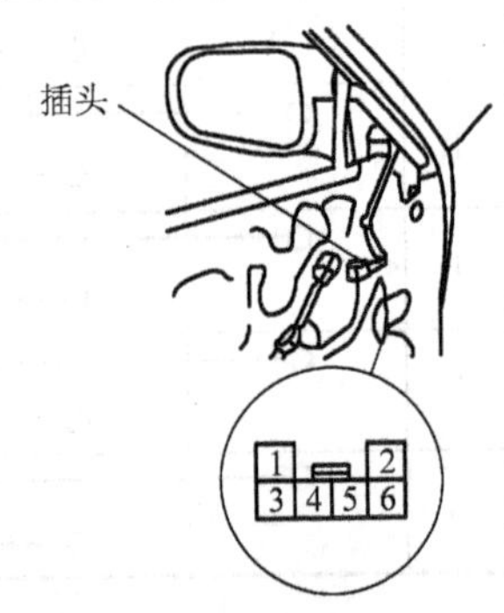

图 2-50　电动后视镜的 6 芯插头

（3）按照表 2-8 和表 2-9 所列，使端子与连接电源（+）或搭铁线（－）相连接，检查后视镜起动器的工作情况是否符合表中的要求。

表 2-8　电动后视镜起动器的检测

开关位置＼端子	5	4	3
向上倾斜	（+）	（-）	
向下倾斜	（-）	（+）	
向左转		（+）	（-）
向右转		（-）	（+）

表 2-9　折回起动器的检测

开关位置＼端子	1	2
从伸出位置折回	（-）	（+）
从折回位置伸出	（+）	（-）

五、电动后视镜的故障排除

（1）从车门上拆下电动后视镜，并断开 6 芯插头，如图 2-50 所示。

（2）使用断线器将线束断开。

（3）拆下基座。

（4）拆下后视镜固定架。

（5）拆下螺钉，并从壳体上拆下起动器，拉下导线。

（6）按照与拆卸相反的顺序进行安装，使用新的零部件并更换基座和 3 个螺钉。

（7）将端子按原排列顺序插入插头中。

六、后视镜的故障排除

（一）两侧后视镜均不工作的故障排除

（1）拆下驾驶席侧车门板。

（2）断开电动后视镜开关的 10 芯插头（见图 2-48）。

（3）在接通点火开关的情况下，用万用表直流电压挡检测 1 号端子与车体搭铁之间的电压，如图 2-51 所示。若电压为 12V（即蓄电池电压），说明电源正常；若电压为 0，则驾驶席侧仪表板下的熔丝/继电器盒中 No. 4 熔断器熔断或 1 号（黄/黑）导线断开。

（4）如图 2-52 所示，用万用表欧姆挡检测 2 号端子与车体搭铁之间的导通情况，若电阻为 0，说明搭铁良好；若电阻为∝，则 2 号端子线断开。

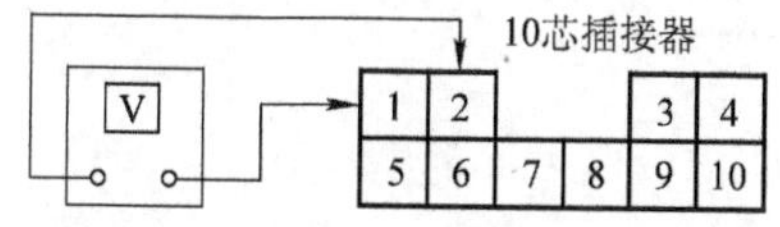

图 2-51　检测 1 号端子与车体搭铁之间的电压

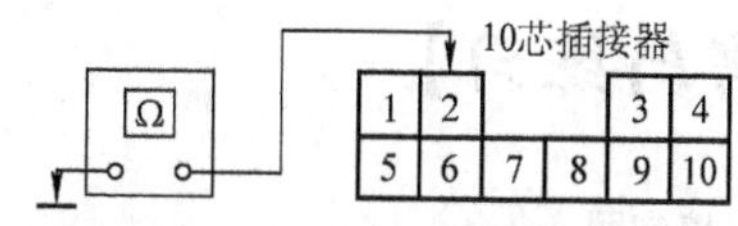

图 2-52　检测 2 号端子与车体搭铁之间的导通情况

（5）如图 2-53 所示，用万用表欧姆挡检测 G551 搭铁点的情况，若电阻为 0，说明搭铁良好；若电阻为∝，则搭铁不良。

（二）左后视镜不工作的故障排除

如图 2-54 所示，用跨接线将 1 号与 7 号端子线相连，再将 4 号与 2 号端子线相连，此时接通点火开关 ON（Ⅱ）：

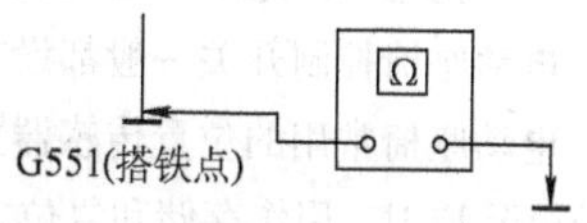

图 2-53　检测 G551 搭铁点的情况

（1）若左后视镜向下倾斜，说明开关或搭铁不良；不向下倾斜，则4号线断开或起动器故障。

（2）如果左后视镜不能向下倾斜（或不向左转），则检查左后视镜与10芯插头之间的蓝/白（或黄/橙）导线是否断路。如果导线正常，则检查左后视镜起动器。

（3）如图2-55所示，用跨接线将1号与7号端子线相连，再将9号与2号端子线相连，此时接通点火开关ON（Ⅱ），左后视镜向左倾斜，说明开关或搭铁不良；不向左倾斜，则9号线断开或起动器故障。

（三）右后视镜不工作的故障排除

如图2-56所示，用跨接线将1号与8号端子相连接，4号或10号端子与车体搭铁相连接。接通点火开关时，右后视镜应向下倾斜（或向左转）。

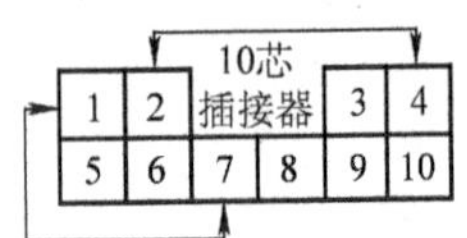

图2-54　左后视镜向下倾斜的检测

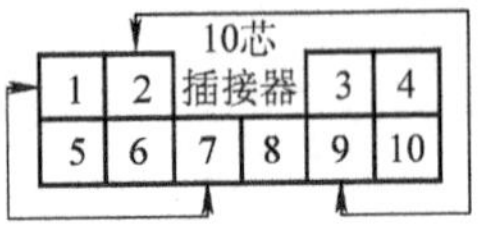

图2-55　左后视镜向左倾斜的检测

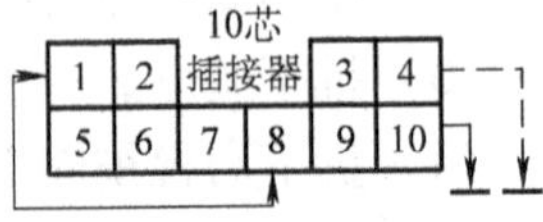

图2-56　右后视镜向下倾斜的检测

（1）如果后视镜不能向下倾斜（或不向左转），则检测右后视镜与10芯插头之间的蓝/白（或浅绿）导线是否断路。

（2）如果后视镜既不能向下倾斜也不向左转，则修理黄/白导线。

（3）如果后视镜工作正常，则检查后视镜开关。

【项目小结】

通过本项目的学习，了解汽车电动座椅与电动后视镜的类型、结构组成及工作原理；识读电动座椅与电动后视镜的控制电路。通过实践活动，学会对电动座椅与电动后视镜各开关、电动机的检测方法和步骤以及常见故障的诊断排除。

【思考与练习】

一、填空题

1. 八向电动座椅包括座椅________调整、座椅________调整、座椅________调整和座椅________调整，共装有______个电动机。

2. 根据电动座椅有无储存记忆功能分为________功能和________功能两种。

3. 为防止电动机过载，电动机内装有________，以确保电器设备的安全。

4. 电动座椅控制开关一般都设有________调节开关、________调节开关与________调节开关。

5. 电动座椅常用的位置传感器主要有________式和________式两种，其作用是将每个________的位置信号送至ECU，用作存储和复位。

6. 电动后视镜按能否折回分为________式和________式两种形式。

7. 电动后视镜一般由________、________、________及________等组成。

8. 电动后视镜通常上、下（垂直）方向的倾斜转动由一个________控制，左、右（水平）方向的倾斜转动由另一个________控制。

9. 广州本田雅阁轿车电动后视镜是一种________式电动后视镜系统。

10. 按电动后视镜开关上的“L”或“R”，分别表示选择________或________后视镜。

二、简答题

1. 简述电动座椅的组成及各部件的功能。

2. 简述丰田雷克萨斯 LS400 轿车电动座椅由哪些开关和调节机构组成。

3. 简述丰田雷克萨斯 LS400 轿车带储存记忆功能的电动座椅各部件的主要功能。

4. 试分析图 2-44 所示的右侧电动后视镜的控制原理。

项目三 电动车窗与电动天窗系统的维修

【项目描述】

本项目介绍汽车电动车窗与电动天窗的组成、主要部件的结构原理、电路控制原理及检修方法。

【学习目标】

(1) 能正确表述电动车窗的组成及各部件的功能。
(2) 能表述交臂式、绳轮式和软轴式三种车窗玻璃升降器的结构特点及其应用。
(3) 能正确表述电动天窗系统的组成及各部件的功能。
(4) 能表述电动车窗和电动天窗的防夹原理。
(5) 识读电动车窗和电动天窗系统的控制电路图。

【能力目标】

(1) 会检测和判断电动车窗和电动天窗系统控制开关和电动机的性能。
(2) 会诊断和排除电动车窗和电动天窗系统的常见故障。
(3) 掌握一种以上车型电动车窗和电动天窗系统初始化的设定方法。

任务1　了解电动车窗

【活动情景】

活动在普通教室或多媒体教室进行，用电动车窗的挂图或示教板进行讲解。

【任务要求】

通过学习，了解汽车电动车窗的类型、结构及工作原理，识读电动车窗的控制电路。

【基本内容】

一、认识电动车窗

电动车窗利用电动机作动力，通过车窗玻璃升降器来实现车窗的自动升降。电动车窗系统主要由车窗主控开关、车窗分控开关、玻璃升降器、电动车窗 ECU（或车窗放大器）等组成。典型电动车窗系统的组成如图 3-1 所示。

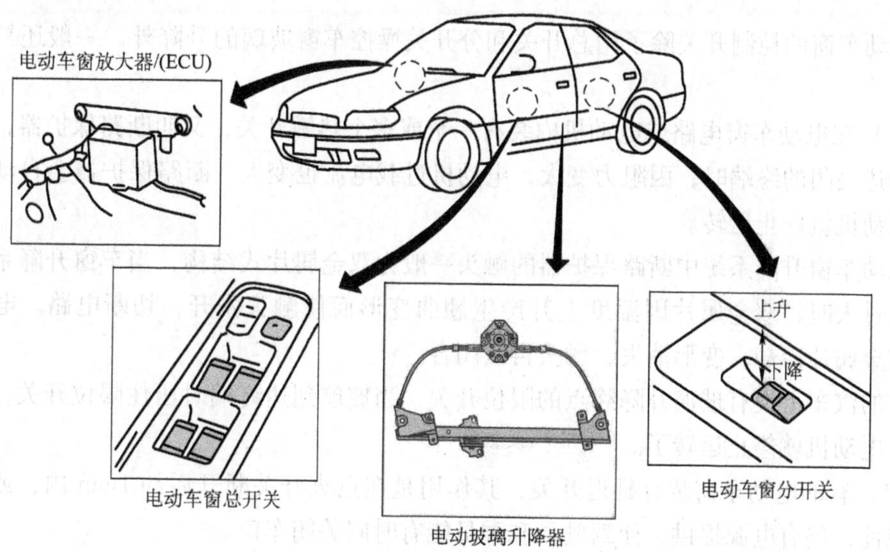

图 3-1　典型电动车窗系统的组成

电动车窗按功能不同可分为普通电动车窗和带防夹功能的电动车窗两种。带防夹功能的电动车窗是在普通电动车窗的基础上增加了防夹功能，以避免车窗玻璃在上升过程中夹伤乘员（特别是儿童）。

（一）电动车窗控制开关

电动车窗系统使驾驶员在驾驶室通过开关控制车窗玻璃升降机构来实现车窗玻璃的自动升降，即使在行车过程中，也能安全方便地开、关车窗。

电动车窗的控制开关一般有两套：

一套为主控开关（总开关），装在仪表板或驾驶员侧的车门扶手上，以方便驾驶员操纵，这样驾驶员就可以控制每个车窗玻璃的升降，在总开关上装有车窗锁止开关，如图 3-2所示，按下该开关后，乘员车窗的分开关被锁止。此时，乘客不能通过分开关操控车窗玻璃的升降，其作用主要是防止儿童意外打开或关闭乘员车窗。

另一套为分控开关（分开关），如图 3-3 所示的。此套开关分别安装在每个车门扶手附近处，这样，乘客也可以对各个车窗进行升降控制（注：仅能操控各自的乘员车窗玻璃）。

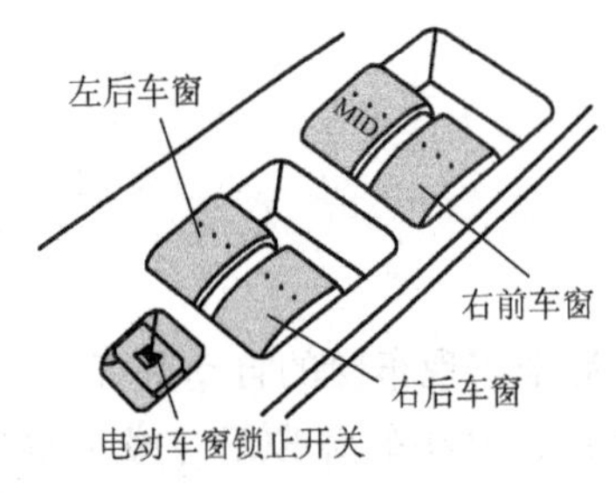

图 3-2 主控开关

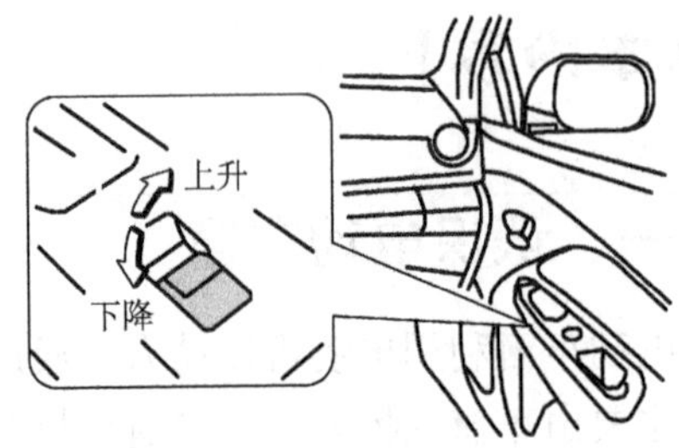

图 3-3 分开关

电动车窗的控制开关除了用总开关和分开关操控车窗玻璃的升降外，一般还具有以下功能：

（1）在电动车窗电路或电动机内装有一个或多个热敏开关，又叫断路保护器，当车窗玻璃到达关闭的终端时，因阻力变大，电动机过载电流也变大，断路保护器会自动切断电流，电动机就停止运转。

电动车窗升降系统中断路保护器的触头一般为双金属片式结构，当车窗升降系统的电路电流过大时，双金属片因温度上升产生翘曲变形而使触头张开，切断电路。电路断开后，双金属片冷却，变形消失，触头再次闭合。

有的汽车上设有玻璃升降终点的限位开关，当玻璃到达终端时压住限位开关，电流被切断，电动机就停止运转了。

（2）有的电动车窗装有延迟开关，其作用是在点火开关断开后约 1min 内，或在打开车门以前，仍有电源提供，使驾驶员和乘员能有时间关闭车窗。

（3）有些电动车窗具有熄火自动关闭的功能。当点火开关转回到“OFF”位置或拔出车钥匙后，若车窗处于非关闭状态，具有此功能的车窗会马上自动关闭。

（二）电动玻璃升降器

电动玻璃升降器是在手动摇把式玻璃升降器的基础上发展起来的，它以按钮式车窗控制开关和直流电动机代替手动摇把，用电动升降代替手动升降。车辆装用电动玻璃升降器

之后，驾驶员只需一个简单、短暂的轻按动作，就能将车窗玻璃完全地打开或关闭。这样，驾驶员开关车窗玻璃时，不再需要一只手驾驶，而用另一只手去摇动摇把，从而大大提高了操纵的可靠性和驾驶员工作的舒适性。

电动玻璃升降器主要有交臂式、绳轮式和软轴式三种类型。

1. 交臂式玻璃升降器　交臂式电动玻璃升降器主要由电动机总成、扇形齿板、交叉臂结构（升降臂、平衡臂）、玻璃托架槽等组成。交臂式电动玻璃升降器有X形双臂式和单臂式之分，其中X形双臂式电动玻璃升降器应用最广泛，单臂式电动玻璃升降器主要用于后车门中，这是由于轿车后车门受车轮拱形位置限制的缘故。

单臂式电动玻璃升降器的工作原理与X形双臂式基本相同。下面以图3-4的X形双臂式电动玻璃升降器为例，介绍其结构与工作原理。

该玻璃升降器的电动机带有蜗轮蜗杆减速装置，并通过安装支架固定在内门板上。蜗轮输出轴部分是一个小齿轮，小齿轮与扇形齿板相啮合，扇形齿板与X支架中的一条臂相铆接，从图中可看到，X支架的另外三个支点中两个支点嵌在玻璃托架的滑槽内，另一支点嵌在调整滑槽内。

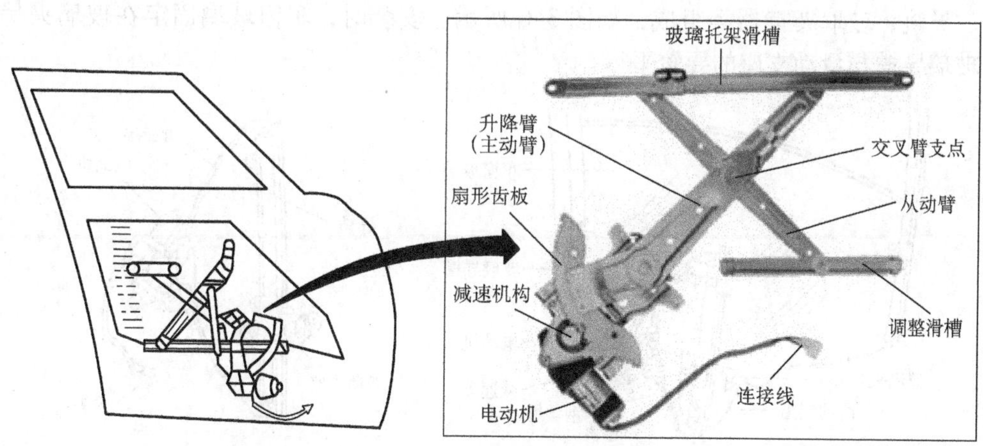

图3-4　X形双臂式电动玻璃升降器的结构与工作原理

电动交臂式玻璃升降器工作时，电动机通过蜗轮蜗杆带动小齿轮，小齿轮带动扇形齿板。扇形齿板的回转，使X支架动作。在X形支架的双臂中，一根是可动的升降臂（主动臂），另一根是与之保持相对角度的从动臂，两个交叉臂像钳子一样动作。升降臂两臂的端部在玻璃托架滑槽内移动，使玻璃托架平行地作升降运动，从而推动玻璃作升降运动。

扇形齿板上通常带有螺旋弹簧，除了起到缓冲作用外，在玻璃下降时，弹簧因旋紧而张力增大，使玻璃下降得比较平稳；而玻璃上升时，弹簧的弹力又可减轻电动机的负荷，从而使得车窗玻璃无论上升或下降，电动机的负荷基本相同。

交臂式电动玻璃升降器通过蜗轮蜗杆减速器对电动机进行第一次减速，再利用齿轮齿板进行第二次减速并带动玻璃上下运动，使减速器的减速比减小，工作效率提高。交臂式电动玻璃升降器比绳轮式电动玻璃升降器的工作效率高，可以达到25%。

如图 3-5 所示为日产阳光 N16 轿车后车门所装用的单臂式电动玻璃升降器。

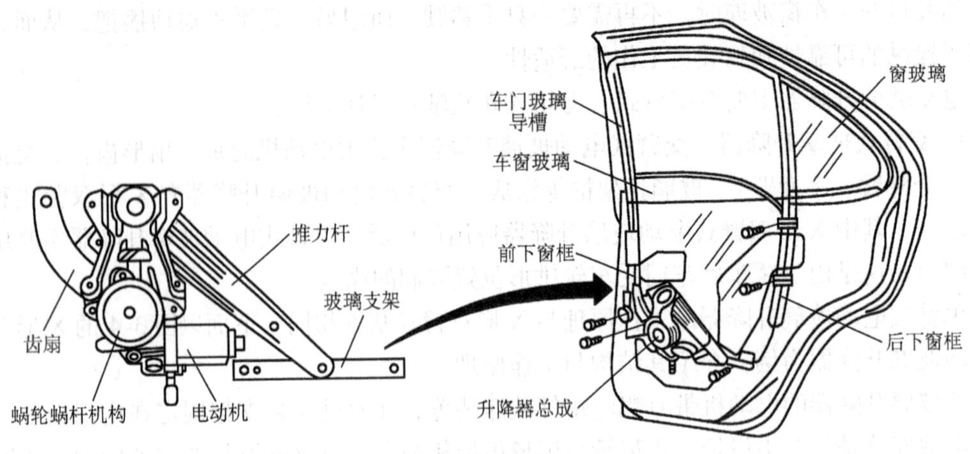

图 3-5 单臂式电动玻璃升降器

2. 绳轮式玻璃升降器 绳轮式电动玻璃升降器主要由电动机、减速器、钢丝绳、滑动支座、导轨、玻璃夹持器等组成，如图 3-6 所示。安装时，车窗玻璃固定在玻璃夹持器上，玻璃导槽与滑动支座的导轨平行。

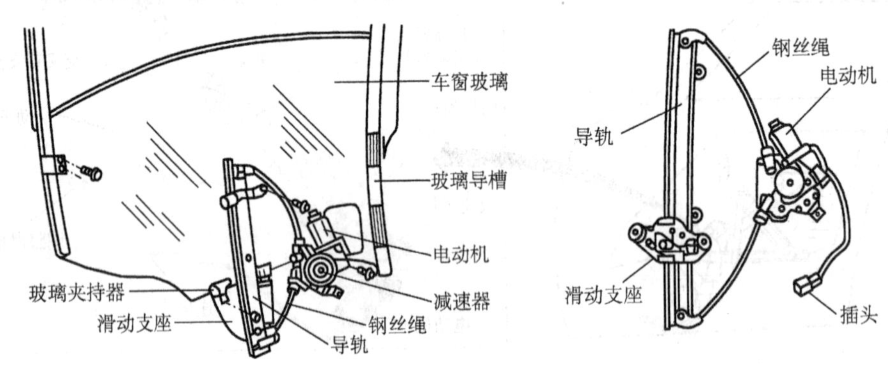

图 3-6 绳轮式电动玻璃升降器

绳轮式玻璃升降器通过驱动电动机拉动钢丝绳来控制车窗玻璃的升降。电动机的输出部分是一个塑料绳轮，绳轮上绕有钢丝绳，钢丝绳上装有滑动支座。当电动机作正转或反转时，电动机输出轴经蜗轮蜗杆减速带动卷丝筒正、反向旋转，从而带动钢丝绳卷绕，钢丝绳上的滑动支座（连同玻璃夹持器）带动玻璃，沿导轨作上、下运动。

绳轮式电动玻璃升降器分为单导轨和双导轨两种，如图 3-7a 所示的升降器中的支架机构由一根作为滑动支座导向的导轨等零件组成，所以也称为单导轨绳轮式玻璃升降器。从图中可以看出，滑动支座必须要位于车窗玻璃的重心处，否则，会影响玻璃升降的稳定性。另外，在车窗玻璃较宽且形状不太规则、或者车门中只有一边玻璃有导槽时，其单导轨结构就很难满足车窗玻璃升降平顺性的要求。双导轨绳轮式玻璃升降器如图 3-7b 所示，从图中可以看出，与单导轨相比，它仅多了一套支架机构和滑动支座，从而保证了玻璃的重心始终能与钢丝绳平行，因此玻璃的升降过程十分平顺。

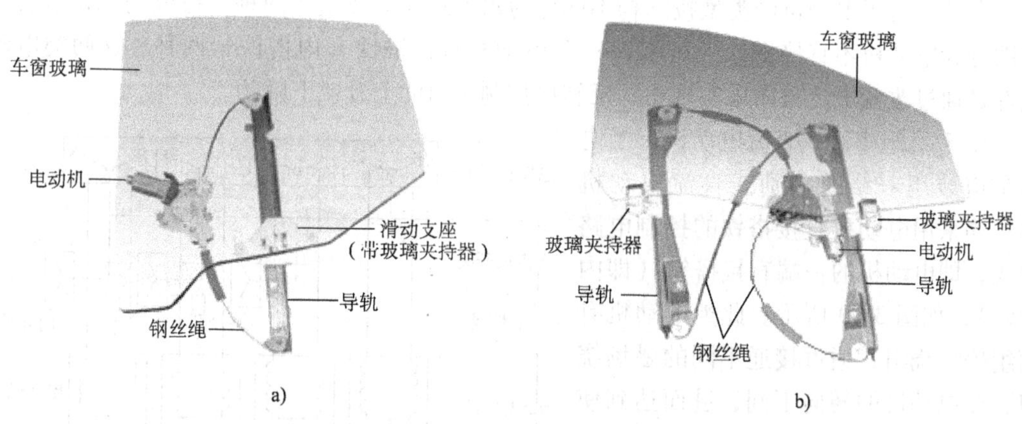

图 3-7　单导轨与双导轨绳轮式电动玻璃升降器

a）单导轨绳轮式结构　b）双导轨绳轮式结构

3. 软轴式玻璃升降器　软轴式玻璃升降器如图 3-8 所示。它主要由电动机、软轴、滑动支座、支架机构以及护套等组成。电动机的蜗轮输出端装有一个链轮，软轴一般是用一根钢丝缠绕在由几根细钢丝绕成的软钢丝上，软钢丝的外层有一层植绒，植绒可以储油，起润滑作用。软轴的外轮廓相当于一根链条，当电动机旋转时，输出端上的链轮与软轴的外轮廓啮合，带动软轴在成形轴套内移动，从而使与门窗玻璃相连接的滑动支座沿着支架机构中的导轨上下运动，达到了升降玻璃的目的。软轴式结构的电动车窗升降器，国内使用得很少。

如图 3-9 所示，软轴也有做成带形齿条式的。当电动机转动时，电动机的小齿轮通过与软轴上的带形齿条（近似于齿条）相啮合，驱动软轴卷轴卷绕，带动玻璃沿导轨上下运动。软轴齿条式玻璃升降器的特点是其传动结构相当紧凑，所占空间小。

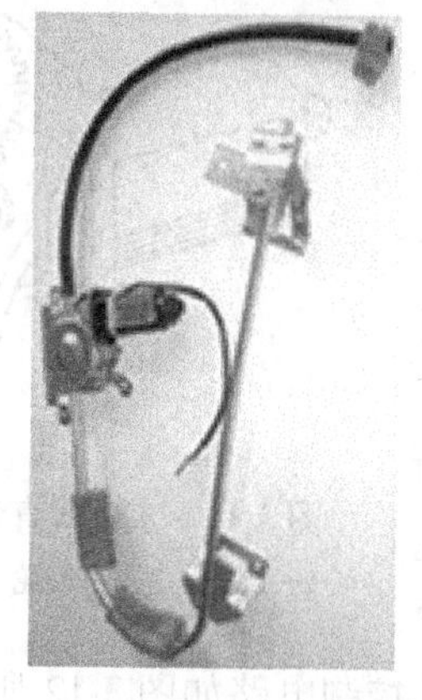

图 3-8　切诺基装用的软轴式玻璃升降器

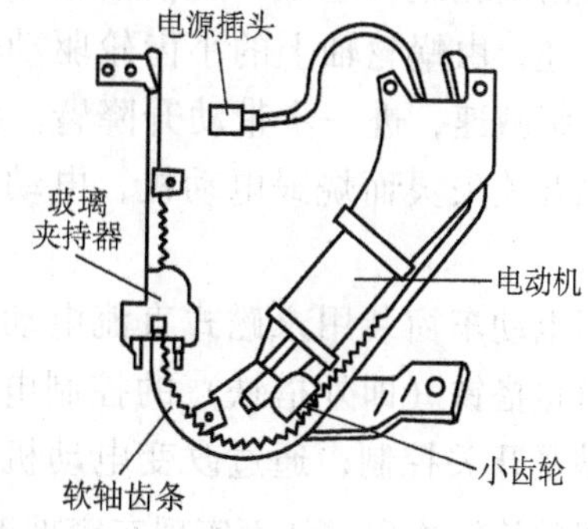

图 3-9　软轴齿条式玻璃升降器

（三）车窗电动机

电动机是用来为车窗的升降提供动力的装置，车窗升降电动机均采用双向转动的电动机。电动车窗用电动机的类型按结构不同分为永磁式和双绕组式两种，按电动机是否直接搭铁分为电动机不直接搭铁（外搭铁）和电动机直接搭铁（内搭铁）两种。这两类电动机都是通过改变电流方向来实现正、反转以控制车窗的上升或下降的。

1. 双绕组串励式直流电动机　当电动车窗装用双绕组串励式直流电动机时，均采用电动机直接搭铁的控制电路方式，即电动机的一端直接搭铁（即内搭铁），如图 3-10 所示。此类电动机有两组磁场绕组，通过接通不同的磁场绕组，使电动机的转向不同，进而达到使车窗玻璃上升或下降的目的。

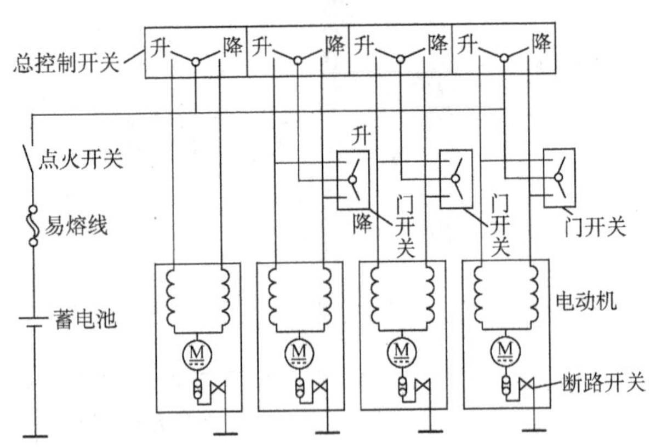

图 3-10　双绕组串励式直流电动机

双绕组串励式直流电动机有两个绕向相反的磁场绕组，一个称为“上升”绕组，一个称为“下降”绕组。在给不同的绕组通电时，会产生方向相反的磁场，电动机的旋转方向也就不同，从而实现车窗玻璃的上升或下降。

电动车窗通常装用双金属片式断路器，其作用是当电动机超载，电路中电流过大时（例如按下车窗开关，使玻璃下降后，开关因故不弹起复位时，电路中电流就会增大），双金属片因电流过大导致温度上升，产生翘曲变形，断路器触头断开，电流被切断。电流消失后，双金属片冷却，断路器触头再次闭合。如此周期动作，使车窗电动机不因过热而损坏。有的汽车设有玻璃升降终点的限位开关，当玻璃到达终点时，压住限位开关，电流被切断，从而起到保护电动机的作用。

2. 永磁式直流电动机　现代汽车电动玻璃升降器广泛采用永磁式直流电动机，如图 3-11 所示。电动机的减速装置由蜗轮蜗杆组成，其轴端设有蜗轮蜗杆机构作为一级减速，由蜗轮轴上的小齿轮驱动升降器的扇形齿轮进行二级减速，进一步带动升降臂。为了防止负载过大或控制开关失灵而烧毁电动机，电动机内部设置有断路器。

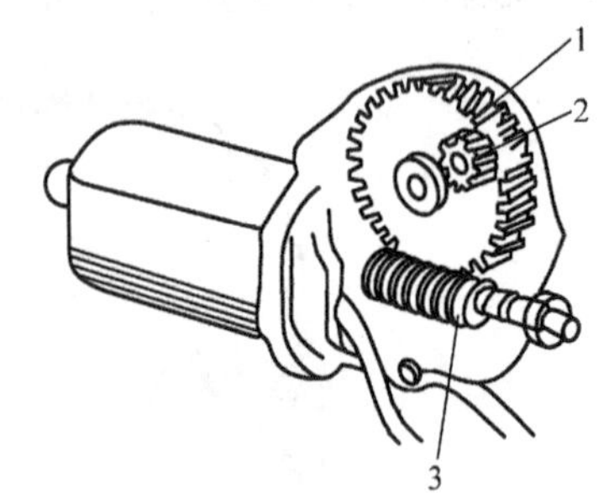

图 3-11　永磁式直流电动机
1—蜗轮　2—小齿轮　3—蜗杆

当电动车窗装用永磁式直流电动机时，均采用电动机不直接搭铁（即外搭铁）的控制电路方式，即电动机的搭铁受开关控制，通过改变电动机的电流方向来改变电动机的旋转方向，从而实现车窗玻璃的上升或下降，其控制电路如图 3-12 所示。

（四）电动车窗 ECU 与防夹电动车窗

目前，大多数的高档轿车都装用防夹电动车窗，其作用是当车窗玻璃在上升过程中遇到有异物在玻璃上时，能自动地检测出由异物所引起的阻力，并自动停止车窗玻璃的上升操作，避免夹伤乘员（特别是儿童）。

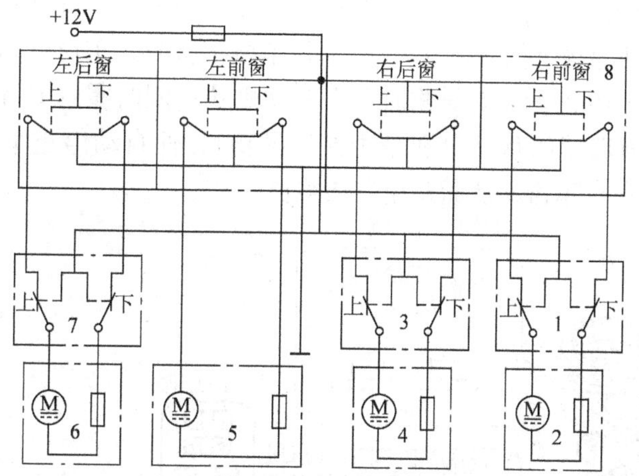

图 3-12　外搭铁式车窗电动机的控制电路图

1—右前车窗开关　2—右前车窗　3—右后车窗开关　4—右后车窗
5—左前车窗　6—左后车窗　7—左后车窗开关　8—驾驶员侧主控开关

防夹电动玻璃升降器是在原电动玻璃升降器的基础上增加电动车窗 ECU（电子模块）及传感器等构成的，其基本原理是：当车窗玻璃上升到一定距离（一般为 120 ~ 220mm）时，便进入防夹区。在防夹区内，如果车窗玻璃遇到一定的外来阻力，如图 3-13a 所示，车窗玻璃就会停止上升并立即下降 120mm（下降距离可由汽车制造厂家确定）；如果车窗玻璃没有遇到外来阻力，则继续上升。

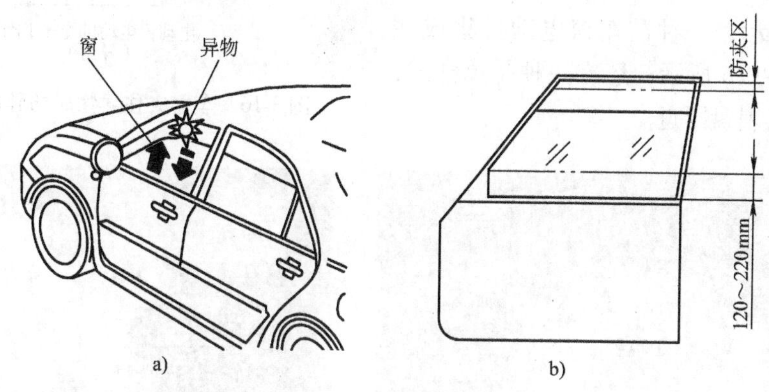

图 3-13　防夹电动车窗

防夹电动车窗的工作原理如图 3-14 所示。在关闭车窗的过程中，驱动机构中的电动车窗 ECU 及霍尔传感器（脉冲发生器）时刻检测电动机的转速。当霍尔传感器检测到电动机的转速有变化时，就会向 ECU 传送信息，ECU 向继电器发出指令，使电动机停转或反转，车窗玻璃也就停止上升或开始下降。

如图 3-14 所示为电动车窗防夹检测机构，它由电动车窗电动机总成中蜗杆上的磁铁和连接器部分上的两个霍尔 IC 组成。霍尔 IC 将蜗杆旋转产生的磁通量变化转换为脉冲信号，并将其输出到电动窗主开关/电动窗开关。如果车窗玻璃在关闭过程中遇到异物，霍尔IC感测到速度变化，并将信号输入车窗控制单元（ECU），车窗控制单元（ECU）由此识别出车窗玻璃受到异物干扰（图3-15所示是车窗正常时，车窗电动机转一圈霍尔IC输出的脉冲信号，图3-16所示是有异物时车窗电动机转一圈时霍尔IC输出的脉冲信号，以此为依据来判断车窗玻璃的移动量和是否夹住异物），便自动停止车窗玻璃的上升操作，并反向移动（即下降）车窗，从而避免夹伤乘员。

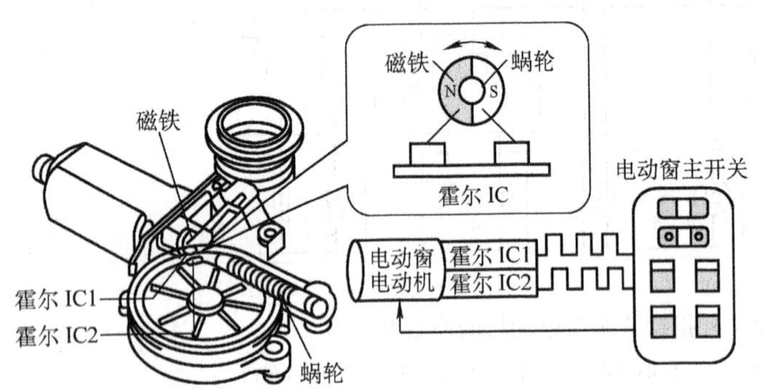

图3-14　防夹电动车窗的工作原理

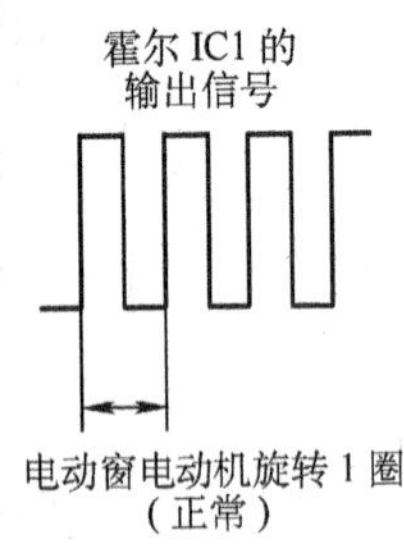

图3-15　车窗正常时的脉冲信号

电动车窗ECU还具有自学习功能，它能够根据不同车窗玻璃运行的实际情况，对升降器的性能参数作相应调整（即电动车窗初始化设定）。电动车窗ECU有三种形式：一种安装在电动车窗开关下方的车门扶手内，如图3-17a所示；一种与车窗电动机集成在一起，如图3-17b所示；还有一种是单独式，一般安装在仪表盘附近。

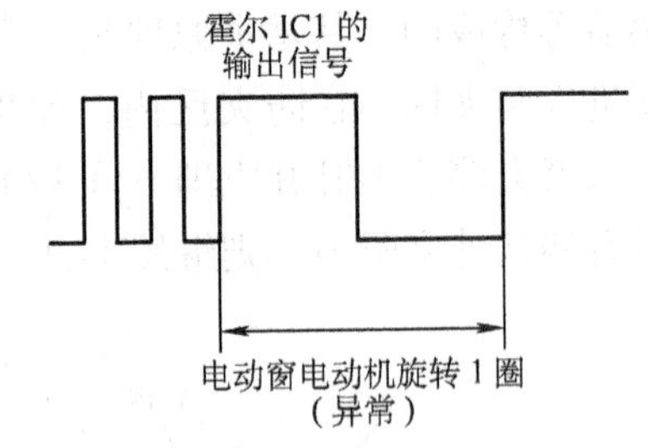

图3-16　车窗夹住异物时的脉冲信号

a)

b)

图3-17　电动车窗控制单元（ECU）实物图

二、电动车窗的控制原理

电动车窗的控制电路中，一般都设有由驾驶员操作的主控开关（总开关）和每一个

车窗的独立操作开关（分开关），每个车窗的操作开关可由乘客自己操作。有些汽车的主控开关备有安全锁止开关，可以切断其他各车窗的电源，这个开关只能由驾驶员一人操作。

下面以电动机不直接搭铁（外搭铁）的电动车窗系统为例，说明由驾驶员和乘客分别操作，使右前车窗上升和下降时的工作过程：

（1）当驾驶员操作主控开关，让右前车窗开关处在“下”的位置时，电动机转动，右前车窗向下运动，其电流方向如图3-18中箭头所示。

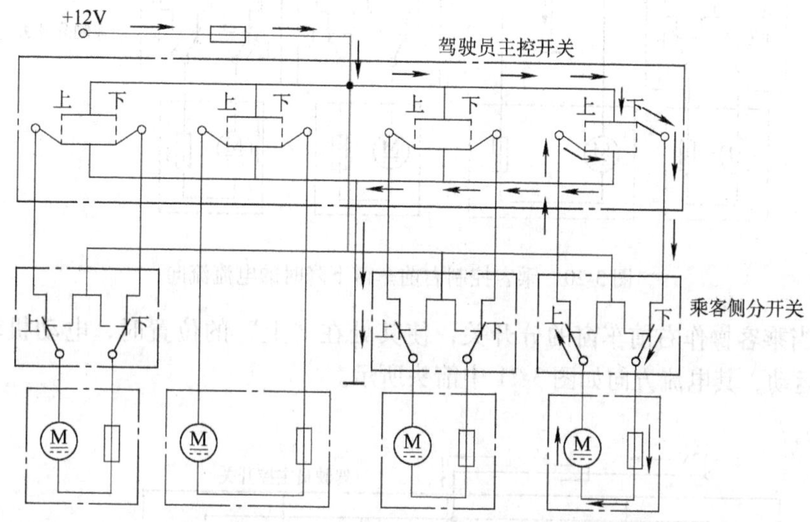

图3-18　驾驶员控制右前车窗下降时的电流流向

（2）当驾驶员通过操作主控开关，让右前车窗开关处在“上”的位置时，电动机转动，右前车窗向上运动，其电流方向如图3-19中箭头所示。

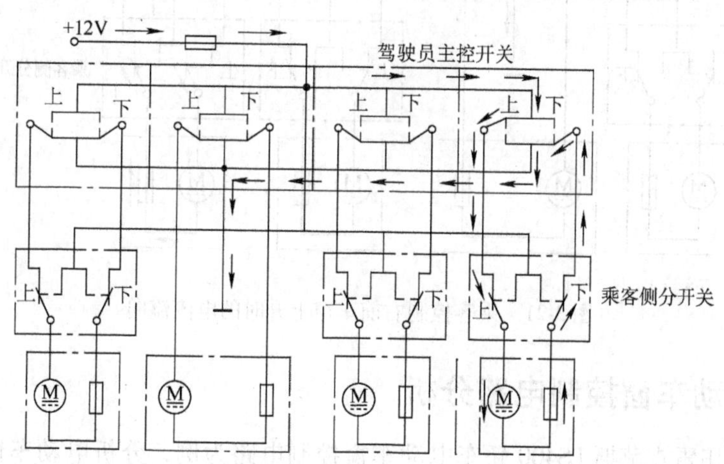

图3-19　驾驶员控制右前车窗上升时的电流流向

（3）当乘客操作右前车窗的分开关，使其处在“下”的位置时，电动机转动，右前车窗向下运动，其电流方向如图3-20中箭头所示。

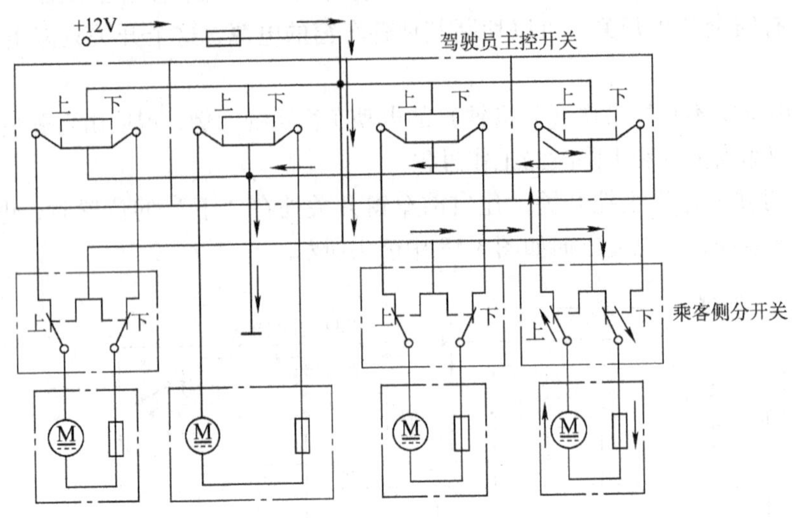

图 3-20　乘客控制右前车窗下降时的电流流向

（4）当乘客操作右前车窗的分开关，使其处在“上”的位置时，电动机转动，右前车窗向上运动，其电流方向如图 3-21 中箭头所示。

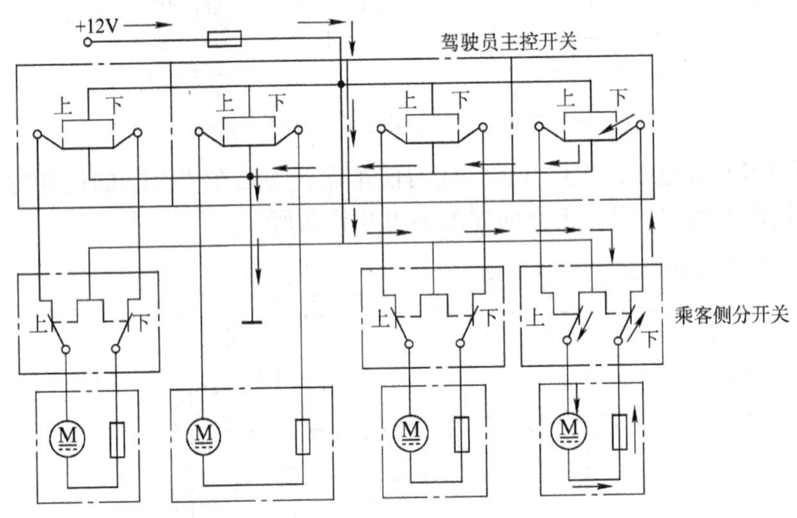

图 3-21　乘客控制右前车窗上升时的电流流向

三、电动车窗控制电路分析

下面以丰田雷克萨斯 LS400 轿车电动车窗控制电路为例，分析电动车窗的工作过程。丰田雷克萨斯 LS400 轿车电动车窗的控制电路，主要由电源、易熔线、断路器、主继电器、主开关、电动车窗开关、电动机和指示灯组成，该系统元件的位置如图 3-22 所示，其控制原理如图 3-23 所示，各元件的功能见表 3-1。

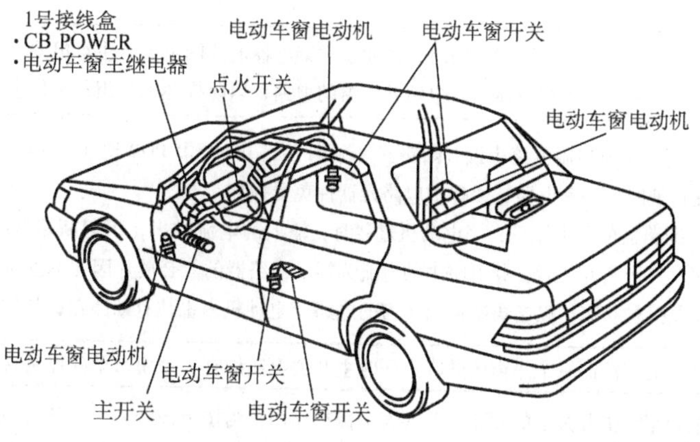

图 3-22 丰田雷克萨斯 LS400 轿车电动车窗元件位置图

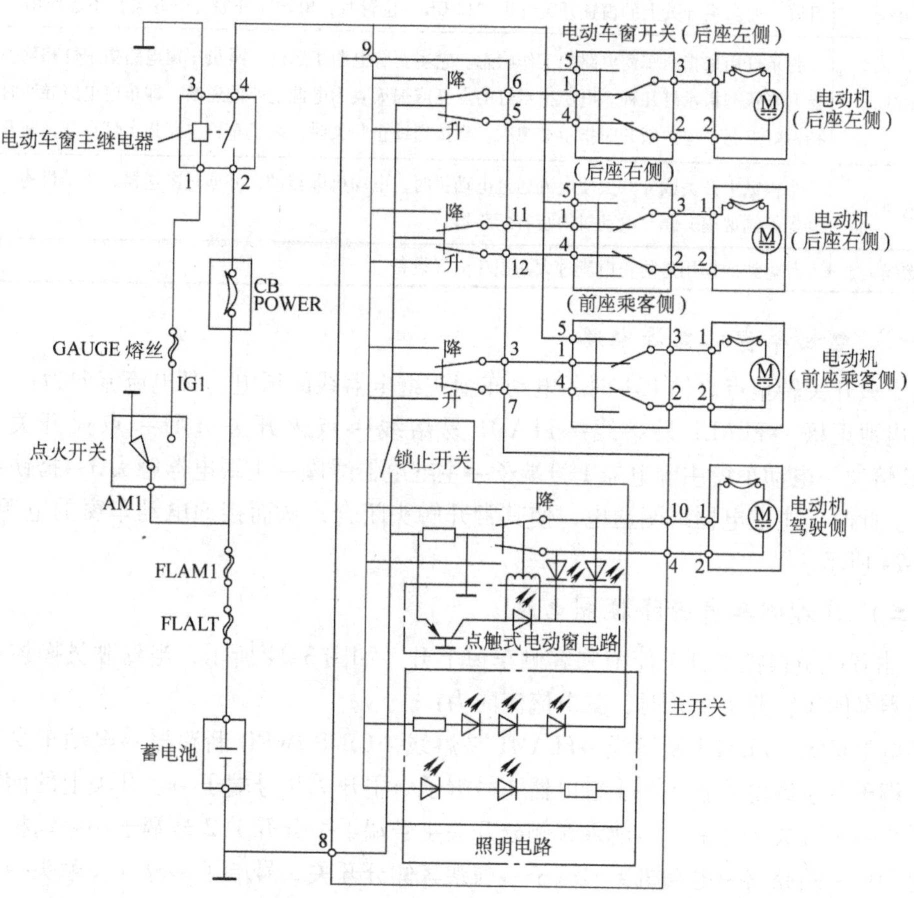

图 3-23 丰田雷克萨斯 LS400 轿车电动车窗的控制电路图

表 3-1　丰田雷克萨斯 LS400 轿车电动车窗控制系统元件的功能

零件名称	功　　能
电动窗主继电器	当接通点火开关电路时，同时也接通了主继电器的线圈电路，主继电器再接通车窗的电路；当断开点火开关时，主继电器同时也断开车窗的电路，以防损坏电气组件和发生意外
断路器	1. 电动车窗控制电路中设有断路器（见图 3-23 中的 CB POWER），其作用是当电动车窗电路的电流过载时，切断电路，以保护电路元器件免受损坏 2. 断路器的基本原理：当电动机过载时，输入的电流过大，引起断路器的双金属片发热变形而断路；当切断开关后，其电路中的电流为零，断路器的双金属片因无电流通过，便逐渐冷却，触头又恢复接触状态，以备再次接通车窗的电路（电动机内也装有断路器，其作用原理与其相同）
电动窗主开关	该开关可控制每个车窗的升降，同时主开关上还设有一个用来单独控制驾驶员侧的车窗的开关
锁止开关	电动车窗主开关上的锁止开关起安全保护作用，当按下该开关后，各电动窗上的分开关就不起作用，其车窗玻璃将无法升降。只有该开关接通时，乘员才可以单独控制车窗的升降，（图 3-23 中该开关断开）
电动窗开关（即分开关）	除驾驶员侧车窗外的每个车窗上均设有一个电动窗开关，称为分开关，可由乘员单独控制车窗的升降，但当主开关上的窗锁开关置于“LOCK”位置时，电动窗开关（分开关）不起作用
指示灯	指示灯用来指示车窗电路的工作状态。它主要有电源指示灯、乘员车窗电路指示灯和驾驶员侧车窗升降状态指示灯几种。电源指示灯的点亮或熄灭表示电源电路的通断，即车窗电路导通时，电源指示灯点亮；电源断开时指示灯熄灭。当接通锁止开关时，乘员车窗电路指示灯点亮，断开时熄灭
车窗电动机	当操纵主开关或分开关使电流通过电动机时，电动机即转动，并通过减速器、传动机构及玻璃升降器控制玻璃升降，电动机内装有断路器
易熔线	易熔线的作用是防止电流过大而损坏电气设备

（一）电动车窗的电源电路

当点火开关转至点火挡 IG1 时，电动车窗主继电器线圈通电，其电流流向为：

蓄电池正极→FLALT 易熔线→FLAM1 易熔线→点火开关 AM1→点火开关 IG1→GAUGE 熔丝→电动车窗主继电器 1 号端子→主继电器线圈→主继电器触头 3→搭铁→蓄电池负极。此时，主继电器线圈通电，使其常开触头闭合，从而接通电动车窗的电源电路，如图 3-24 所示。

（二）前右侧车窗升降控制电路

1. 由驾驶员操控主开关使前乘客侧车窗上升　如图 3-24 所示，当驾驶员操控主开关上的前乘客侧车窗开关上升时，其电流流向为：

蓄电池正极→FLALT 易熔线→FLAM1 易熔线→CB POWER 断路器→电动车窗主继电器 2 号端子→主继电器触头→主继电器 4 号端子→主开关 9 号端子→主开关上的前乘员开关升触头→主开关 7 号端子→前乘客侧分开关 4 号端子→分开关 2 号端子→电动机 2 号端子→电动机→断路器→电动机 1 号端子→前乘客侧分开关 3 号端子→分开关触头→分开关 1 号端子→主开关 3 号端子→主开关触头→锁止开关→主开关 8 号端子→搭铁→蓄电池负极。

上述控制电路，使前乘客侧车窗电动机中有自下向上的电流流过，电动机转动，从而

带动前乘客侧的车窗上升。

当需要该车窗下降时，驾驶员操控主开关上的前乘客侧车窗开关下降，那么通过电动机的电流方向与车窗上升时相反，电动机反转，从而使该车窗下降。

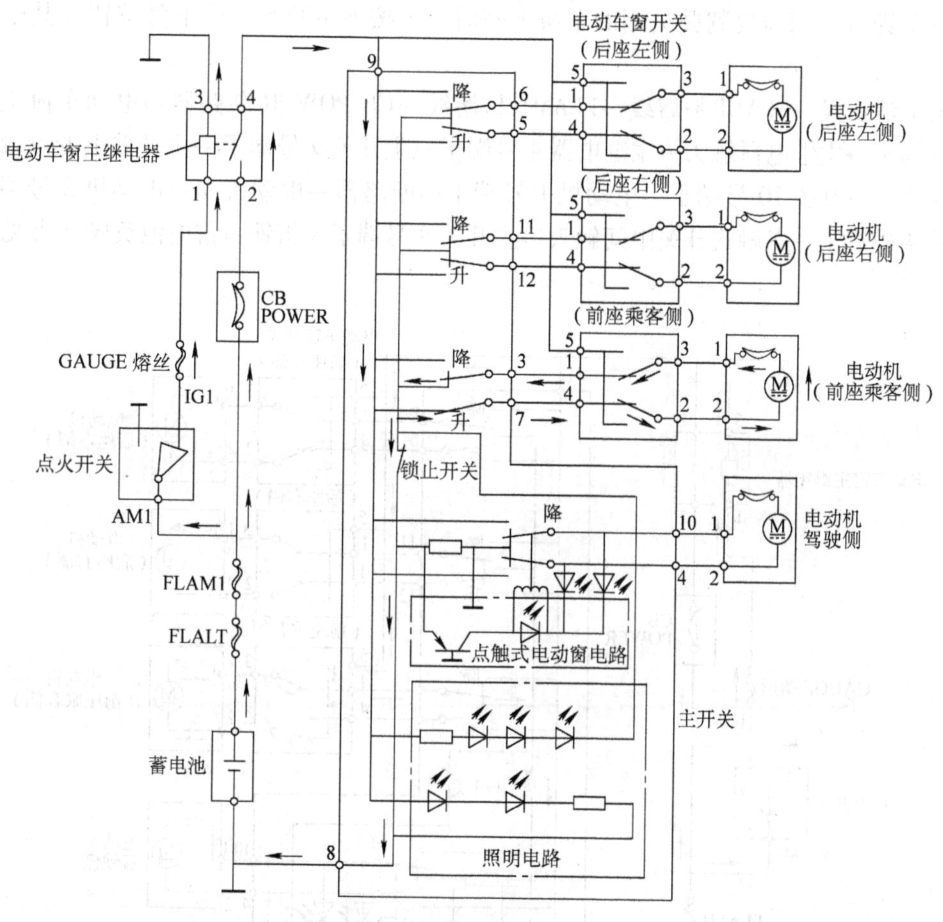

图 3-24 电源电路和操控主开关使前乘客侧车窗上升时的电流流向

2. 由前乘客操控分开关使车窗上升 如图 3-25 所示，前乘客通过分开关接通前右车窗上升时，其电流流向为：

蓄电池正极→FLALT 易熔线→FLAM1 易熔线→CB POWER 断路器→电动车窗主继电器 2 号端子→主继电器触头→主继电器 4 号端子→前乘客侧分开关 5 号端子→前乘客侧分开关触头→分开关 2 号端子→电动机 2 号端子→电动机→断路器→电动机 1 号端子→前乘客侧分开关 3 号端子→分开关触头→分开关 1 号端子→主开关 3 号端子→主开关触头→锁止开关→主开关 8 号端子→搭铁→蓄电池负极。

上述控制电路，使前乘客侧车窗电动机中也有自下向上的电流流过，电动机转动，从而带动前乘客侧的车窗上升。

当需要该车窗下降时，只要乘客操控分开关下降，那么通过电动机的电流方向与车窗上升时相反，电动机反转，从而使该车窗下降。

（三）驾驶员侧的车窗升降

当主开关上的锁止开关断开后，全部车窗只有驾驶员能够控制。另外，驾驶员侧的车窗开关为点触式开关，车窗在下降过程中，如果要使其停止在某一位置，只要再点触一下开关即可。当需要驾驶员侧的车窗下降时，可按下主开关上的下降按钮，其电流流向为：

蓄电池正极→FLALT 易熔线→FLAM1 易熔线→CB POWER 断路器→电动车窗主继电器 2 号端子→主继电器触头→主继电器 4 号端子→主开关 9 号端子→主开关上的点触式开关降触头→主开关 10 号端子→电动机 1 号端子→断路器→电动机 M→电动机 2 号端子→主开关 4 号端子→点触式开关中间触头→主开关 8 号端子→搭铁→蓄电池负极（参见图 3-25）。

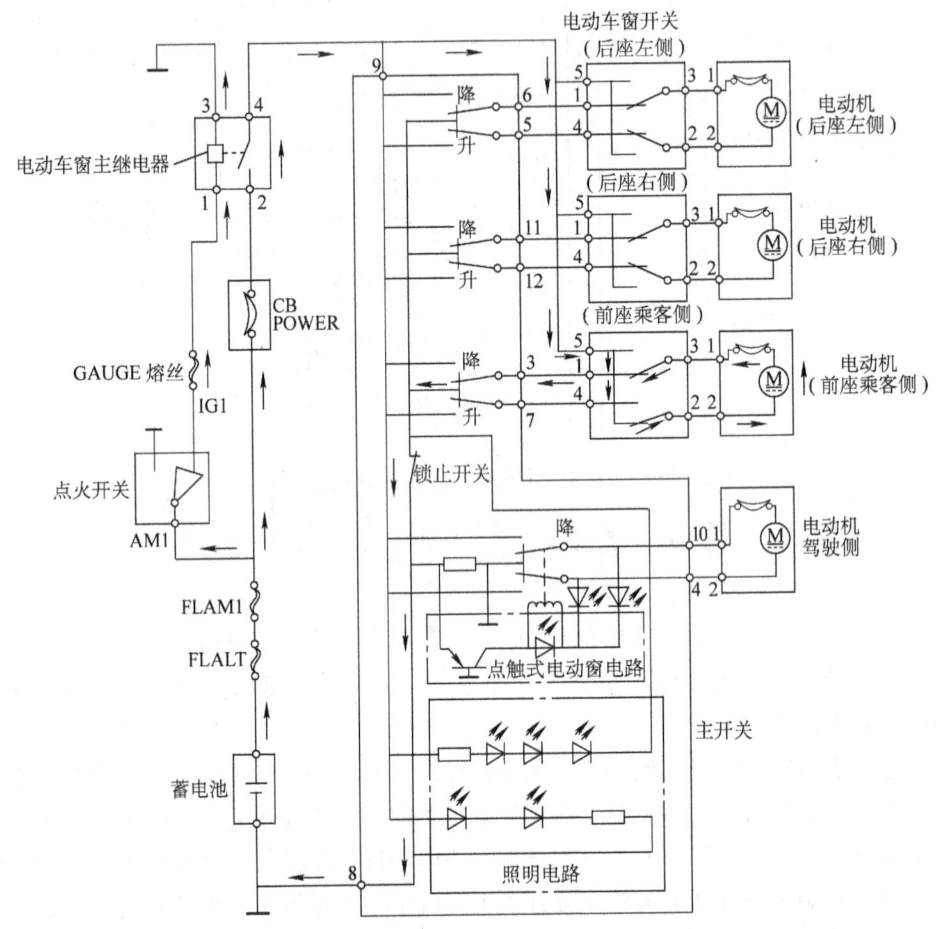

图 3-25　前乘客通过分开关接通前右车窗为上升时的电流流向

上述控制电路，使驾驶员侧的车窗电动机中有自上向下的电流流过，电动机转动，从而带动驾驶员侧的车窗下降。

当需要该车窗上升时，只要驾驶员操控主开关上的上升按钮，这时通过电动机的电流方向与该车窗上升时相反，电动机反转，从而使该车窗上升。

后座乘客左、右车窗的升降控制也分为由驾驶员通过主开关控制和由后乘客用分开关控制两种方式，这两种控制开关的控制方式与前乘客侧车窗的控制原理相同，读者可根据上面介绍的思路自行分析，在此不再叙述。

任务2　电动车窗的维修

【活动情景】

活动在汽车维修实训场地进行，围绕电动车窗实训台或实车边学边练。

【任务要求】

通过学习和训练，掌握电动车窗各部件的拆卸、更换和检测的基本规范和操作方法。

【基本内容】

现以丰田雷克萨斯 LS400 轿车的电动车窗为例，介绍电动车窗的维修方法。

丰田雷克萨斯 LS400 轿车电动车窗的控制电路如图 3-23 所示，其电动车窗系统的常见故障诊断及其原因见表 3-2。

表 3-2　电动车窗常见的故障及其原因

常见故障	故障原因	诊　断
某个车窗只能向一个方向运动	分开关故障或分开关至主开关出现断路	检查分开关的导通情况及分开关至主开关控制导线的导通情况
某个车窗两个方向都不能运动	1. 传动机构卡住 2. 车窗电动机损坏 3. 分开关至电动机断路	1. 检查传动机构是否卡住 2. 测试电动机的工作情况，包括断路、短路及搭铁情况检查 3. 检查分开关至电动机电路的导通情况
所有车窗均不能升降或偶尔不能升降	1. 熔丝被烧断 2. 搭铁处不牢固	1. 检查熔丝 2. 检查、清洁、紧固搭铁
两个后车窗分开关不起作用	总开关出现故障	检查总开关的导通情况

一、车窗主开关的检测

1. 主开关各端子导通性的检测　电动车窗主开关的外形和连接器如图 3-26 所示，主开关各端子之间的导通性检测见表 3-3。

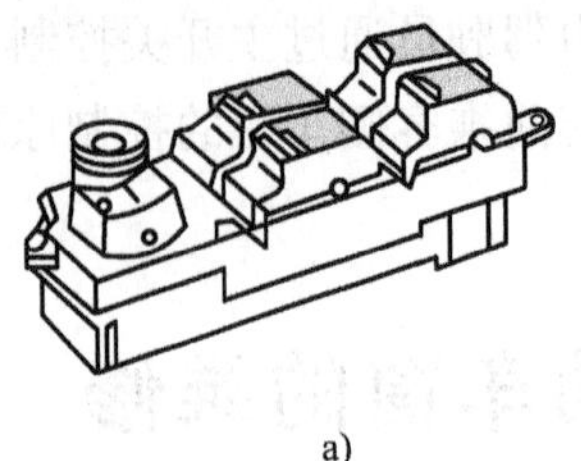

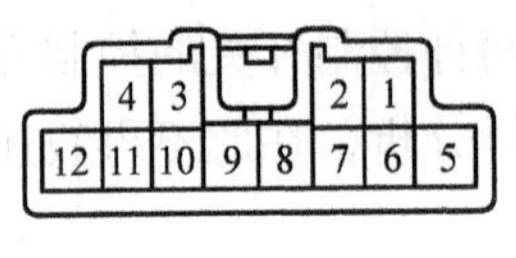

a)　　　　b)

图 3-26　主开关的外形和连接器

a）外形　b）连接器

表 3-3　电动车窗主开关各端子之间导通性的检测

检测条件		前								后							
		驾驶员侧				乘客侧				左				右			
开关位置	连接器端子	8	4	9	10	8	3	9	7	8	9	6	5	8	9	12	11
车窗未锁	UP		○—	—○		○—	—○			○—	—	—○		○—	—	—	—○
		○—	—	—	—○			○—	—○		○—	—	—○		○—	—○	
	OFF	○—	—○			○—	—○—	—	—○	○—	—	—○—	—○	○—	—	—○—	—○
	DOWN	○—	—○				○—	—○			○—	—○		○—	—	—○	
						○—	—	—	—○	○—	—	—	—○		○—	—	—○
车窗闭锁	UP		○—	—○				○—	—○		○—	—	—○		○—	—○	
		○—	—	—	—○												
	OFF	○—	—○—	—○			○—	—	—○			○—	—○			○—	—○
	DOWN	○—	—○				○—	—○			○—	—○			○—	—	—○
				○—	—○												

2. 主开关的检测

（1）从主开关上脱开连接器。

（2）如图 3-27 所示，将电流表正极（+）引线接到连接器上的端子 4，负极（-）引线接到蓄电池的负极。

（3）将蓄电池的正极（+）引线接到连接器上的端子 10。

（4）随着车窗下落，检测电流应约为 7A。

（5）车窗停止下落时，检测电流应增至约 14.5A 或以上，且当下降停止后 4～40s，断路器自动断开。

如果检测结果与上述数值不符，则应更换主开关。

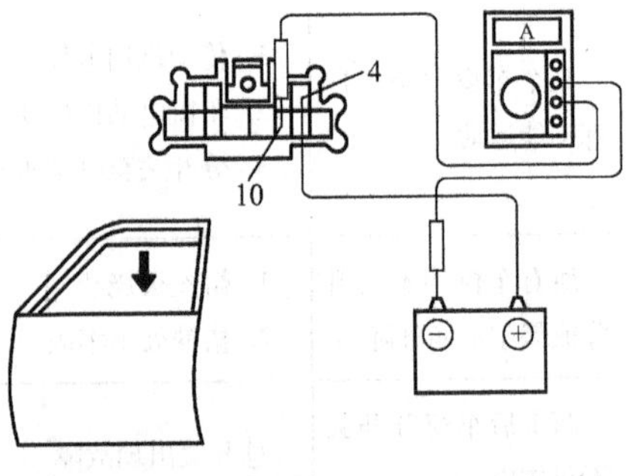

图 3-27　主开关工作电流的检测

3. 主开关照明电路的检测

（1）将窗锁开关（即锁止开关）设置在未锁位置，如图 3-28a 所示。

（2）将蓄电池正极（+）引线接到端子 9，负极（-）引线接到端子 8，检查所有的照明灯，应该全都亮起。

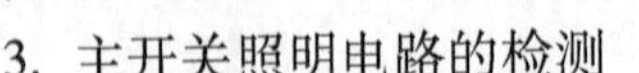

（3）将锁止开关设置在锁定位置，如图 3-28b 所示，乘客侧所有的电动窗开关照明灯应该全都熄灭。

如果检测结果不符合上述情况，则应更换车窗主开关。

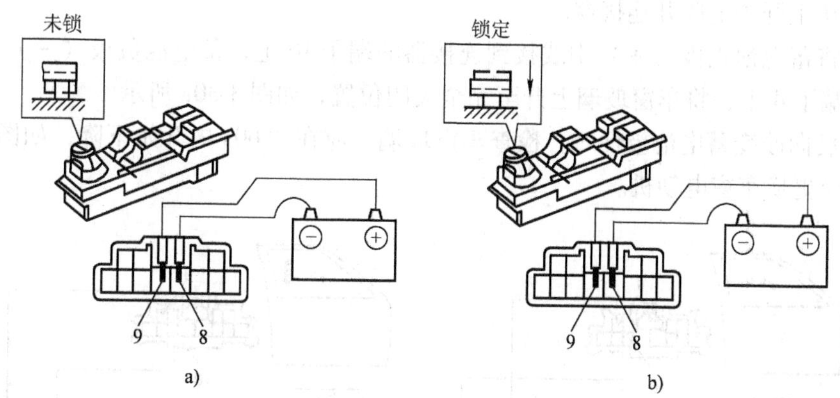

图 3-28 主开关照明电路的检查

二、车窗分开关的检测

电动车窗分开关的外形及其连接器如图 3-29 所示，其工作情况的检测见表 3-4，开关电路工作情况的检测见表 3-5。如检测结果不符合表中标准，说明电动车窗分开关或连接线路有故障。

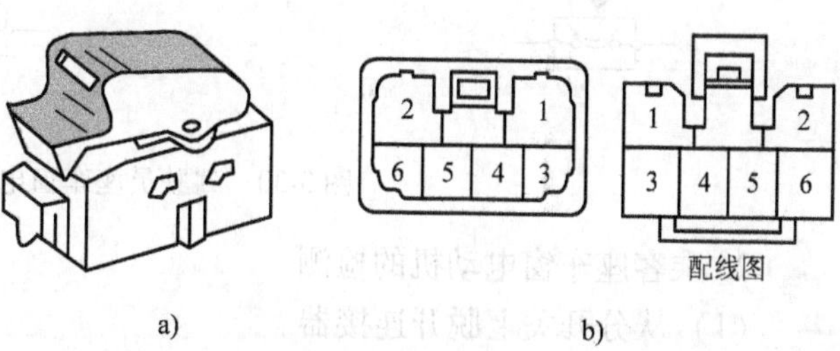

图 3-29 电动车窗分开关的外形及其连接器
a）外形 b）连接器

表 3-4 电动车窗分开关工作情况的检测

开关位置 \ 连接器端子	1	5	3	2	4
UP	○	—	○		
UP		○	—	○	
OFF	○	—	○	○	○
DOWN		○	○	○	○

表 3-5 电动车窗分开关电路工作情况的检测

检 测 项 目	万用表连接	检 测 条 件		规 定 值
电压	5—搭铁	点火开关置于 ON		蓄电池电压
	4—搭铁	点火开关置于 ON 并且总开关位置在	UP	蓄电池电压
			OFF	无电压
	1—搭铁	点火开关置于 ON 并且总开关位置在	DOWN	蓄电池电压
			OFF	无电压

三、车窗电动机的检测

1. 驾驶员座车窗电动机的检测

(1) 从主开关上脱开连接器。

(2) 将蓄电池正极 (+) 引线接到连接器的端子10上，蓄电池负极 (-) 引线接到连接器的端子4上，将车窗玻璃上升至完全关闭位置，如图3-30a所示。

(3) 反向改变蓄电池极性时，检查车窗玻璃，应在约60s内开始下降，如图3-30b所示，否则应更换车窗电动机。

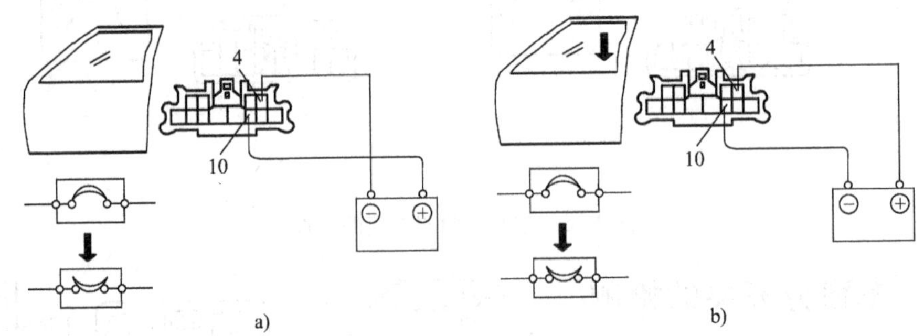

图3-30 驾驶员座车窗电动机的检测

2. 乘客座车窗电动机的检测

(1) 从分开关上脱开连接器。

(2) 将蓄电池正极 (+) 引线接到连接器的端子1上，蓄电池负极 (-) 引线接到连接器的端子2上，将车窗玻璃上升至完全关闭位置，如图3-31a所示。

(3) 反向改变蓄电池极性时，车窗玻璃也应在约60s内开始下降，如图3-31b所示，否则应更换车窗电动机。

四、车窗主继电器的检测

在电动车窗主继电器的端子1、3之间加上蓄电池电压时，端子2、4之间应呈现导通，如图3-32所示，否则应更换新的主继电器。

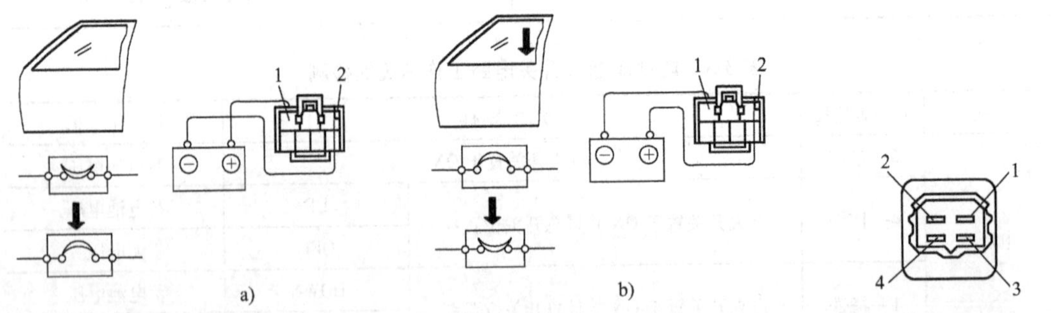

图3-31 乘客座车窗电动机的检测

图3-32 车窗主继电器的检测

任务3　了解电动天窗

【活动情景】

活动在普通教室或多媒体教室进行，用汽车电动天窗的挂图或示教板进行讲解。

【任务要求】

通过学习，了解汽车电动天窗的结构组成，识读电动天窗控制电路。

【基本内容】

一、认识电动天窗

轿车和商务车增开天窗可以有效改善车内的空气质量和采光性能，提高驾乘人员的舒适感，如图3-33所示为典型电动天窗主要部件在车上的安装位置示意图。

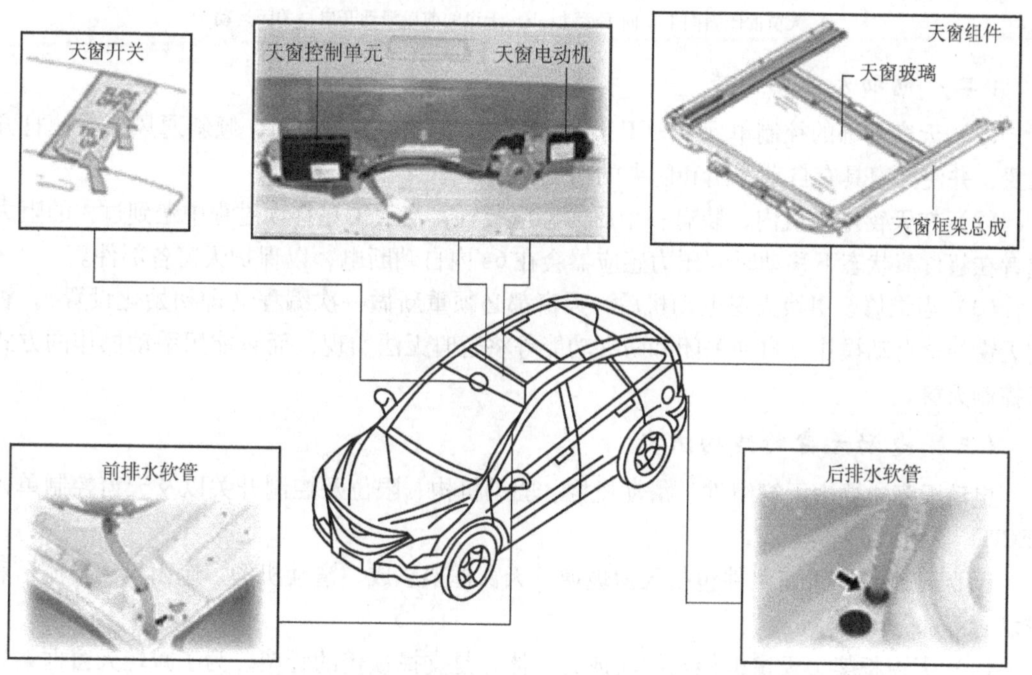

图3-33　典型电动天窗主要部件在车上的安装位置示意图

（一）电动天窗的功能

点火开关打开后，操控天窗开关，利用电动机驱动天窗玻璃向后移动，或把天窗玻璃后端部抬起数厘米使其“倾斜”，可增强车厢内的采光和通风，如图3-34所示，同时，电动天窗还具有下列功能：

1. 自动关闭功能　当关闭点火开关大约4s后，电动天窗会自动关闭。在天窗完全关闭前按动按钮（任何方向），该功能被取消，玻璃会停留在开启位置上。如果想继续关闭天窗，无需打开点火开关，只需按动关闭按钮即可。

2. 防夹功能　天窗在全自动关闭过程中，遇到障碍物后会自动返回，直到障碍物消失为止（在点火开关关闭后，天窗的自动关闭过程中，该功能仍然有效）。

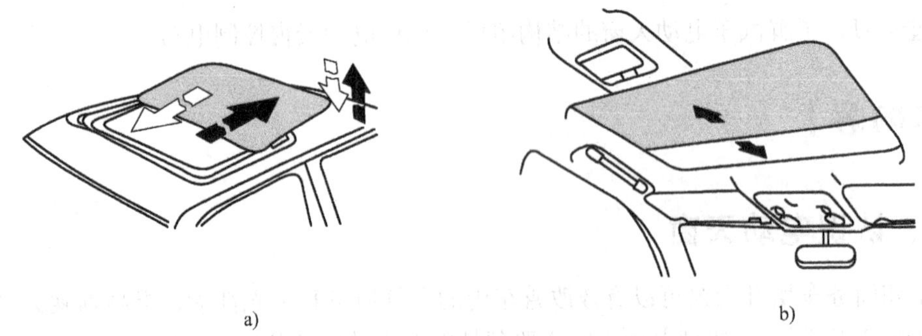

图3-34　电动天窗的运动状态

a）天窗的倾斜向上、向下运动　b）天窗的前后滑动开启、关闭运动

（二）电动天窗的特点

（1）天窗前部的控制单元（ECU），可使天窗玻璃停留在全闭、倾斜通风或外倾打开位置，并使天窗具有自动关闭和防夹的功能。

（2）在天窗电动机内，装有一个压力感应装置，当天窗在移动过程中遇到过大的阻力或者在超负荷状态下移动时，压力感应器会在6s内自动断电，以保护天窗各部件。

（3）当维修、更换天窗电动机后，天窗都必须重新做一次编程（即初始化设置），否则天窗的全自动操作、自动关闭和防夹功能等将暂时无法实现，而只能用手动操作的方式来控制天窗。

（三）电动天窗的结构组成

电动天窗主要由天窗组件、滑动机构、驱动机构、限位及控制开关以及天窗控制单元（ECU）等组成。

1. 天窗组件　天窗组件包括天窗玻璃、天窗框架总成、滑动机构、遮阳板、导流槽和排水管等部分。

（1）天窗框架。天窗框架与导轨成为一体，是支撑顶盖的骨架。为了减轻天窗框架的质量，天窗框架通常采用超轻型树脂等制造，也有使用铝材制造的。天窗框架的结构如图3-35所示。

（2）滑动顶盖总成。滑动顶盖总成由天窗玻璃、遮阳板、密封胶条等组成，如图3-36

所示。在天窗上框架内侧靠近天窗玻璃处以及天窗上框架翻边的沟槽内均装配有密封条，对天窗玻璃与天窗上框架之间的间隙以及车顶之间的间隙进行密封。

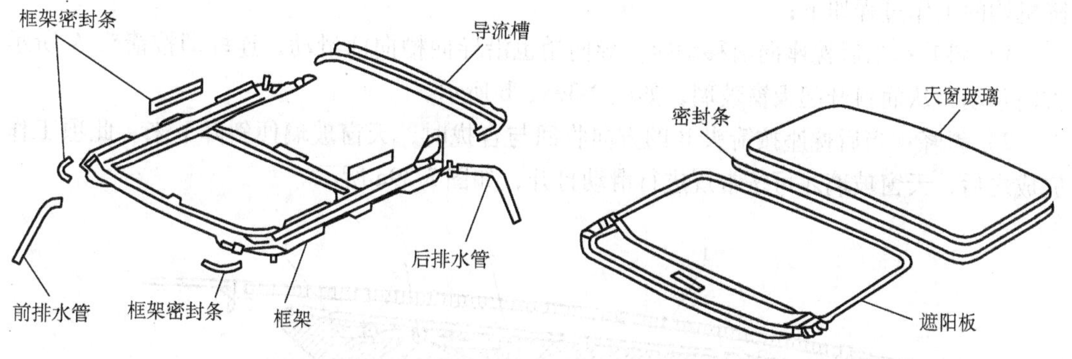

图 3-35　天窗框架的结构　　图 3-36　滑动顶盖的结构组成

2. 滑动机构　滑动机构如图 3-37 所示，主要由驱动电动机、驱动齿轮、滑动螺杆、拉索、后（前）枕座等构成。滑动机构包括拉索机构和升降机构。

（1）拉索机构。拉动天窗玻璃滑移的拉索机构如图 3-37b 所示。在天窗框架总成的前方安装电动机，驱动齿轮旋转，齿轮带动拉索并拉动滑板移动。拉索和在框架导轨上移动的可动滑块连接，可动滑块的移动带动天窗玻璃移动。同时，由调整用滑块补偿拉索长度的变化，使拉索始终保持一定的长度。工作时，驱动电动机通过驱动齿轮带动滑动螺杆式拉索并拉动可动滑板移动，使得天窗玻璃滑移开启或倾斜开启。

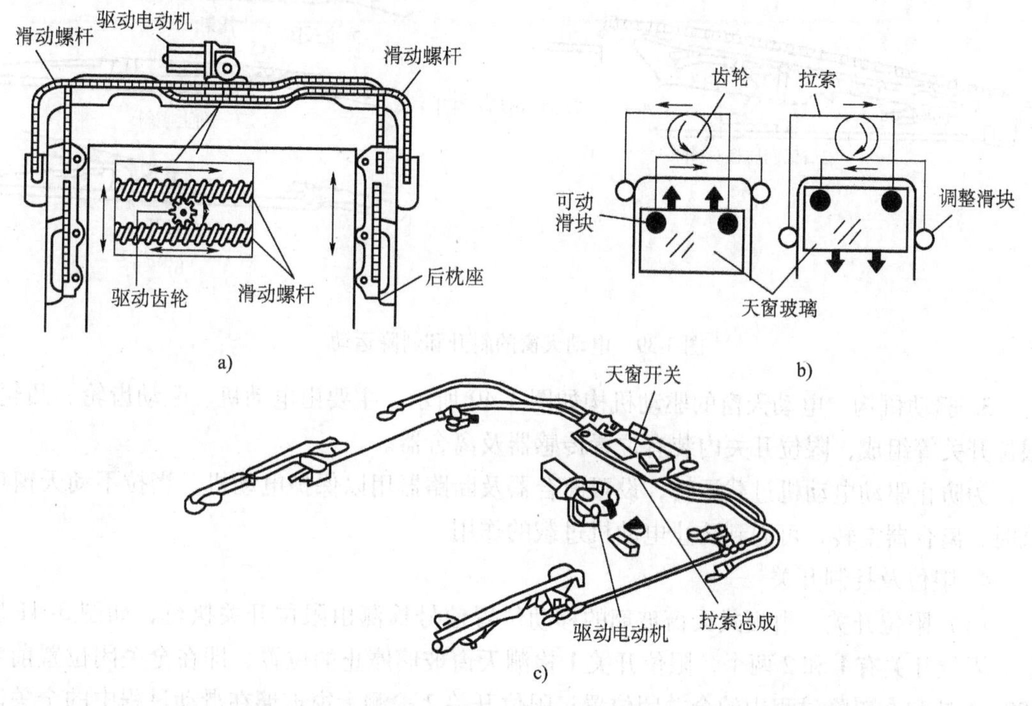

图 3-37　电动天窗的滑动机构

（2）升降机构。电动天窗的升降机构如图 3-38 所示，主要由前枕座 9、后枕座 5、导向块 2、托架 8 等组成，其两个导向销 3 安装在连杆 6 的两侧，可在导向槽 4 内移动。升降机构的工作过程如下：

1）斜升：当后枕座向前移动时，导向销也沿导向槽向前滑动，连杆即按箭头 A 所示方向移动，从而斜升起天窗玻璃，如图 3-39a、b 所示。

2）斜降：当后枕座按箭头 B 的方向收回与合拢时，天窗玻璃便斜降下来。此项工作完成之后，天窗玻璃才可按常规进行滑动打开，如图 3-39a 所示。

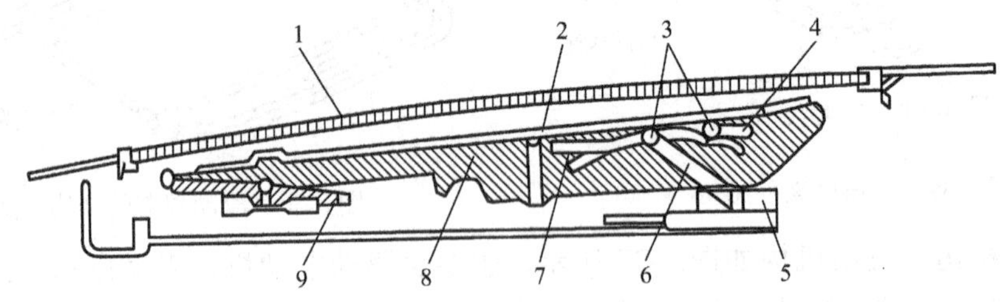

图 3-38　电动天窗的升降机构

1—天窗玻璃　2—导向块　3—导向销　4—导向槽　5—后枕座
6—连杆　7—导向槽　8—托架　9—前枕座

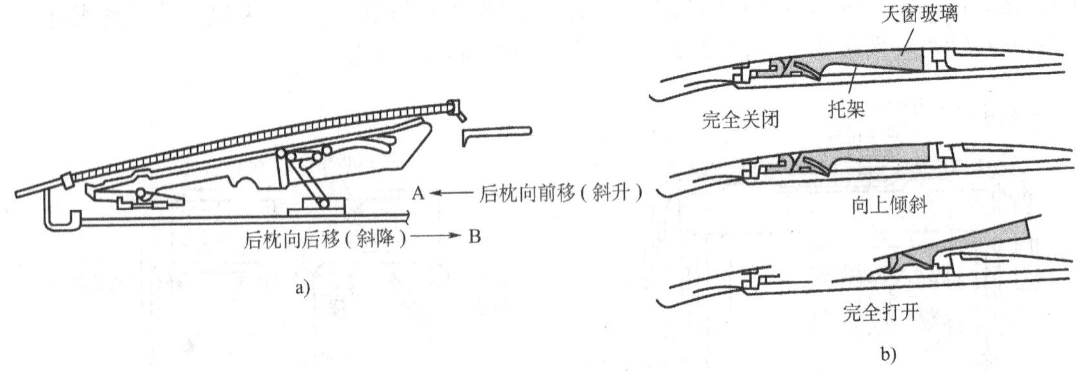

图 3-39　电动天窗的斜升和斜降运动

3. 驱动机构　电动天窗的驱动机构如图 3-40 所示，主要由电动机、驱动齿轮、凸轮、限位开关等组成，限位开关内装有位置传感器及离合器。

为防止驱动电动机过载运转，设置离合器及断路器用以保护电动机。当拉不动天窗玻璃时，离合器空转，可起到防止电动机过载的作用。

4. 限位及控制开关

（1）限位开关。滑板式天窗玻璃的移动位置信号检测由限位开关执行，如图 3-41 所示。限位开关有 1 和 2 两个，限位开关 1 检测天窗玻璃停止的位置，即在全关闭位置前约 200mm 处和在斜降过程中的全关闭位置；限位开关 2 检测天窗玻璃在滑动过程中的全关闭位置。现在电动天窗更多地通过电动机的霍尔集成电路和磁铁来检测电动机的旋转方向和速度，通过来自霍尔集成电路的脉冲数量和脉冲宽度检测天窗所处的位置并实现天窗的防夹功能，如图 3-42 所示（其工作原理可参见图 3-14 至图 3-16）。

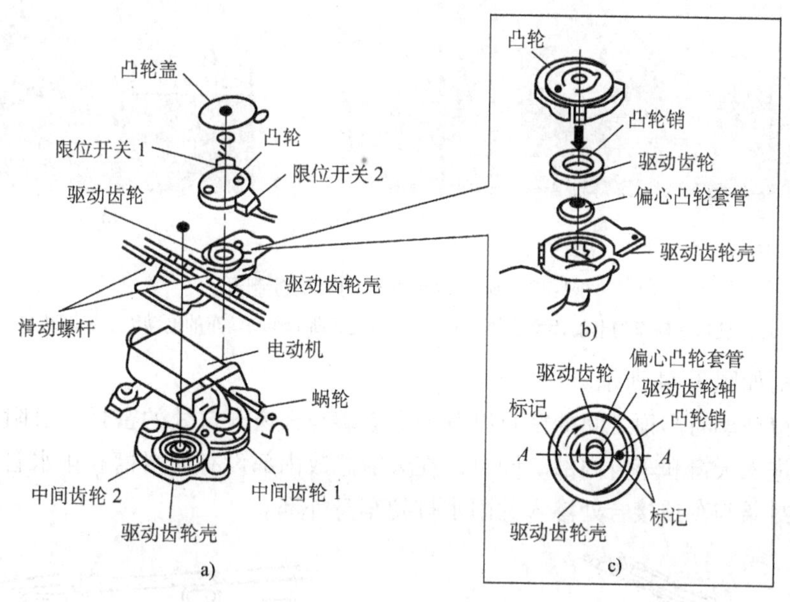

图 3-40　电动天窗的驱动机构

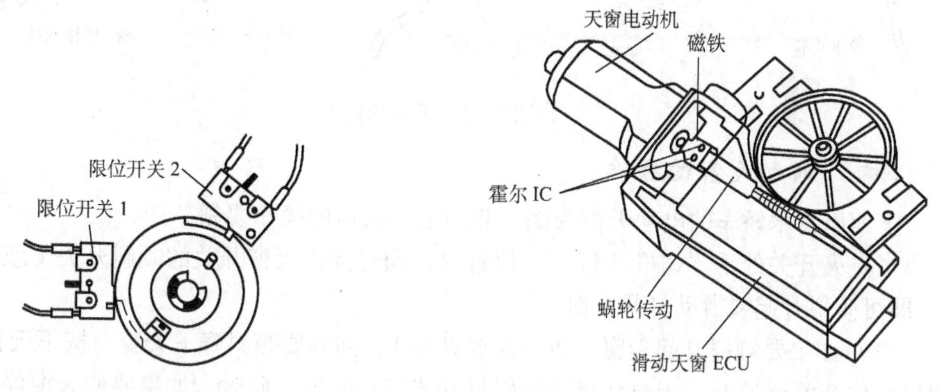

图 3-41　电动天窗限位开关

图 3-42　带霍尔集成电路的天窗电动机

（2）控制开关。控制开关包括滑动开关和倾斜开关，如图 3-43b 所示。滑动开关推向打开一侧时，天窗玻璃向后滑动打开；推向关闭一侧时，天窗玻璃向前滑动关闭。在滑动关闭过程中，即使滑动开关处于关闭一侧，但当天窗玻璃运行至全关闭位置前约 200mm 时，天窗玻璃的滑动也会立即停止（限位开关的作用）。当放松或再次推动滑动开关时，天窗玻璃便会完全关闭。

当倾斜开关推向斜升一侧时，天窗玻璃便会向上斜升；推向斜降一侧时，天窗玻璃则会斜降。天窗玻璃不会同时既倾斜又滑动。

5. 天窗的排水　在电动天窗接合面的周围设有排水槽，以便把从天窗间隙进入的雨水

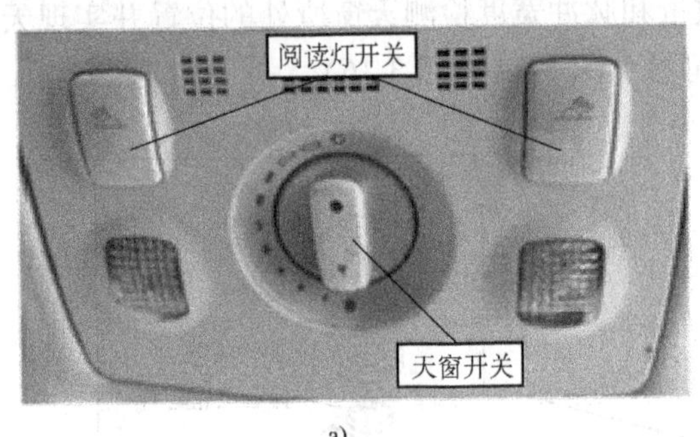

a)

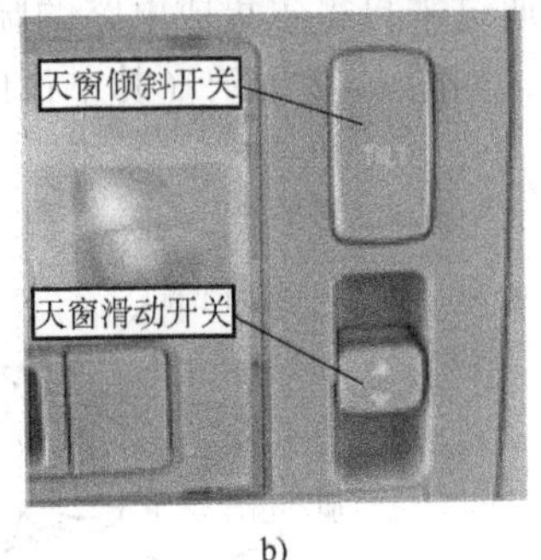

b)

图 3-43　典型轿车的电动天窗控制开关

a）奥迪 A4 轿车的电动天窗控制开关　b）雷克萨斯 LS400 轿车的电动天窗控制开关

排出，其结构如图 3-44 所示。

通过天窗玻璃与车顶之间的密封以及天窗玻璃与天窗开口处的密封，可阻止灰尘及大部分雨水等进入天窗和车身内部。同时，在天窗总成内部设有流水槽和排水管接头，将少量从玻璃密封条与车顶接合处渗入的雨水排到车身外部。

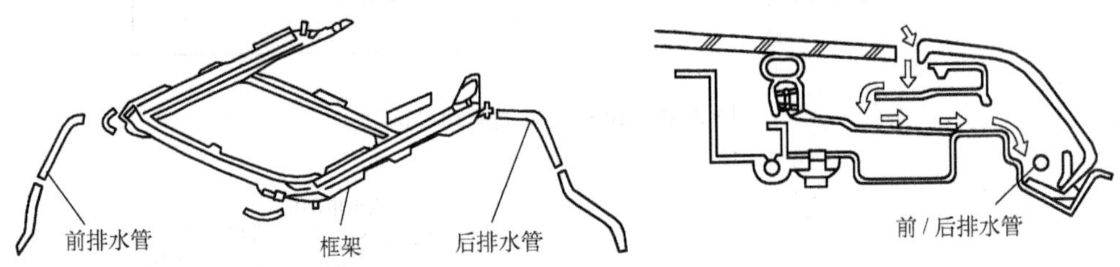

图 3-44　天窗的排水

（四）电动天窗的操作

下面以铃木轿车的电动天窗为例，介绍电动天窗的操作要领。

当点火开关处于“ON”（打开）位置时，通过操作天窗开关的倾斜开关 1 或滑动开关 2，即可倾斜升起或滑动打开天窗。

（1）如果要倾斜升起天窗，按下天窗开关 1；如果要倾斜降下天窗，按下天窗开关 2。如果按住开关超过 1s，天窗会自动倾斜打开或完全降下。此时，如果要使天窗停在某一位置，需短暂按下天窗开关，如图 3-45a 所示。

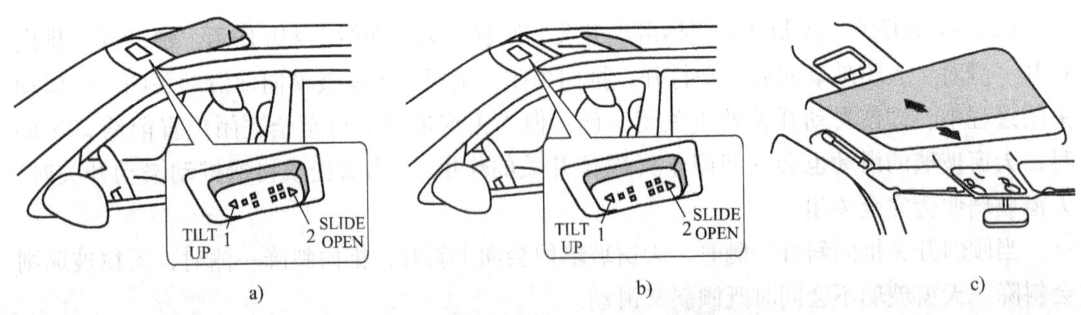

a)　b)　c)

图 3-45　电动天窗滑动打开与倾斜打开

（2）如果要向后滑动天窗，即按下天窗开关2；如果要向前滑动天窗，按下天窗开关1。当天窗向后滑动时，遮阳板会自动打开且不能关闭，如图3-45b所示。

因为当天窗向后滑动时，遮阳板会自动打开但不能自动关闭，因此想关闭遮阳板时，需手动拉动。

当断开蓄电池或者更换熔丝后，下述系统将不工作。

（1）防止天窗夹住物体的防夹安全系统。

（2）自动完全打开或完全关闭天窗的系统。

此时，必须对天窗系统进行重新初始化设置，其操作程序如下：

（1）将点火开关转至“ON”位置。

（2）按下并按住天窗开关的倾斜开关1，天窗会倾斜升起到完全打开的位置，然后再稍微下降一点。

当天窗运动完全停止后，松开开关，系统重新初始化设置成功。

（3）系统重新初始化设置后的检查：按住天窗开关超过1s，天窗能自动打开或关闭。

二、电动天窗控制电路分析

现以广州本田雅阁轿车电动天窗的控制电路为例，分析电动天窗的工作过程。

广州本田雅阁轿车电动天窗的玻璃具有遮挡视线（避免由外向内看）和前后倾斜的功能。在没有打开任何车门的情况下，将点火开关从“ON”（Ⅱ）位置旋转至关闭位置时，电动天窗仍可工作约10min。因此，一旦车辆发生意外，车内乘员能有更多的途径脱离危险。

广州本田雅阁轿车电动天窗的控制元件在车上的安装位置如图3-46所示，其控制电路如图3-47所示。

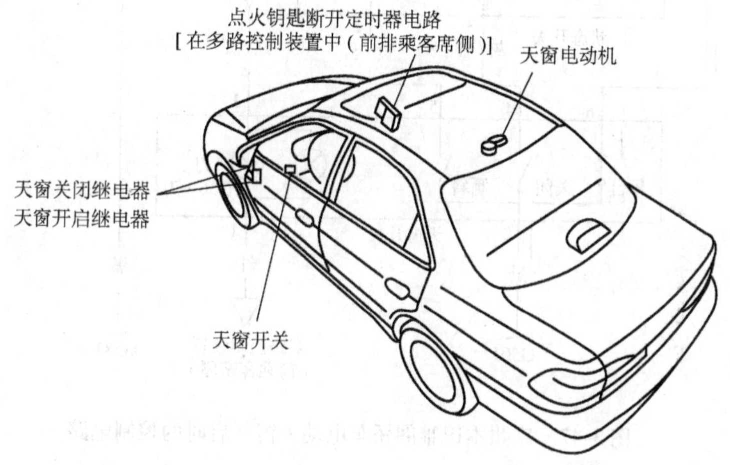

图3-46　广州本田雅阁轿车电动天窗的控制元件在车上的安装位置

广州本田雅阁轿车电动天窗的控制方式为开关配合继电器控制天窗电动机，通过改变天窗电动机的工作电流方向，实现天窗电动机的正反转，从而分别完成天窗的开启、关闭及倾斜功能。

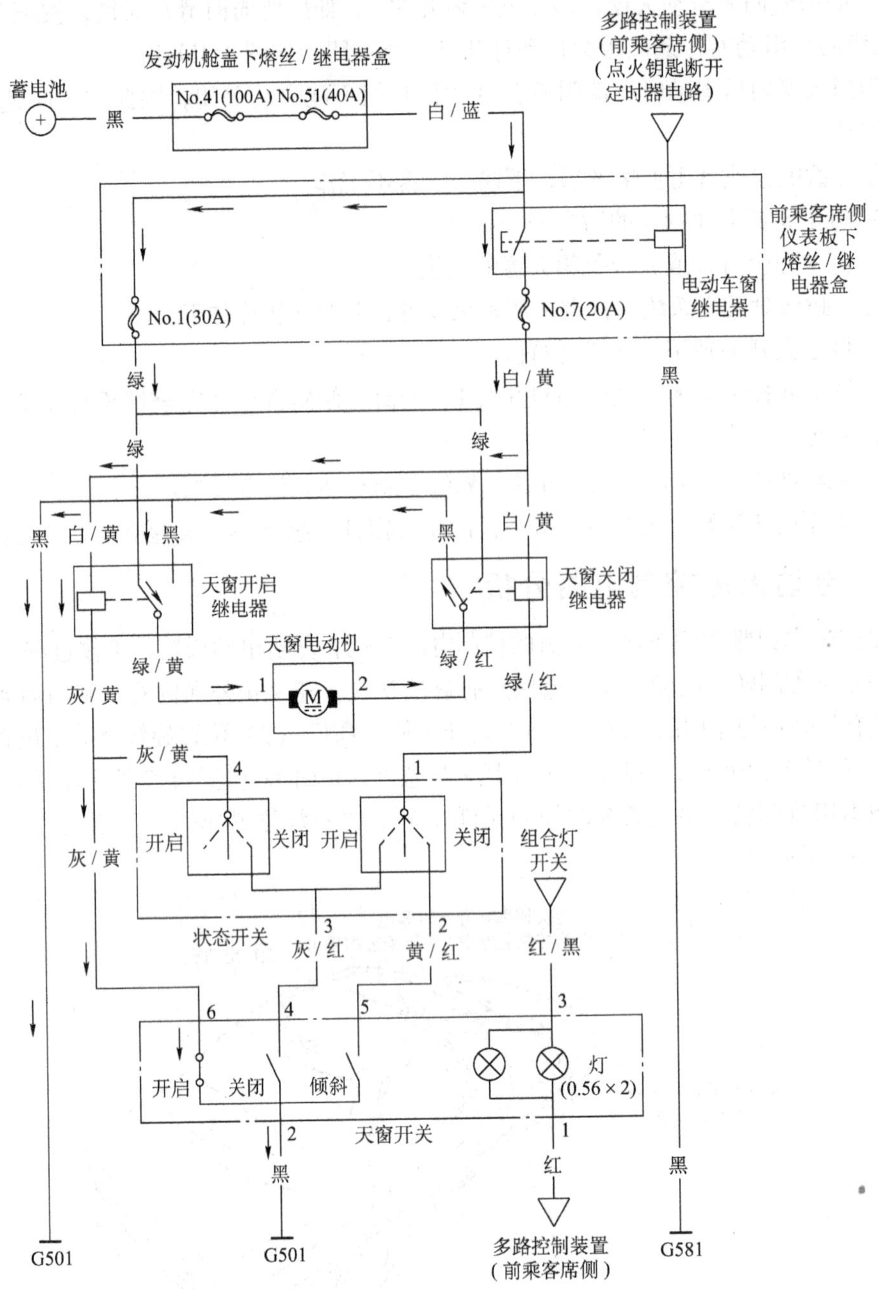

图3-47　广州本田雅阁轿车电动天窗开启时的控制电路

（一）关闭天窗的延时工作电路

控制电路：多路控制装置（点火开关关闭定时电路）→电动车窗继电器的电磁线圈→G581搭铁→蓄电池负极；

主电路：蓄电池正极→No. 41（100A）熔丝→No. 51（40A）熔丝→电动车窗继电器的触头→No. 7（20A）熔丝→天窗开/闭继电器的电磁线圈。

（二）天窗开启电路

将天窗开关拨至开启位置时，天窗开启继电器的控制电路如下：

蓄电池正极→No. 41 熔丝→No. 51 熔丝→电动车窗继电器的触头→No. 7 熔丝→天窗开启继电器的电磁线圈→天窗开关 6 号端子→天窗开关 2 号端子→G501 搭铁点→蓄电池负

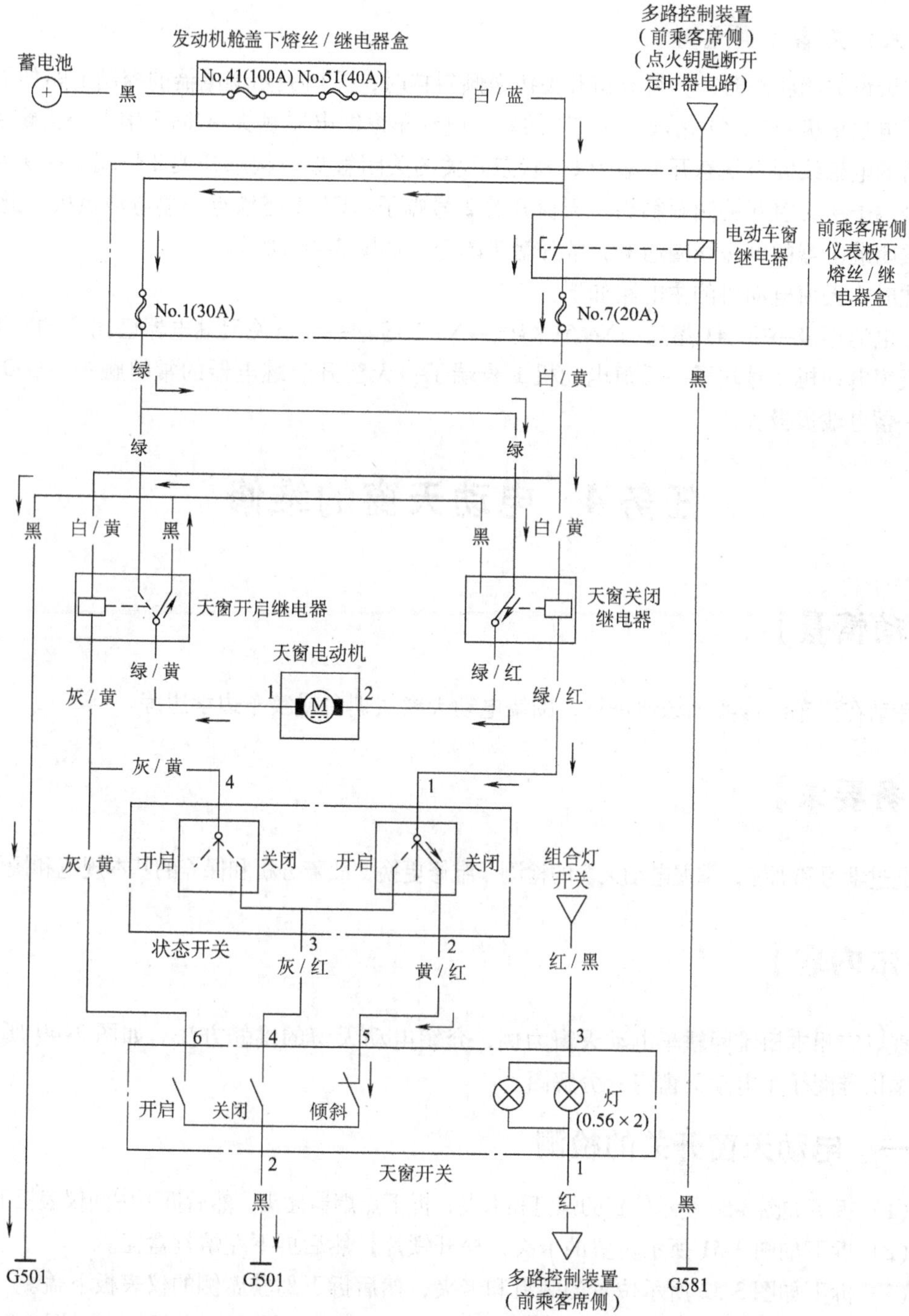

图 3-48　天窗倾斜时的控制电路

极。此时，天窗开启继电器的电磁线圈通电，常开触头闭合，如图 3-47 所示。

此时，天窗电动机的主电路如下：

蓄电池正极→No. 41 熔丝→No. 51 熔丝→No. 1 熔丝→天窗开启继电器的常开触头→天窗电动机 1 号端子→天窗电动机 2 号端子→天窗关闭继电器的常闭触头→G501 搭铁点→蓄电池负极。

（三）天窗倾斜电路

在天窗关闭状态时，如将天窗开关拨至倾斜挡时，天窗关闭继电器的控制电路如下：

蓄电池正极→No. 41 熔丝→No. 51 熔丝→电动车窗继电器触头→No. 7 熔丝→天窗关闭继电器的电磁线圈→状态开关端子 1→状态开关的关闭触头→状态开关 2 号端子→天窗开关 5 号端子→天窗开关倾斜触头→天窗开关 2 号端子→G501 搭铁点→蓄电池负极。此时，天窗关闭继电器的电磁线圈通电，常开触头闭合，如图 3-48 所示。

此时，天窗电动机的主电路如下：

蓄电池正极→No. 41 熔丝→No. 51 熔丝→No. 1 熔丝→天窗关闭继电器已闭合的常开触头→天窗电动机 2 号端子→天窗电动机 1 号端子→天窗开启继电器的常闭触头→G501 搭铁点→蓄电池负极。

任务 4　电动天窗的维修

【活动情景】

活动在汽车维修实训场地进行，围绕电动天窗实训台或实车边学边练。

【任务要求】

通过学习和训练，掌握电动天窗的检测、维修更换、故障分析和保养的基本规范和操作。

【基本内容】

现以广州本田雅阁轿车电动天窗为例，介绍电动天窗的维修方法。如图 3-49 所示是广州本田雅阁轿车电动天窗组件分解图。

一、电动天窗开关的检测

（1）拆下如图 3-50 所示位置的螺钉和卡夹，拆下点烟器插头，然后拆下中间仪表板下盖。

（2）拆下如图 3-51 所示位置的卡夹，松开锁片，然后拆下左熔丝盒盖。

（3）拆下如图 3-52 所示位置的螺钉和卡夹，然后拆下驾驶席侧的仪表板下盖。

（4）小心地从仪表板中撬出天窗开关，并从天窗开关上拆开其 6 芯插头（见图 3-53）。

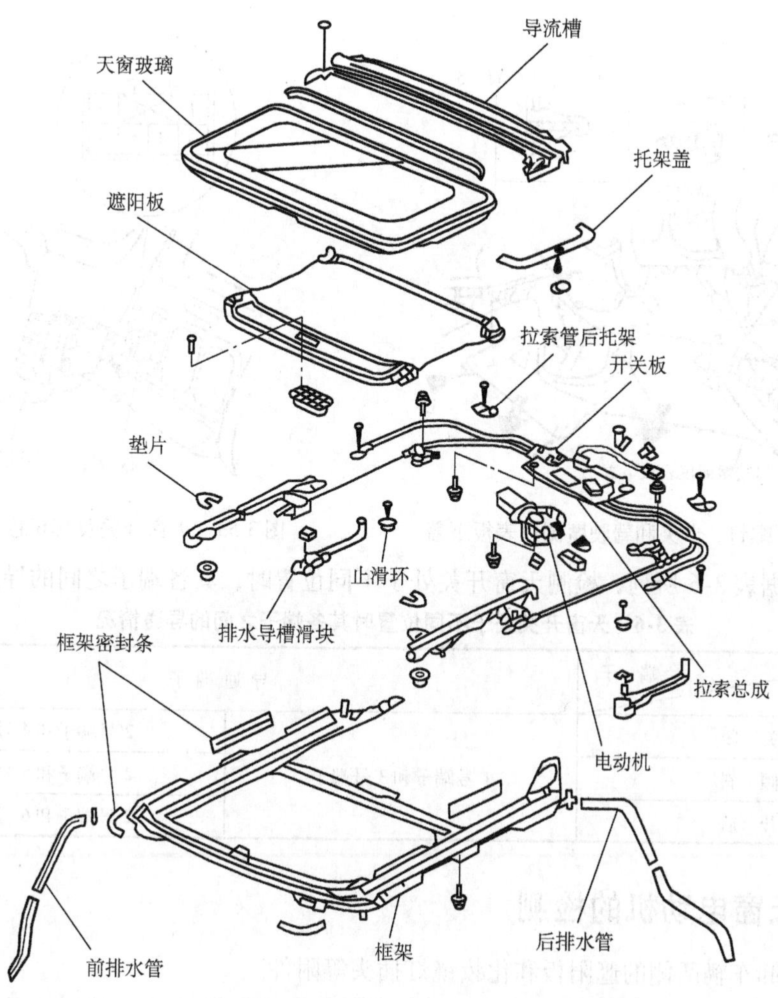

图 3-49 广州本田雅阁轿车电动天窗组件分解图

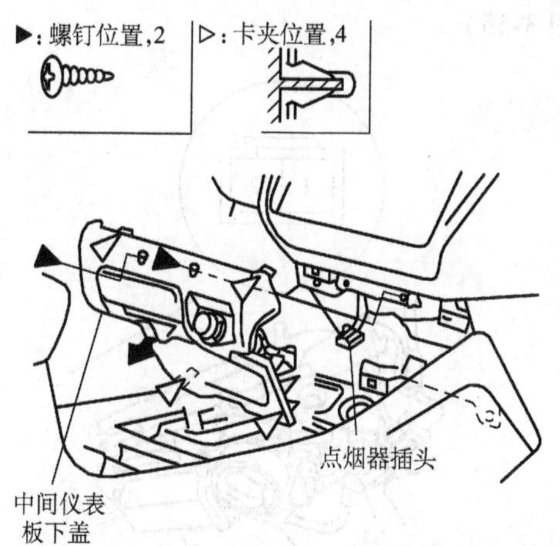

图 3-50 螺钉和卡夹的位置

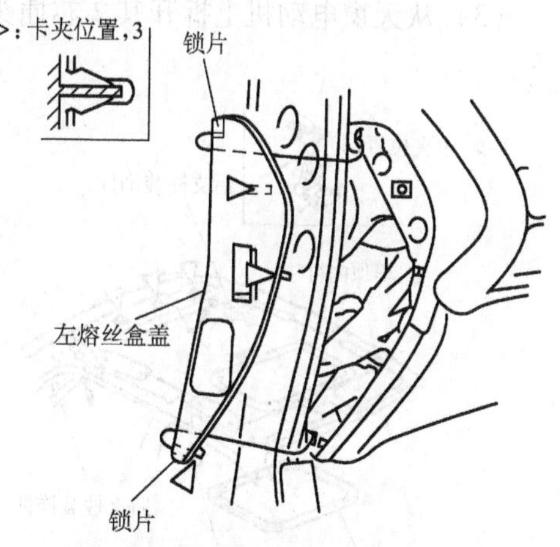

图 3-51 卡夹和锁片的位置

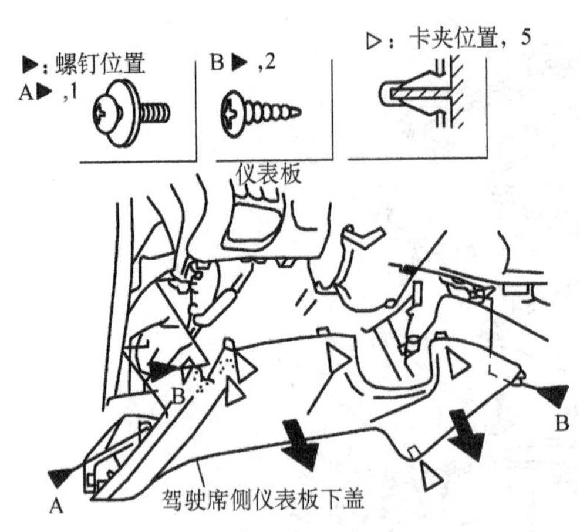

图 3-52　拆下螺钉、卡夹和驾驶席侧仪表板下盖

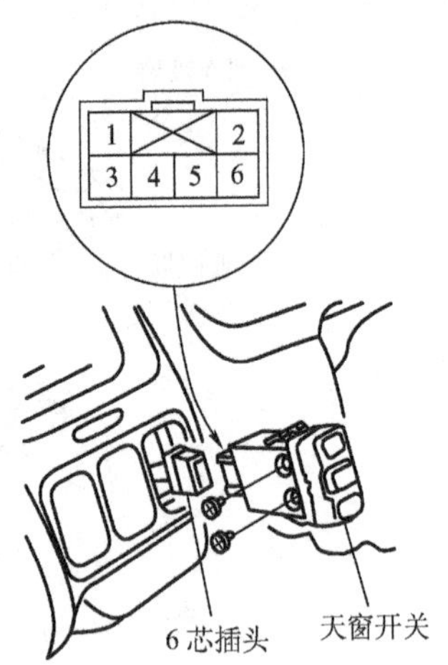

图 3-53　天窗开关及其 6 芯插头

（5）根据表 3-6 所列，检测天窗开关处于不同位置时，其各端子之间的导通情况。

表 3-6　天窗开关处于不同位置时其各端子之间的导通情况

<table>
<tr><th>端　子
开关位置</th><th colspan="2">导 通 端 子</th></tr>
<tr><td>关　闭</td><td rowspan="3">1 号端子和 3 号端子</td><td>2 号端子和 4 号端子</td></tr>
<tr><td>倾　斜</td><td>2 号端子和 5 号端子</td></tr>
<tr><td>开　启</td><td>2 号端子和 6 号端子</td></tr>
</table>

二、天窗电动机的检测

（1）拆卸车辆两侧的遮阳板和化妆镜灯插头等附件。

（2）如图 3-54 所示，拆下凹头塞和车顶装饰条，再拆下卡夹，然后从前乘客席侧车门处取下车顶内衬。

（3）从天窗电动机上拆开其 2 芯插头（见图 3-55）。

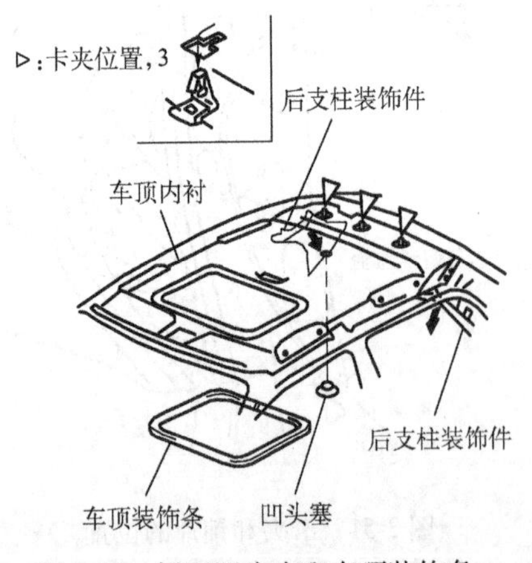

图 3-54　拆下凹头塞和车顶装饰条

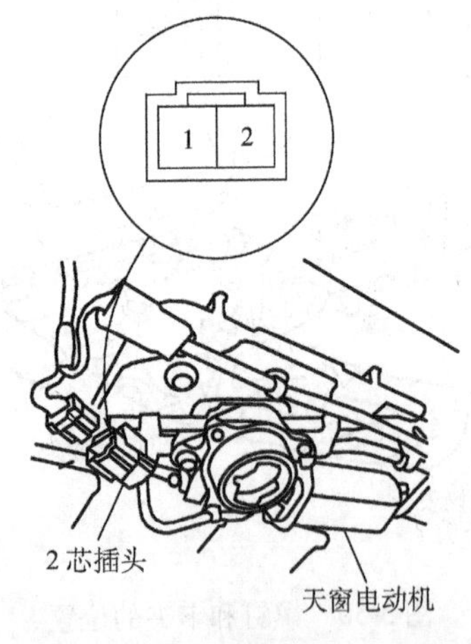

图 3-55　天窗电动机及其 2 芯插头

（4）根据表3-7所列，将2芯插头的两端子分别与蓄电池的正、负极相连接，以检测天窗电动机的工作情况。如果天窗电动机不运转，则说明其有故障，应予更换。

表3-7　天窗电动机工作情况的检测

开关位置＼端子	1	2
开　启	（+）	（-）
关　闭	（-）	（+）

三、天窗关闭力及开启力的检测

特别提醒：在检查天窗关闭力及开启力时，应事先拆下车顶内衬。

（一）天窗关闭力的检测

（1）如图3-56所示，将一块维修用布放在打开的天窗玻璃前边缘，在维修用布上挂上一只弹簧秤。

（2）让助手按下天窗开关使天窗关闭，当天窗玻璃受弹簧秤拉动而停止移动（天窗关闭力等于弹簧秤弹力）时，读出弹簧秤的读数，然后迅速松开天窗开关和弹簧秤。天窗的关闭力应为200～290N。如果天窗关闭力不在规定的范围内，则需拆下天窗电动机，并检查以下内容：

1）天窗电动机齿轮和内部拉索是否破裂或损坏。

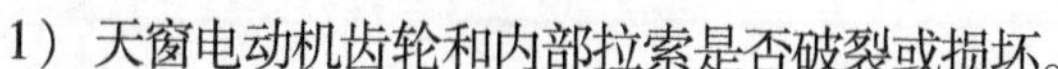

2）天窗电动机工作是否正常，运转是否平顺。

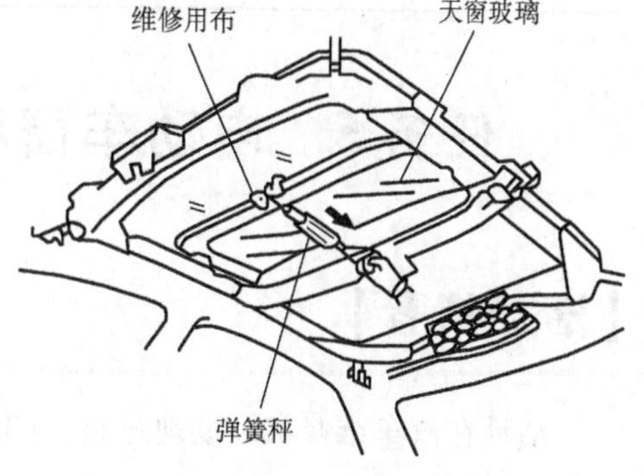

图3-56　天窗关闭力和开启力的检测

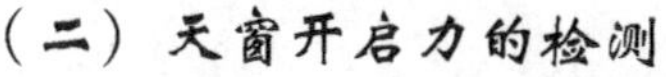

（二）天窗开启力的检测

（1）使用天窗开关前，先将天窗玻璃打开少许，然后按图3-56所示在天窗玻璃前边缘垫放维修用布，并固定好弹簧秤。

（2）用手拉动弹簧秤，观察天窗玻璃被弹簧秤拉开所需的开启力。天窗的开启力应≤40N。如果所测的开启力超过40N，则应检查以下内容：

1）天窗玻璃导块与滑块之间是否有异物阻滞。

2）天窗玻璃导块与其框架之间是否间隙过小。

四、电动天窗的故障分析

电动天窗的常见故障及其故障分析见表3-8。

表3-8　电动天窗的常见故障及其故障分析

故障现象	故障分析
天窗漏水	1. 检查天窗排水管是否堵塞 2. 检查排水管密封条与车体顶板之间是否有间隙 3. 检查天窗玻璃密封条与车体顶板之间是否有间隙 4. 检查天窗玻璃密封条是否安装不当

（续）

故障现象	故障分析
天窗电动机噪声	1. 检查天窗电动机的安装是否松动 2. 检查天窗拉索总成是否变形 3. 检查天窗齿轮与轴承是否磨损
天窗电动机能运转，但天窗玻璃不能移动	1. 检查天窗的导块与滑块之间是否有异物阻滞 2. 检查天窗内部拉索的安装是否正确，有无松动现象 3. 检查天窗齿轮的安装是否正确
天窗电动机不能运转，天窗玻璃不能移动，但使用天窗扳手能使天窗玻璃移动	1. 检查前乘客席侧仪表板下的熔丝/继电器盒中的1号（30A）熔丝是否熔断 2. 检查天窗开关是否有故障 3. 检查天窗开启/关闭和倾斜/关闭开关是否正常 4. 检查蓄电池电压是否正常 5. 检查天窗电动机是否有故障 6. 检查天窗开启继电器是否有故障

任务5　电动车窗和电动天窗的初始化设定

【活动情景】

活动在汽车维修实训场地进行，围绕电动车窗实训台或实车边学边练。

【任务要求】

通过学习和训练，掌握电动车窗初始化设定的操作。

【基本内容】

一、电动车窗的初始化设定

（一）丰田车系电动车窗的初始化设定

丰田车系电动车窗在下列任意情况时，都必须重新进行电动车窗初始化设定：

（1）更换或拆装主开关、分开关、车门ECU、线束、电动车窗升降调节器电动机。

（2）更换与电动车窗控制相关的熔丝或继电器。

上述情况会导致主开关的“AUTO（自动）”功能、防夹功能和遥控操作功能不起作用。这时，电动车窗主开关上的“AUTO（自动）”开关指示灯会闪烁警示。

丰田车系电动车窗初始化的方法，如图3-57所示。

(1) 打开点火开关，将电动车窗打开到半程，完全推上开关至"AUTO UP（自动上升）"位置，直到电动车窗完全关闭，如图3-57b所示。

(2) 电动车窗完全关闭之后，将电动车窗开关保持在"AUTO UP（自动上升）"位置至少2s，如图3-57c所示。

(3) 若自动功能仍不正常，则断开蓄电池10s后再装上，重复上述步骤。

初始化操作时应注意以下事项：

如果电动车窗开关被持续长时间操作，电动车窗升降调节器电动机将会停止，以使额定的负荷不会加到电动机上。在限制"AUTO UP/DOWN"的功能和遥控"UP/DOWN"功能的同时，即使在电动机停止之后继续操作开关，也会引起开关的"AUTO"灯闪烁，如果出现了这种情况，等待几分钟之后再重新初始化。

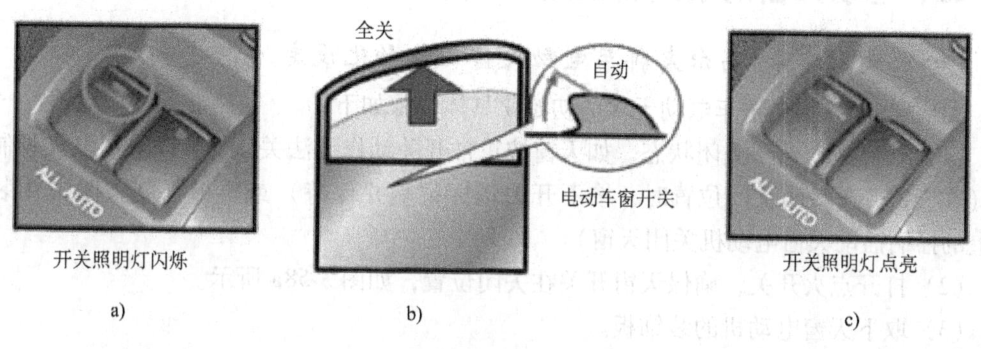

图3-57 丰田车系电动车窗初始化设定的方法

a）操作电动车窗开关 b）在车窗半关时转到自动升起位置使车窗全关 c）停留在自动升起位置2s或2s以上

（二）帕萨特轿车电动车窗的初始化设定

帕萨特轿车电动车窗在拆开和重新接上蓄电池接头后，驾驶员车窗和前乘员车窗仍具备自动下降功能，但自动上升功能及所有车窗的防夹功能将不再起作用。此时应对车窗进行初始化设定，具体步骤如下：

(1) 从外侧经驾驶员车门或副驾驶员车门把汽车锁上，将所有车门和车窗完全关闭。

(2) 把车钥匙保持在锁上位置至少1s。

初始化设定后，车窗恢复自动上升功能和防夹功能。

注：如果电动车窗升降器有故障，会通过车门上开关指示灯的闪烁指示出来。

（三）一汽马自达6轿车电动车窗的初始化设定

(1) 一汽马自达6轿车的电动车窗在下列情况下不能正常工作：

1）在维修保养时导致蓄电池亏电或断电。

2）拆装过车身电脑或电动车窗升降器熔丝。

3）曾拆过电动车窗升降器主开关插头或车窗电动机插头。

(2) 以上几个方面会造成电动车窗不能正常工作，具体表现在：

1）各电动车窗升降器将失去自动升降功能。

2）电动车窗升降器主开关不能控制各个分开关，但各分开关手动控制玻璃升降正常，只是自动控制功能失效。

3）车窗自动升降防夹功能也将失效。

（3）此时应对车窗进行初始化设定，具体步骤如下：

1）先确定电动车窗升降器系统机电元件都完好。

2）把点火开关打开或起动汽车。

3）按下驾驶员侧电动车窗主开关上的其他各车窗开关电源锁（各开关都可以自主控制）。

4）逐个按下电动车窗升降器各开关，用手动功能使车窗完全关闭，并在关闭位置持续按住开关5s，即完成初始化设定。

二、电动天窗的初始化设定

（一）大众宝来/高尔夫轿车电动天窗的初始化设定

大众宝来/高尔夫轿车电动天窗的初始化具体步骤如下：

（1）确保天窗处于关闭状态。如天窗按正常开关动作无法关闭，可以采用电气强制关闭（在天窗开关处于关闭位置时，按下开关带标记端并保持）或机械强制关闭（用装饰盖上的摇柄摇动天窗电动机关闭天窗）。

（2）打开点火开关，确保天窗开关在关闭位置，如图3-58a所示。

（3）取下天窗电动机的装饰板。

（4）拔下天窗电动机的插头，等待10s后重新插好。

（5）将天窗开关快速向开启方向转动90°后快速返回原位，如图3-58b、c所示。

注意：从开启到返回原位必须在0.5s内完成。

（6）此时你可以听见电动机有“咯嗒”的声音，并且可以看到电动机轴稍微转动了一下，立即按下天窗开关带标记端并保持，直到天窗完成开启、关闭、上翘、回位一整套循环后，才能松开天窗开关，这样天窗就完成了重新记忆。

注意：天窗在初始化过程中无防夹功能，勿将手伸入开启的天窗中。

（7）如上述步骤中电动天窗的一整套循环未能执行，重复第（3）、（4）、（5）步。

（8）按正常使用工况检查电动天窗的功能。

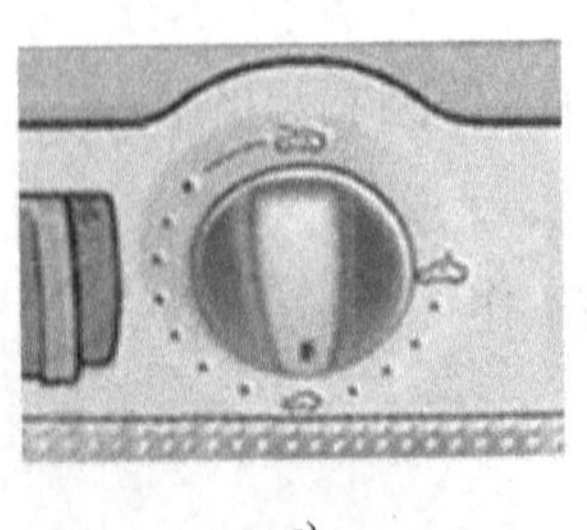

a)

b)

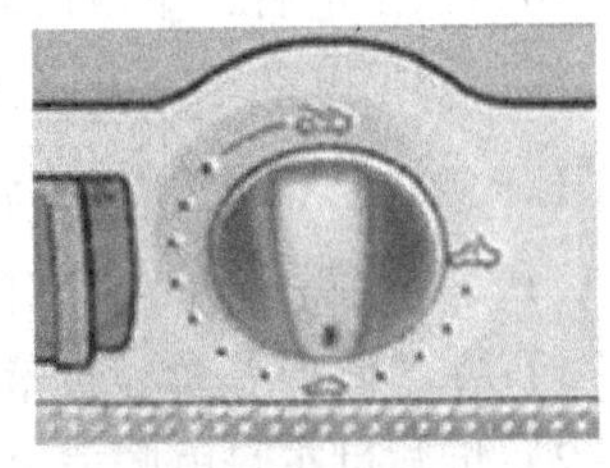

c)

图3-58 电动天窗的初始化设定

a）天窗开关在关闭位置 b）开关向开启方向转动90° c）开关快速返回关闭位置

（二）长安福特轿车电动天窗的初始化设定

（1）长安福特轿车电动天窗在如下情况时，防夹功能失效。

1）断开蓄电池后。

2）更换了新的天窗后。

（2）此时需要对电动天窗进行初始化设定，具体步骤如下：

1）按下天窗的关闭开关，将天窗完全关闭。

2）松开，再继续按下天窗关闭开关，直至天窗玻璃后端达到最大翘起位置。

3）短暂松开关闭开关，然后再迅速按下（2s 内）该开关并保持不动，直至天窗电动机发出“咯咯”两声提示，然后迅速松开开关，再在 2s 内按下关闭开关，此时天窗玻璃会自动运行到完全开启位置，然后再至完全关闭位置，松开关闭开关，初始化设定结束。

【项目小结】

通过本项目的学习，了解汽车电动车窗与电动天窗的类型、结构组成及工作原理；识读电动车窗与电动天窗的控制电路；通过实践活动，学会对电动车窗与电动天窗各部件的检修方法和步骤以及对常见故障的诊断排除；学会对品牌车型的电动车窗进行初始化设定。

【思考与练习】

一、填空题

1. 电动车窗按功能不同可分为________电动车窗和________电动车窗两种。

2. 电动车窗装置主要由________、________、________、________等组成。

3. 玻璃升降机构分为________式、________式和________式三种。

4. 交臂式电动玻璃升降器有 X 形双臂式和单臂式之分，其中________式电动玻璃升降器应用最广泛，________式电动玻璃升降器主要用于后车门中，这是由于轿车后车门受车轮拱形位置限制的缘故。

5. 绳轮式门窗玻璃升降器分为________式和________式两种。

6. 玻璃升降器电动机均采用________转动的电动机。

7. 电动车窗用电动机的类型按结构不同分为________式和________式两种；按电动机是否直接搭铁分为电动机________搭铁（外搭铁）和电动机________（内搭铁）两种。

8. 电动车窗用电动机都是通过改变________来实现正反转以实现车窗的上升或下降的。

9. 电动车窗 ECU 具有自学习功能，它能够根据不同车窗玻璃运行的实际情况，对升降器的性能参数作相应________。

10. 装有延迟开关的电动车窗，在点火开关断开后约________ min 内，或在打开车门以前，仍有电源提供，使驾驶员和乘员能有时间________车窗。

11. 典型的电动车窗防夹检测机构，由电动车窗电动机总成中蜗杆上的________和连接器部分上的两个________组成。

12. 天窗在全自动关闭过程中，遇到障碍物后会自动________，直到障碍物消失为止。

13. 当关闭________大约 4s 后，天窗会自动关闭。

14. 当维修、更换天窗电动机后，天窗都必须重新做一次编程（即________设置），否则天窗的全自动操作、自动关闭和________功能等将暂时无法实现，而只能用________操作的方式来控制天窗。

15. 电动天窗主要由________组件、________机构、________机构、________及控制开关和________机构等组成。

16. 电动天窗的钢索机构工作时，驱动电动机通过驱动齿轮驱动滑动螺杆式钢索并拉动滑板移动，使得天窗________开启或________开启。

17. 当天窗向后滑动时，________会自动打开但不能自动关闭，因此关闭________时，需手动拉动。

二、简答题

1. 简述电动车窗电动机内的电路断路器的作用。

2. 简述电动车窗升降器到达止点后是如何实现换向的。

3. 简述防夹电动玻璃升降器是如何实现防夹功能的。

4. 简述交臂式、绳轮式和软轴式三种车窗玻璃升降器的结构特点及其应用。

5. 简述电动天窗的功能和特点。

6. 广州本田雅阁轿车电动天窗具有哪些功能?

7. 举例说明几款品牌车型电动车窗的初始化设定方法。

项目四 倒车雷达与 GPS 导航系统的维修

【项目描述】

本项目介绍汽车倒车雷达与 GPS 导航系统的结构组成、工作原理及维修方法。

【学习目标】

（1）能表述倒车雷达系统的结构组成和工作原理。
（2）能表述汽车导航系统的结构组成和工作原理。

【能力目标】

（1）会检测和判断汽车倒车雷达系统各元件的性能。
（2）会制订倒车雷达安装方案，掌握倒车雷达的安装工艺过程。
（3）掌握常见车型倒车雷达的故障检测方法。
（4）会操作和使用汽车 GPS 导航设备。

任务 1　了解倒车雷达系统

【活动情景】

活动在普通教室或多媒体教室进行，用倒车雷达的挂图或示教板进行讲解。

【任务要求】

通过学习，了解汽车倒车雷达的结构组成及工作原理。

【基本内容】

一、倒车雷达系统的分类与组成

目前流行的倒车雷达系统主要有两种类型，一种是普通倒车雷达系统，其特点是通过装在车尾保险杠上的发射探头发射超声波，超声波遇到障碍物立即反射回接收探头，由此来确定障碍物离车尾的距离，并通过声音或者数字显示进行报警；另一种是可视倒车雷达系统，其特点是通过在车尾（一般是在挂牌照位置的上方）装一个车载摄像头，当汽车挂上倒挡时，可视倒车雷达自动起动，把尾部车载摄像头拍下的图像通过视频连接线显示在仪表盘的液晶车载显示屏幕上。

普通倒车雷达系统由超声波传感器（俗称探头）、控制器（主机）和显示器（或蜂鸣器）等部分组成，如图 4-1 所示。

（1）探头：由超声波传感器、硅胶减振器、塑料外壳三部分组成，安装在车后的保险杠上，可发射超声波和接收反射后的超声波。

（2）主机：由接收控制电路、放大电路、滤波电路、声光报警电路等组成，通常安装在行李箱内，靠近倒车灯附近（有的将蜂鸣器与主机装在一起）。

（3）显示器（或蜂鸣器）：数码距离显示、障碍物方位显示（或声音报警、语言提示）的输出电路，一般安装在驾驶室内驾驶员易于观察的部位。

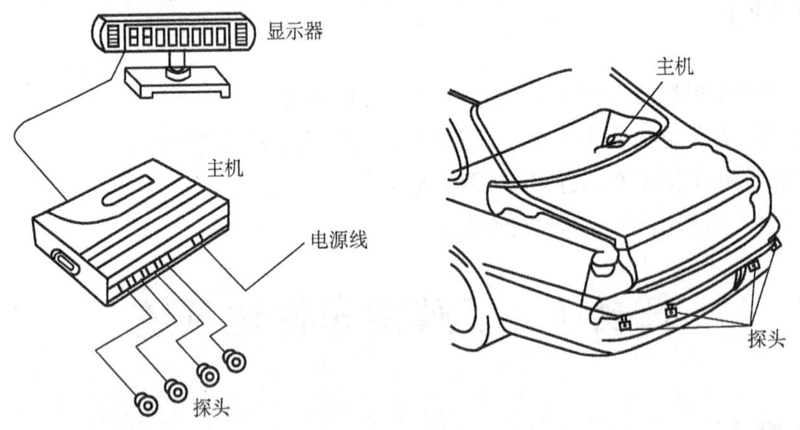

图 4-1　普通倒车雷达系统的组成

普通倒车雷达又分为如下的种类：

（1）按探头数目分为 2 探头、3 探头和 4 探头等，探头的数量决定了倒车雷达的探测覆盖能力，能减少探测盲区。

（2）按提示方式可分为波段显示、数码显示和声音提示三种。

1）波段显示通常用三种颜色来区分车辆离障碍物的距离，其中绿色代表安全距离，黄色代表警告距离，红色代表危险距离。当显示红色时，必须立即停止倒车。

2）数码显示直接显示车辆与障碍物的距离数据。

3）声音提示是当倒车时，如果车后在规定距离内有障碍物，蜂鸣器就会发声，蜂鸣声越急，表示车辆离障碍物越近，但驾驶者不能确定障碍物离车辆有多远。

（3）按探头与主机的传输方式不同分为无线传输和有线传输两种类型。有线传输具有信号传输可靠、准确的优点，但安装时要拆卸车辆内饰件等部件；无线传输的信号传输易受其他电子信号的干扰，会影响系统工作的准确性甚至使系统失效。

二、倒车雷达系统的工作原理

下面仅介绍普通倒车雷达系统的工作原理。

驾驶者倒车时，只要将汽车的变速器挡位推到 R 挡，倒车雷达系统即进入工作状态。这时，安装在车辆后保险杠上的超声波传感器就会向汽车后面发射超声波，当发射的超声波遇到障碍物时，会有反射波产生，这些反射波被超声波传感器接收后，雷达控制器就会利用发射波与反射波计算出障碍物与超声波传感器之间的距离，再由显示器显示距离并发出警示信号，如图 4-2 所示，从而使驾驶者倒车时做到心中有“数”，不至于撞上障碍物。在整个过程中，驾驶者无需回头便可知车后的情况，从而使倒车和停车更容易、更安全。

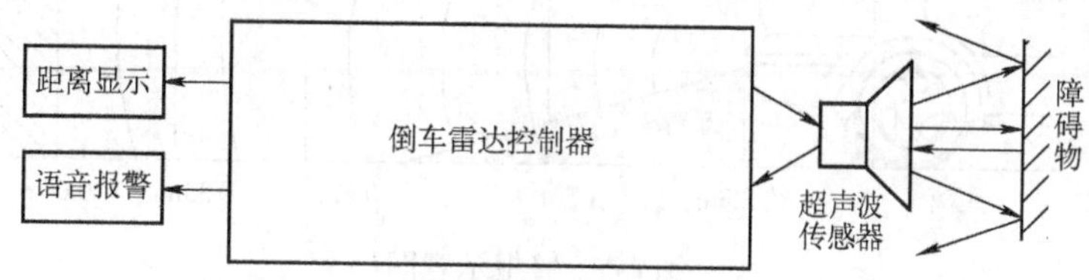

图 4-2　倒车雷达工作原理框图

（一）超声波传感器

汽车用的倒车雷达传感器为压电晶体超声波传感器。超声波传感器实际上是利用压电晶体的振荡来工作的。压电晶体超声波传感器的内部结构如图 4-3 所示，它有两个压电晶片和一个共振盘，当它的两电极外加脉冲信号频率等于压电晶片的固有振荡频率时，压电晶片就会产生共振，并带动共振盘振动，而产生超声波。反之，如果两电极没有外加电压，当共振盘收到超声波时，就会压迫压电晶体片振动，将机械能转换为电信号，这时它就成为超声波接收器了。因此，超声波传感器既可作发射器，也能作接收器。

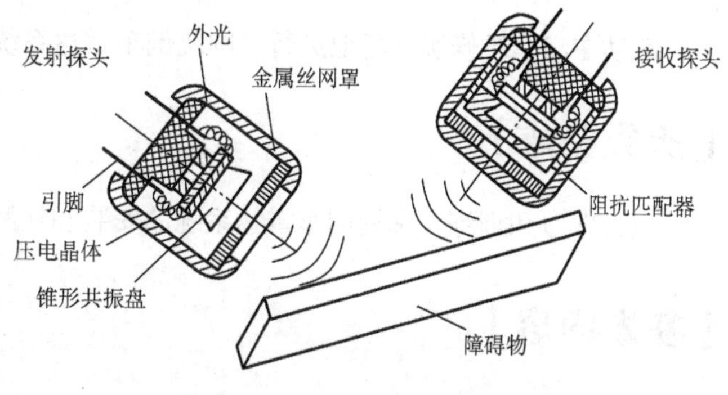

图 4-3　压电晶体超声波传感器

（二）测定距离

我们知道，超声波在空气中的传播速度为340m/s，因此只要能够测定由超声波传感器发射的超声波碰到障碍物时反射而返回的时间，就可以测定出到障碍物的距离。

超声波测距的原理就是利用超声波发射器向某一方向发射超声波，在发射时刻的同时开始计时，超声波在空气中传播，途中碰到障碍物就立即返回，超声波接收器收到反射波就立即停止计时。雷达控制器根据计时器记录的时间 t，就可以计算出发射点距障碍物的距离 L，即 $L=340t/2$，如图4-4所示。

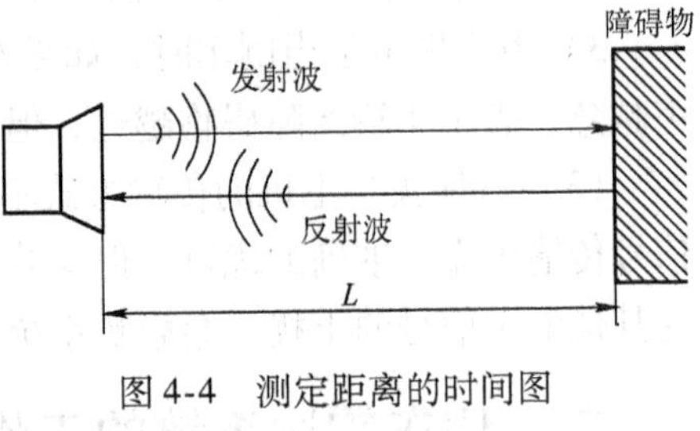

图4-4　测定距离的时间图

（三）警报提示

当在倒车雷达系统作用范围内检测到有障碍物时，警报器会向驾驶员发出清晰的警报声，随着离障碍物的距离越来越近，警报声的频率逐渐增加，直到离障碍物的距离为30～40cm时，警报声将长鸣不止，如图4-5所示。

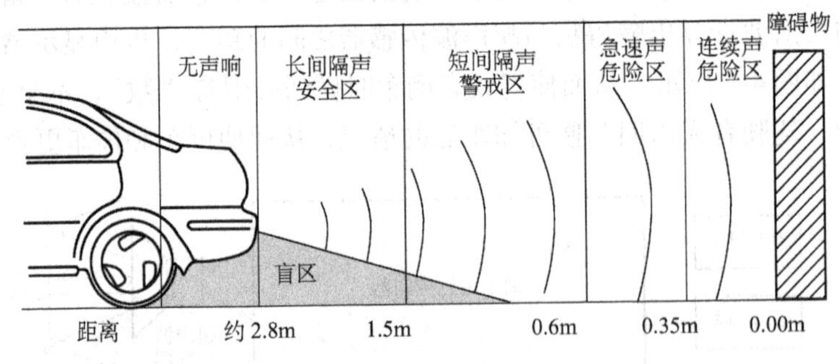

图4-5　警报示意图

任务2　倒车雷达系统的安装

【活动情景】

活动在汽车维修实训场地进行，围绕倒车雷达系统实训台或实车边学边练。

【任务要求】

通过学习和训练，掌握倒车雷达系统的安装和检测调试的基本规范和操作方法。

【基本内容】

倒车雷达的探头安装在汽车的后保险杠上面，现在市面上的倒车雷达主要有2探头、

3 探头和 4 探头等几种，探头的数量决定了倒车雷达的探测覆盖能力。

倒车雷达系统的安装关键是探头的安装，其安装方式主要有以下两种：

（1）外置粘贴式：将探头直接贴在保险杠上，不用打孔，主要是针对 2 探头的产品。这种安装方式看起来不太美观，所以已基本不用。

（2）内嵌式：将探头通过开孔的方式安装到保险杠上，一般原车装配多采用此方式。如果是加装，选配时要注意探头的质地和颜色尽可能与原车相统一，这样才不会影响整体效果。需要注意的是，不同的探头具有不同的尺寸和探测角度，而打孔的尺寸（每种产品中都有其专用的金属打孔器）和安装位置的高低、角度以及探头分布的距离等会直接影响到探测的准确度。

一、安装前的准备

安装倒车雷达前需准备好以下设备、工具及材料：手电钻、开孔钻头（或探头专用开孔钻头）、尖嘴钳、剥线钳、斜口钳、直流试电笔、螺钉旋具、扳手、万用表、电烙铁、钢卷尺、绝缘胶带、各种规格的扎带等，如图 4-6 所示。

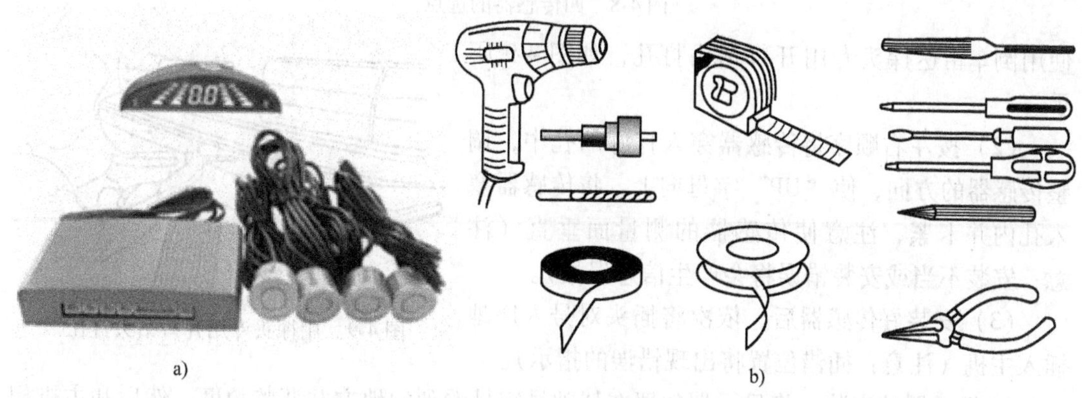

图 4-6 倒车雷达及安装倒车雷达的常用工量具

a）倒车雷达 b）常用工量具

二、安装工艺过程

1. 制订方案 确认车型，制订倒车雷达的安装方案；确定倒车雷达控制主机、探头、蜂鸣器、显示器的安装部位；确定零部件之间的布线路径和串线孔的位置。

2. 主机的安装 将倒车雷达的控制主机安装于行李箱内安全、隔热、防潮的适当位置，用粘扣双面胶或扎带可靠固定。

3. 探头的安装

（1）选点。

1）车后双传感器的选点方式，如图 4-7 所示。

2）车后四传感器的选点方式，如图 4-8 所示。

按照图 4-7 和图 4-8 所示的最佳高度和宽度选择垂直、平整、非金属及无遮挡的位置，

图 4-7　双传感器的选点

图 4-8　四传感器的选点

使用倒车雷达探头专用开口钻头打孔，如图 4-9 所示。

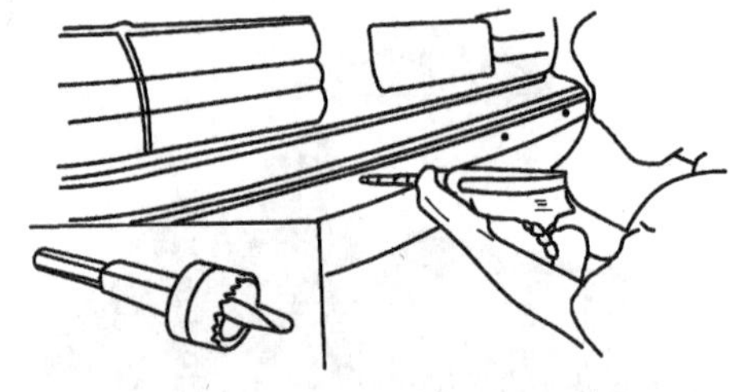

图 4-9　用探头专用开口钻头打孔

（2）按左右顺序将传感器穿入打好的孔中，调整传感器的方向，使“UP”字母向上，将传感器塞入孔内并卡紧，注意使传感器的测量面垂直（注意：安装不当或安装错误将会产生信息误报）。

（3）安装好传感器后，依次将插头对号入座地插入主机（注意：插错位置将出现错误的指示）。

4. 显示器的安装　将显示器放置在驾驶员容易看到的地方并调整角度，然后和主机相连接。

5. 供电线路　打开点火开关，发动机正常运转，踩下离合器挂倒挡，在倒车灯亮时，用直流电笔找出倒车灯电源的正极线并与倒车雷达主机的电源线（多为红色线）连接；倒车雷达主机的搭铁线（多为黑色线）牢固可靠地与搭铁连接。

6. 检查　打开点火开关，发动机正常运转并挂倒挡，观察倒车雷达各项功能是否正常，显示器的显示是否准确。

7. 线路整理　倒车雷达调整试用合格后，各处的导线接头必须烫锡，并严密绝缘包扎，前后左右贯通的导线必须沿原车线束的走向布线，并与原车线束可靠牢固地捆扎。

三、检测调试

安装完毕后，即可对倒车雷达系统进行调试：

（1）探头的上下探测范围如图 4-10 所示。

（2）探头的水平探测范围如图 4-11 所示。

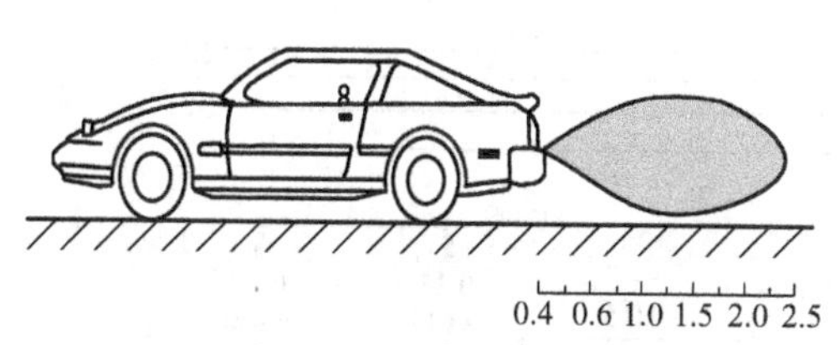

图 4-10 探头的上下探测范围（m）

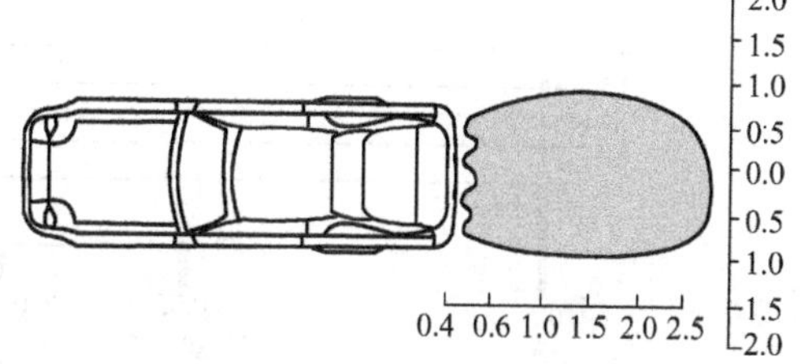

图 4-11 探头的水平探测范围（m）

（3）起动汽车发动机，倒车雷达显示器电源指示灯点亮。

（4）挂倒车挡，通常有一声短促的声响，表明倒车雷达进入正常的检测状态。

（5）将车正对一平面墙或障碍物体，慢慢倒车，可听到变频提示声音（或看到显示器上的数字在变化跳动）。

（6）调试时要注意，路面不平、沙地、斜坡；天气过热、过冷、过湿；在大雨或有水流进了探头或者探头有积雪、积泥、结冰等情况，都可能会影响探测结果。

（7）光滑的斜坡、光滑的圆球状、吸音棉物体会影响探测结果。

（8）汽车尾部若装有保险杠可能会影响传感器的正常工作。

任务3 倒车雷达系统的维修

【活动情景】

活动在汽车维修实训场地进行，围绕倒车雷达系统实训台或实车边学边练。

【任务要求】

通过学习和训练，掌握倒车雷达系统的拆卸、更换和检测的基本规范和操作方法。

【基本内容】

现以奥迪 A6 轿车的倒车雷达系统为例，介绍倒车雷达系统的维修方法。

奥迪 A6 轿车的倒车雷达系统接通点火开关后，倒车雷达系统开始进行约 1s 的自检。如果在自检过程中倒车雷达控制单元没有发现故障，则系统会发出一种短的信号音。如果在自检过程中倒车雷达控制单元识别出故障，则系统会发出一个 5s 的连续音。挂上倒挡后，当车辆距离障碍物约 1.6m 时，蜂鸣器发出 75ms 的音频脉冲开始报警。此后，车与障碍物间的距离越短，音频脉冲间隔越小（即声音越急）。当距离在 25cm 以下时，蜂鸣器发出连续音。

奥迪 A6 轿车倒车雷达系统的控制电路如图 4-12 和图 4-13 所示。

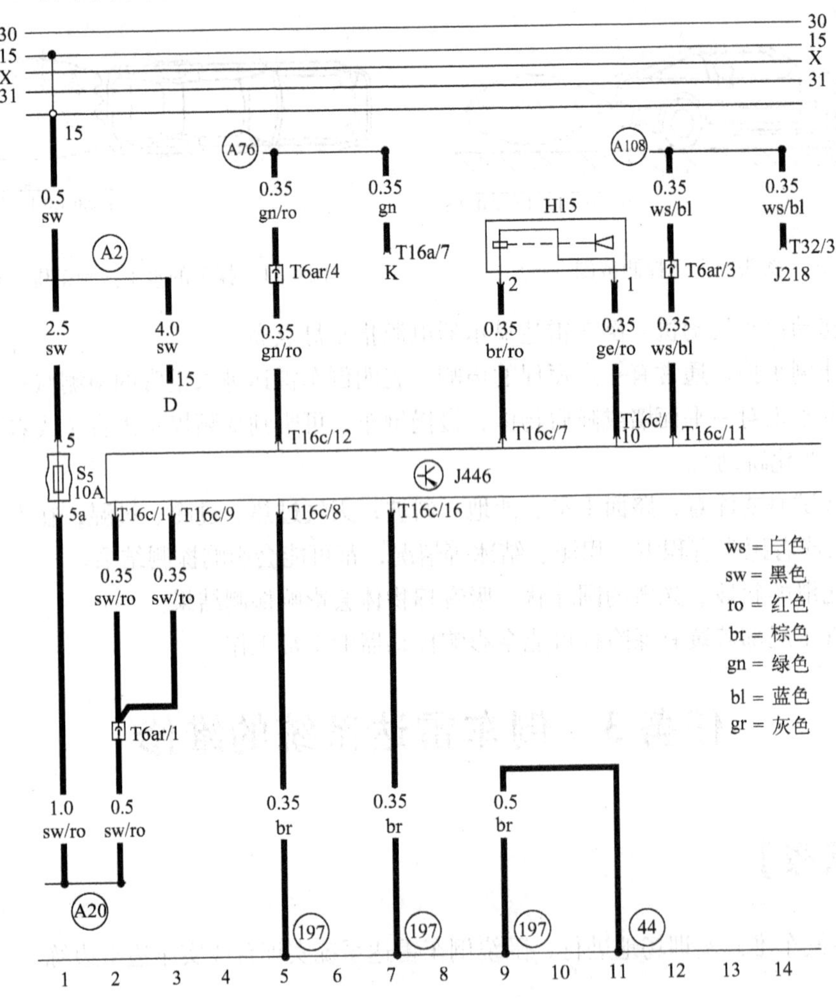

图 4-12　奥迪 A6 轿车倒车雷达系统的控制电路图（一）

H15—倒车警报蜂鸣器　J446—倒车雷达控制单元　J218—仪表板内组合处理器　D—点火开关

K—自诊断接线　S_5—熔丝支架上的熔丝　T6ar—6 孔白色插头、右侧 A 柱分线器倒车警报

T16a—16 孔自诊断插头　T16c—16 孔插头，在倒车雷达控制单元上　T32—32 孔蓝色插头，在组合仪表上

44—接地点，左侧 A 柱下部　197—接地连接（4）在后部线束内　(A2)—正极连接（15），在仪表板线束内

(A20)—连接（15a）在仪表板线束内　(A76)—连接（自诊断 K 线）在仪表板线束内

(A108)—连接（车速信号）在仪表板线束内

一、倒车雷达故障码的读取和清除

现以奥迪 A6 轿车倒车雷达系统为例，介绍倒车雷达系统的维修方法。

大众车系倒车雷达系统可用 V. A. G 1552（或 V. A. S 5052）专用诊断仪或 X431 等通用型诊断仪进行故障诊断与维修。

（1）连接故障诊断仪 V. A. G 1552 或 V. A. S 5052，接通点火开关，选择“快速数据传输”，屏幕显示“输入地址码 X X”。

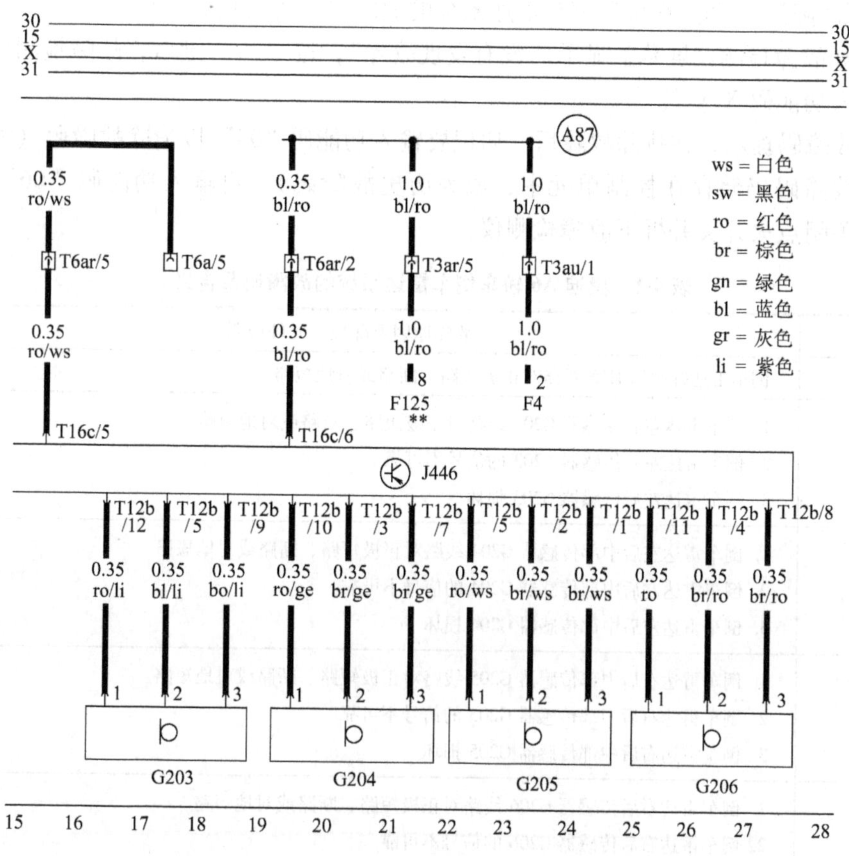

图4-13　奥迪A6轿车倒车雷达系统的控制电路图（二）

G203—左后倒车雷达传感器　G204—左后中部倒车雷达传感器　G205—右后中部倒车雷达传感器　G206—右后倒车雷达传感器　J446—倒车雷达控制单元　F4—倒车灯开关　F125—多功能开关　T3ar—3孔棕色插头、右侧A柱分线器　T3au—3孔红色插头、压力舱电器盒分线器　T6a—6孔蓝色插头、左侧A柱分线器　T6ar—6孔插头、右侧A柱分线器　T12b—12孔黑色插头、在倒车雷达控制单元上　T16c—16孔插头、在倒车雷达控制单元上　(A87)—连接（右前），在仪表板线束上

（2）输入倒车雷达系统地址码“76”后，故障检测仪屏幕显示“76-倒车警报系统”。

（3）按“Q”键确认，5s后故障检测仪屏幕显示出：

4B0919283	倒车警报系统	A6 RDW	D15	→
编码 01106		WSC06812		

其中，“4B0919283”为倒车雷达控制单元零件号；“D15”为倒车雷达控制单元软件版本号；“01106”为倒车雷达控制单元的编码；“WSC06812”为服务站代码。

（4）按“→”键，故障检测仪屏幕显示“输入功能码XX”。

（5）按“0”和“2”键，这时屏幕显示“02-查询故障码”。

（6）按“Q”键确认，此时故障检测仪屏幕上将显示出已存储的故障码数量或者显示

“没有发现故障”。奥迪 A6 轿车倒车雷达系统的故障码及含义见表 4-1。

（7）如故障检测仪屏幕上显示“没有发现故障”，按“→”键后，故障检测仪屏幕上显示“输入功能码 X X ”。

根据故障码提示，在排除故障后，切记要输入功能码“05”以清除故障码（否则已经排除了的故障码仍储存在控制单元中，成为历史故障码），再输入功能码“06”结束输出，然后关闭点火开关并拆下故障检测仪。

表 4-1　奥迪 A6 轿车倒车雷达系统的故障码及含义

故障码	故障原因及部位、元件说明
01543	倒车雷达蜂鸣器 H15 线路对正极短路、断路或对地短路
01545	1. 倒车雷达左后传感器 G203 线路对正极短路、断路或对地短路 2. 倒车雷达左后传感器 G203 的信号不可靠 3. 倒车雷达左后传感器 G203 损坏
01546	1. 倒车雷达左后中部传感器 G204 线路对正极短路、断路或对地短路 2. 倒车雷达左后中部传感器 G204 的信号不可靠 3. 倒车雷达左后中部传感器 G204 损坏
01547	1. 倒车雷达右后中部传感器 G205 线路对正极短路、断路或对地短路 2. 倒车雷达右后中部传感器 G205 的信号不可靠 3. 倒车雷达右后中部传感器 G205 损坏
01548	1. 倒车雷达右后传感器 G206 线路对正极短路、断路或对地短路 2. 倒车雷达右后传感器 G206 的信号不可靠 3. 倒车雷达右后传感器 G206 损坏
01549	倒车雷达传感器供电线路对正极短路
01550	倒挡信号线路对正极短路
65535	倒车雷达控制单元 J446 损坏

二、倒车雷达控制单元的编码

在下列情况下，需对倒车雷达的控制单元 J446 进行编码：

（1）在维修中如果更换了倒车雷达的控制单元 J446，则必须对控制单元 J446 进行编码。

（2）另外，通过倒车雷达控制单元编码可使倒车雷达控制单元 J446 适应相应车型的特殊需要，包括：

1）变速器形式（手动变速器或自动变速器）；

2）挂入倒挡的信号音（有或没能确认）；

3）车身结构（普通乘用车或旅行车）；

4）车型。

编码具体操作步骤如下：

（1）连接故障检测仪，接通点火开关继续操作，直到故障检测仪显示“输入功能码

XX”。

（2）按“0”和“7”键，选择“控制单元编码”，这时屏幕显示“07-控制单元编码”。

（3）按“Q”键确认，屏幕上显示“输入代码号 X X X X X”。

（4）按倒车雷达系统控制单元编码表（见表4-2）输入编码，例如输入01106，检测仪屏幕显示“输入编码号 01106（0～32000）”。

表4-2　倒车雷达系统控制单元编码

编　码	X	X	X	X	X
当前未使用	0				
手动		0			
自动		1			
无功能确认			0		
有功能确认（离厂）			1		
普通乘用车				0	
旅行车				1	
A8					8
A6					6
A4					4
A3					3

（5）按“Q”键确认，检测屏幕显示如下：

4B0919283	倒车警报系统	A6 RDW	D15	→
编码　01106		WSC06812		

（6）按“→”键，结束编码过程，按操作程序步骤退出故障检测仪。

三、倒车雷达系统的匹配

倒车雷达系统的匹配（自适应）功能用于执行和存储报警音量的大小和音频的调整，其调整过程如下：

（1）连接故障检测仪，接通点火开关，继续操作，直到故障检测仪显示“输入功能码 XX”。

（2）按“1”和“0”键，这时屏幕显示“10-匹配（自适应）”。

（3）按“Q”键确认，屏幕上显示“< 1　　3 >”。

（4）按“1”键，可减小匹配值，按“3”键可增大匹配值，或按“→”键改变匹配值。当按“→”键后，屏幕上显示“输入匹配值 X X X X X”。

（5）用键盘输入匹配值（如00005）后，屏幕显示“输入匹配值00005”。匹配通道号及其功能见表4-3。

表 4-3　自适应通道号及其功能

自适应通道号	自适应功能
01	音量，可在 2 ~ 7 调整
02	音频，可在 0 ~ 4（500 ~ 2000Hz）调整

（6）按“Q”键确认后，检测仪屏幕显示：

通道 1	自适应 5	Q
	< 1　　3 >	

（7）再按“Q”键确认，屏幕显示“是否存储新值?”。

（8）按“Q”键确认，检测仪屏幕显示“新值已被存储”。

（9）按“Q”键确认，匹配结束，按操作程序步骤退出故障检测仪。

任务 4　了解汽车 GPS 导航系统

【活动情景】

活动在普通教室或多媒体教室进行，用汽车 GPS 导航系统的挂图或示教板进行讲解。

【任务要求】

通过学习，了解汽车 GPS 导航系统的组成、功能和基本原理；会操作和使用汽车 GPS 导航设备。

【基本内容】

一、汽车 GPS 导航系统简介

汽车 GPS 导航系统是一种能接收卫星信号，经过微处理器计算出车辆所在准确位置，并在显示器上显示出来的一种装置。

汽车 GPS 导航系统是近年来兴起的一种汽车驾驶辅助设备，使用时，驾车者只要将目的地输入汽车 GPS 导航系统，系统就会根据电子地图自动计算出最合适的路线，并在车辆行驶过程中（例如转弯前）提醒驾驶员按照计算的路线行驶。在整个行驶过程中，驾车者根本不用考虑该走哪条路线就能快捷地到达目的地。

（一）汽车 GPS 导航系统的类型

目前汽车 GPS 导航系统根据安装的形式分为内置型和外置型。

（1）外置型又称便携式，可在任何车辆上安装使用，特别适合于后期加装 GPS 导航

系统的车辆使用。现在市面上外置型汽车导航产品林林总总，有E路航、E道航、城际通、昂达、任我游、奥可视、纽曼Newsmy、中恒、神行者、Acco等牌子，价格从几百元到几千元不等，显示屏幕的大小从4吋到7吋都有，其功能除了导航外，还具有音乐、影视播放、游戏甚至电视等娱乐功能，车主可根据自己的经济条件和爱好选择。

（2）内置型又称嵌入式，安装在音响位置框内，美观、大方、紧凑，但安装要求位置框与导航主机相符合，要专业人员安装。内置型主要有卡仕达和飞歌等品牌，价格较高。

（二）GPS导航系统对汽车位置的测定方法

汽车GPS导航系统要实现对汽车的导航，必须要在电子地图画面上表示出对车辆正确的测定位置，即车辆位置的测定。目前对汽车位置测定的方法有：

（1）GPS全球卫星定位法：利用卫星测定车辆的所在位置。

（2）自行定位法：利用汽车自身的陀螺传感器和车速传感器，测定出车辆的所在位置。

（3）地图匹配法：对汽车行驶路线（各处传感器检测到的轨迹）与电子地图上道路的误差进行实时数字相关匹配，作出自动修正。当前流行的电子地图版本有凯立德、城际通、道道通等，其中凯立德电子地图因信息精确、更新快，颇受车主的青睐。

二、汽车GPS导航系统的基本原理

GPS全球卫星定位是利用GPS卫星所发出的电磁波检测出车辆的位置，其特点是只要能够接收到卫星电波信号就能实现定位。卫星电波信号能覆盖全球，但GPS电波导航在信号接收不到时，将无法检测出车辆的位置。

（一）GPS全球卫星定位系统

GPS全球卫星定位系统由空间站、地面站和用户接收设备三大部分组成。

1. 空间站　GPS空间站由24颗卫星组成，其中包括21颗工作卫星和3颗备用卫星（以取代失效的工作卫星）。它们均匀分布在6条离地面20 000km、倾斜角为55°的地球准同步轨道上，每条轨道上有4颗卫星，如图4-14a所示。GPS卫星每隔12h绕地球一周，

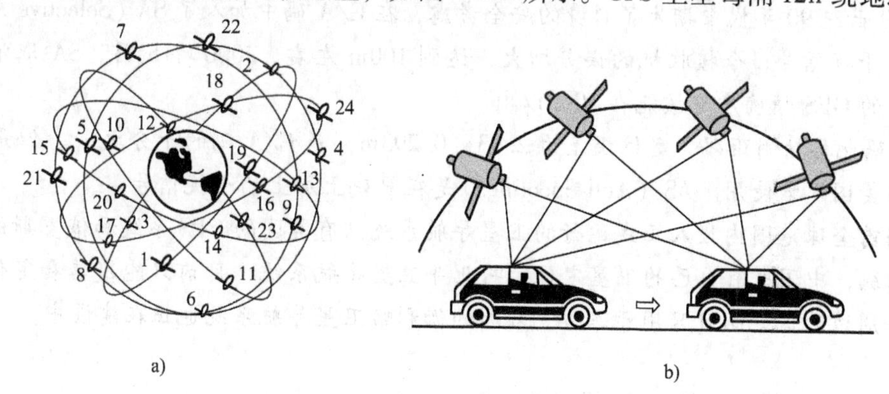

图4-14　GPS全球卫星定位系统

a）根据卫星提供的信息确认车辆当前的位置

b）根据从4颗卫星发出的无线电波到达的时间差计算出经度、纬度和高度

保证全球任何地区、任何时刻都能同时接收不会少于4颗卫星的信号。

全球卫星定位系统利用从三个或三个以上GPS卫星发出的无线电波信号，测定出车辆的正确位置。因此，只要汽车能接收到GPS卫星发出的无线电波信号，就能测定出车辆当前的正确位置，如图4-14b所示。

2. 地面站　地面站由1个主控站、5个全球监测站和3个注入站组成。

监测站是数据采集中心，每个监测站均设有GPS接收机，对每颗可见卫星进行连续观测，并将观测到的数据，经过初步处理后，传送到主控站。

主控站根据各监测站送来的信息，按规定的格式编制成导航电文，以便通过注入站注入卫星。

注入站的主要任务是在每颗卫星运行至注入站的上空时，将主控站推算出的导航电文和其他控制指令等注入到相应卫星的存储系统。注入站每天一次对每颗GPS卫星进行注入，并在卫星离开注入站的作用范围之前进行最后的注入。如果某注入站发生故障，那么在卫星中预存的导航信息还可用一段时间，但导航精确度会逐渐降低。

3. 用户接收设备　用户接收设备即GPS信号接收机，其主要功能是对GPS卫星进行搜索、捕捉，当捕捉到卫星后，即对信号进行跟踪，并将所接收到的GPS信号进行变换、放大和处理，以便测出GPS信号从卫星到接收机的传播时间，解析出GPS卫星所发送的导航电文，实时地计算出GPS信号接收机自身所在的经度、纬度和高度。车辆用的GPS接收机，还配有液晶显示屏，在屏幕上直接显示导航的信息和电子地图，确定车辆在电子地图上的具体位置。

GPS接收机所能接收的有效卫星数量越多，说明它当前的信号越强，导航工作的状态也就越稳定。

关于GPS定位精确度的两个重要概念：SA和AS。

GPS卫星产生两组电码，一组称为C/A码，另一组称为P码。

C/A码的定位误差是29.3～2.93m。一般的GPS接收机利用C/A码计算定位。美国在20世纪90年代中期为了自身的安全考虑，在C/A码中加入了SA（Selective Availability）干扰信号，令接收机的误差增大，达到100m左右。2000年5月，SA取消，所以现在的GPS精确度应该能在20m以内。

P码也称精测距码，定位误差为2.93～0.293m，是C/A码的十分之一。但是P码只能在美国军方使用。AS（Anti-Spoofing）是在P码上加上的干扰信号。

当前全球范围内投入正式运行的卫星导航系统只有美国的GPS系统和俄罗斯的Glonass系统，中国也有自己的卫星定位，叫北斗卫星导航系统，目前只能覆盖和定位自己国家和周边地区，而且只用于军方。欧洲的伽利略卫星导航系统也正在建设中。

（二）自行导航系统

当汽车行驶在地下隧道、高层楼群、高架桥下、高山群间、密集森林等地段时，会与GPS卫星失去联系，中断信号的瞬间，导航系统可自动进入自行导航系统。

自行导航系统是利用在汽车上安装角速度传感器（陀螺传感器）和车速传感器，根据车辆的行驶轨迹计算车辆的相对位置，从而测定汽车当前位置的检测方法。

1. 陀螺传感器　陀螺传感器直接检测出车辆前进方向的变化和行驶状态（即汽车前进的角速度变化值），例如汽车行驶在沟状山道、发夹式弯路、环状盘形桥上或雪道原地打滑、更换轮胎、轮渡过河等情况时，所有这些曲线的距离都与卫星导航的经纬度坐标产生了误差，必须通过陀螺传感器的检测和导航 ECU 的运算才能得到汽车正确的位置。

陀螺传感器安装在汽车电子导航的 ECU 内。目前，常用的陀螺传感器主要有振动传感器、光纤传感器和气体传感器三种。

陀螺传感器是利用科里奥利（对振动的物体加以角速度，其振动方向向垂直移动的动力学现象）力学原理设计出的角速度传感器。它由振动器和贴附在其上的压电陶瓷片组成，如图 4-15 所示。

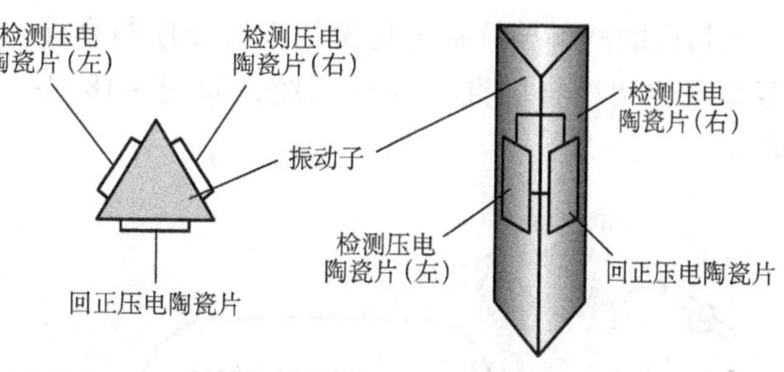

图 4-15　振动陀螺传感器的结构示意图

陀螺传感器的工作原理是对振动子通以交流电使其振动，振动子的振动使压电陶瓷片产生交流电压。车辆在直行状态时，左右的压电陶瓷片产生的电压相等，如图 4-16a 所示。当车辆转弯时，由于科里奥利力学原理使振动子起作用，使左右的压电陶瓷片所输出的电压产生差异，根据这个差异测量出车辆的转弯方位和转弯角度，如图 4-16b 所示。

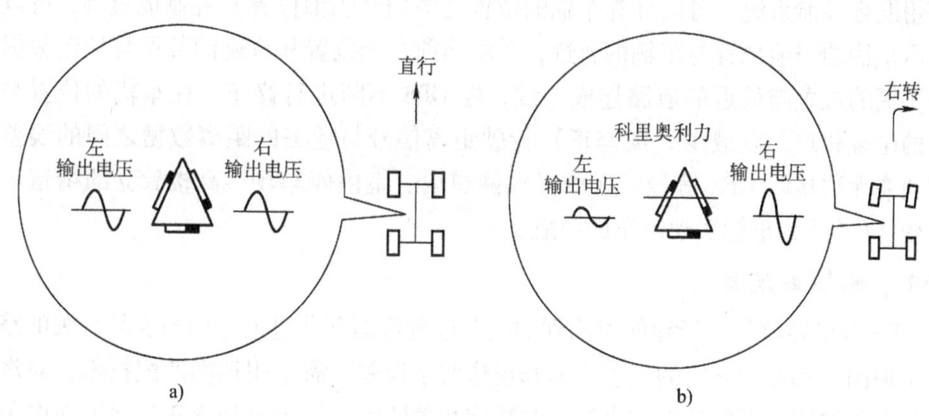

图 4-16　振动陀螺传感器的工作原理

2. 车速传感器　车速传感器从汽车前进的速度中检测出车速脉冲（不同车型的车速脉冲值不同），再通过汽车导航系统 ECU 的数据处理，从速度和时间直接求出车辆前进的距离。

导航系统采用了和 ABS（防抱死制动系统）相同的车速传感器。汽车转弯时方向上的变化可以通过左右车轮转速传感器的输出脉冲差进行检测，如汽车以 R 为转弯半径转 θ 角时，每个车轮按同一个中心进行旋转，如图 4-17 所示，汽车的前内、外车轮分别行走距离的 L_i 和 L_o，可通过以下方程计算出来：

$$L_i = R_i\theta$$

$$L_o = R_o\theta$$

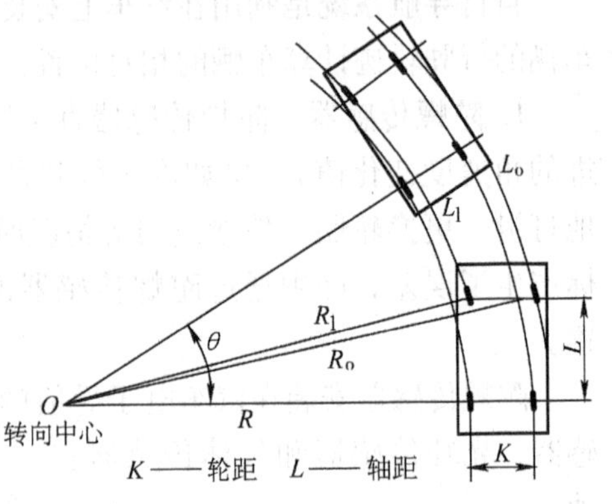

图 4-17　汽车转弯时的车轮路线

（三）混合导航系统

目前的汽车导航系统均采用自行导航与全球卫星定位相结合的混合导航系统，如图 4-18 所示。

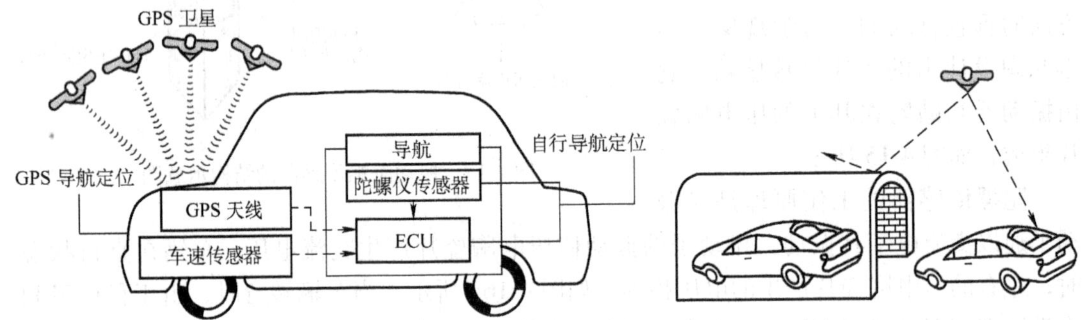

图 4-18　自行导航与全球卫星定位相结合的混合导航系统

采用混合导航系统，可以计算车辆的位置（方向和当前位置）并制成轨迹，可以在地图上显示车辆的当前位置与车辆的轨迹，并将当前车辆位置和轨迹的数据与地图数据作比较，将车辆的位置与最近的道路连成一线，经 GPS 不断进行修正，使车辆的位置与 GPS 所测定的位置相符，以减少（或修正）行驶距离信号与地图的距离数据之间的误差。这样，即使在无法接收 GPS 信号的区域（如隧道内、室内停车场、高楼耸立的街道、高架桥下或密林内等），也能实现汽车的导航。

（四）地图匹配器

由 GPS 卫星导航与自行导航所测到的汽车位置数据和前进的方向与实际行驶的路线轨迹在电子地图上都存在一定的误差。为修正这两个误差，需采用地图匹配技术，对汽车行驶路线与电子地图上道路的误差进行实时数字相关匹配，作出自动修正，保证在电子地图上指示出汽车的正确位置和行驶路线。

有了汽车行驶中接收到的 GPS 信息、陀螺传感器检测到的正确前进方向和车速传感器检测出的前进距离这三组数据，并且经过地图匹配器的自动修正，就可完成高精度的导航，如图 4-19 所示。

在以下情况或者难以接收 GPS 信息的驾驶情况下，汽车位置可能是错误的。此时显示器的当前位置标记需要手动修正：

(1) 在地图匹配中，判断了汽车当前行驶道路并重新定位后，将显示到达目的地的可选线路及其优先顺序，如果距离或方向有误差，到达目的地的可选线路将以不同的优先顺序显示，从而避免错误线路。

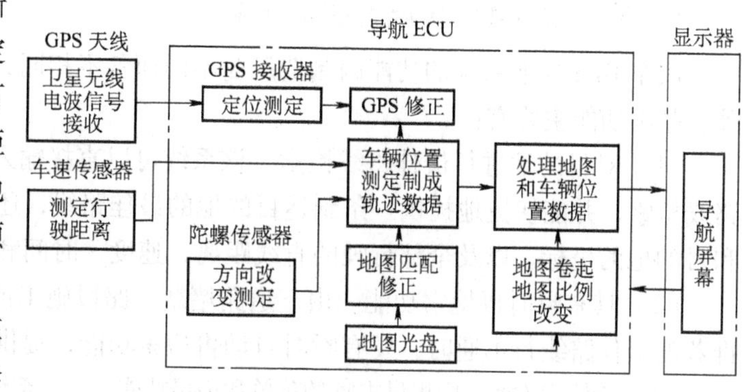

图 4-19 自动测定位置系统运行图

(2) 新的道路没有记录在地图中时，或者由于道路维修使所记录的道路分布与实际不相符时，地图匹配不能正常工作。当所行驶的道路不在地图中时，地图匹配功能可能找到另外的道路和位置，并在其上做出当前位置标记。

三、汽车 GPS 导航系统的组成与功能

(一) 汽车 GPS 导航系统的组成

汽车 GPS 导航系统由导航 ECU、显示器、GPS 天线、遥控器以及语音输出设备（一般利用汽车音响系统输出语音提示信息）等组成。

在汽车 GPS 导航系统中，地图视图或菜单展示在显示器上，以便操作或进行路线导航。

汽车导航 ECU 由电路主板、DVD 驱动器和 GPS 接收器组成。电路主板包含一个微机和一个陀螺传感器；DVD（或 CD）驱动器用来读取地图光盘上的数据（一般汽车导航设备和汽车视像音响合成在一起，可以播放 CD、VCD 和 DVD 碟，其中 DVD 驱动器负责读取电子地图 DVD 光盘，因此，一些汽车导航系统又称为 DVD 导航系统）；GPS 接收器接收来自 GPS 卫星的信号，并与 GPS 天线一起使用，如图 4-20 所示为汽车电子导航系统元件的车上位置。

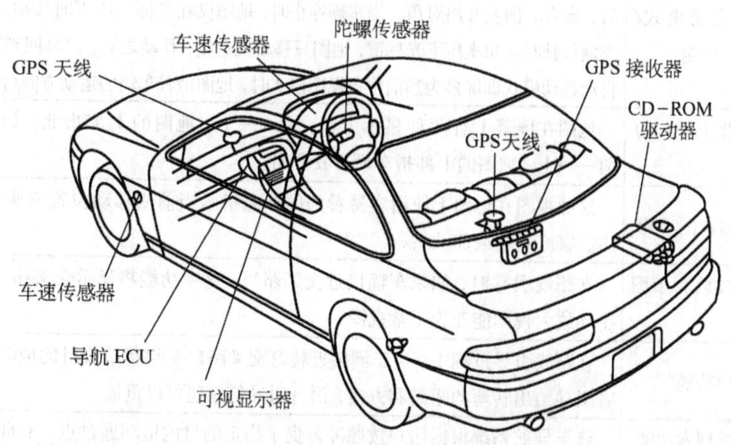

图 4-20 汽车 GPS 导航系统元件的车上位置

（二）汽车 GPS 导航系统的功能

汽车 GPS 导航系统的功能因制造厂商不同而各不相同，它包括基本功能和可选功能两种。基本功能主要有：

（1）对目的地进行最佳路线检索。该系统可以直接输入地名、经纬度、电话号码进行路线检索，并能快捷地提供一条到达目的地的最佳路线，还能实时获得汽车自身所在位置和目的地的坐标，以及全部行驶的直线距离、速度、时间和前进的方向。

（2）具有瞬时再检索功能。由于道路堵塞、路段施工或走错了路等意外情况，系统所推荐的最佳路线行不通时，要有瞬时自动再检索功能，提供出新的可行性路线。

（3）为检索方便，应提供丰富的菜单和记录功能。整个系统必须建立十分丰富的地名索引。

（4）在适当时间内提供实时语音提示。为使驾驶员事先了解行驶中的路面变化情况，该系统应在适当时间内作出语音提示。例如，一般道路在 300～700m 之前、高速公路在 2000m、1000m、500m 之前（按当前行驶速度）分别向驾驶员说明前方路面情况及可更改的方向、十字路口名称、高速公路分支点、进出口及禁止左转弯、禁止驶入的单行线等导引提示，同时应有中英文两种语音电路供切换。

（5）扩大十字路口周围建筑物和交通标志的功能。凡行驶在十字路口前 300m 处或高速公路进出口前 300 m 处，都要自动显示扩大了的十字路口附近的全画面图，指出汽车位置、交叉点的名称、转弯后的道路名及方向、交叉点的距离。这种通过开窗程序自动表示十字路口全画面扩大图的功能是汽车导航系统中的一项最主要功能。

典型汽车 GPS 导航系统的基本功能菜单如图 4-21 所示，其可选功能见表 4-4。

表 4-4　典型汽车 GPS 导航系统的基本功能和可选功能

功能	项　目	内　容
基本功能	变换地图比例功能	在屏幕上，地图能以几种比例尺进行显示。图像缩小功能可以在较大范围内显示地图，图像放大功能可以更详细地显示地图
	街道视图和实际街道视图显示功能	街道视图显示详细的街道地图，实际街道视图可从驾驶员的视角来改变观察角度，包括空中俯视图、实际视图、三维视图
	移动（手动模式/自动模式）功能	手动模式即按下光标键移动地图，在地图上显示想看的区域。光标可 8 个方向移动：前、后、向右、向左及斜对角。当车辆停止时，地图仅在光标键压下时移动。作为安全措施，当车辆行驶时，每次压下光标键，地图只移动规定量，移动之后，屏幕回到正常地图视图模式。自动移动模式即屏幕为当前位置视图模式时，地图沿着车辆的运动方向自动移动
	示图（北上/前上）功能	地图在屏幕上有两种显示方法：北——上，地图的上部指北，如同普通地图一样；前——上，地图的上部指车辆行驶方向
	服务设施视图功能	这种视图在地图上使用容易看到的标志指示当前或移动位置的服务设施，如便利商店、家庭餐馆或加油站
	交叉路口放大示图功能	在路线引导时，如果车辆接近交叉路口，这项功能将显示交叉路口附近的放大视图，手动放大视图能变为正常视图
	语音引导功能	在路线引导过程中，当车辆接近转弯交叉路口、收费站或目的地时，这项功能通过语音引导给出转弯的距离和方向，语音引导信息还可以重播
	自动路线搜索功能	汽车导航系统根据用户按照屏幕提示指定的目的地和通过点，来自动指示有效路线
	设定目的地功能	设定目的地后，可利用各种搜索方法，以便尽快发现目的地

（续）

功能	项　　目	内　　容
可选功能	语音识别系统功能	用户可通过语音识别系统用语音命令直接控制汽车导航系统，而不需要操作遥控器或显示器
	外部存储设备功能	外部存储设备（如存储卡），用来储存位置数据等导航系统中的信息
	后监视器功能	当驾驶员挂入倒挡时，后面的摄像头摄下后视图像，并在汽车导航系统的屏幕上显示出来

图 4-21　典型汽车 GPS 导航系统的基本功能菜单

任务 5　汽车 GPS 导航系统的维修

【活动情景】

活动在汽车维修实训场地进行，围绕汽车 GPS 导航系统实训台或实车边学边练。

【任务要求】

通过学习，了解汽车 GPS 导航系统的基本原理、组成与维修操作方法。

【基本内容】

一、汽车 GPS 导航系统的故障诊断方法

汽车 GPS 导航系统的种类繁多，实际的故障诊断步骤也各不相同，如果导航系统发生了问题，应参考各生产厂家导航产品的维修手册来进行诊断。汽车 GPS 导航系统一般故障的诊断方法为：

（1）当系统出现故障时，应首先检查以下细节内容。

1）故障的特征、发生的时间及地点。

2）检查故障是否是由于用户的操作错误或误解所引起的。

3）检查汽车有无安装对 GPS 接收产生阻碍的附加设备。

（2）汽车 GPS 导航系统由硬件（设备）和软件（程序）组成，因此导航系统出现故障时，不一定是由导航控制单元引起的，也可能是由软件程序引起的。

（3）某些汽车 GPS 导航系统配备自诊断功能进行故障诊断，如果系统有此功能，可对系统进行故障诊断，具体可参考各种车辆的维修手册来获取如何进行诊断的详细内容。

（4）确认故障修理后，是否还会再次出现相同故障。对再次出现可能性小的故障，按照再次出现时的条件和环境，进行确认试验。确认试验的步骤为：

1）将车辆移动到易于接收 GPS 电波的空旷地带。

2）执行自诊断，确认不会出现诊断代码。

3）切换到导航画面，确认显示 GPS 标志，并显示当前地点。

4）确认地图可以滚动。

5）确认音响等设备动作正常。

（5）根据现象进行故障排除。

二、典型汽车 GPS 导航系统的维修

现以宝来轿车的 GPS 导航系统为例，介绍汽车 GPS 导航系统的维修方法。

宝来轿车 GPS 导航系统的组成如图 4-22 所示。宝来轿车的 GPS 导航系统不但具有卫星导航功能，还兼备收音机的功能，其导航收音机系统装备有电子防盗系统，如果电子防盗保护装置被激活，那么当收音机和点火开关打开时，发光二极管闪亮；当导航系统接通后，发光二极管熄灭，表明系统已准备好，可以使用。

大众车系 GPS 导航系统可用 V. A. G 1552（或 V. A. S 5052）专用诊断仪或 X431 等通用型诊断仪进行故障诊断与维修。

连接故障诊断仪 V. A. G 1552 或 V. A. S 5052（见图 4-23），接通点火开关，选择“快速数据传输”，屏幕显示“输入地址码 X X ”时，输入导航地址码“37”，即可对导航系统进行故障诊断和读取故障码。

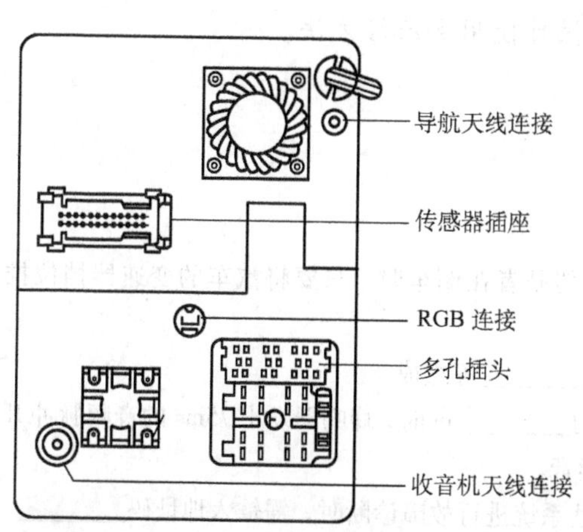

图 4-22 宝来轿车 GPS 导航系统的组成

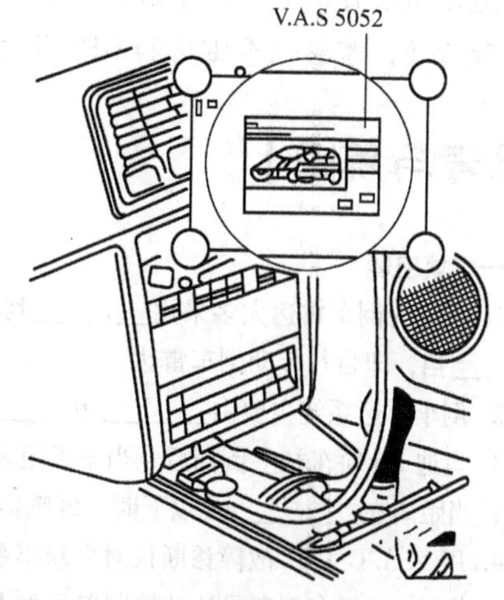

图 4-23 检测仪器的连接

宝来轿车导航系统的故障码及含义见表 4-5。查出导航系统的故障码后，按表 4-5 所列出的故障原因与排除方法进行维修。

表 4-5 宝来轿车 GPS 导航系统的故障码及含义

故障码	症状与现象	故障原因	故障排除
00668	①接线柱 30 电压信号太弱 ②导航功能不全	① 蓄电池电压低于 9.5 V ② 蓄电池不能充电 ③ 蓄电池损坏 ④ 交流发电机损坏	① 检查蓄电池 ② 必要时充电 ③ 检查交流发电机
00854	① 组合仪表上收音机频率显示输出无法通信 ② 在收音机/导航系统和组合仪表之间没有数据传递	① 导线断路 ② 收音机/导航系统损坏 ③ 组合仪表损坏	① 按电路检查导线 ② 让组合仪表自诊断 ③ 更换导航系统
00862	① 导航天线断路/对地短路/对地断路 ② 导航功能不正常	① 导线断路 ② 导航天线损坏	① 按电路检查导线 ② 检查导航天线 ③ 更换导航系统
00867	① 连接 ABS 控制单元无信号 ② 导航功能不正常	① 导线断路 ② ABS 传感器损坏 ③ ABS 控制单元损坏	① 进行车轮脉冲数/轮胎自适应 ② 进行 ABS 诊断 ③ 按电路检查导线
01311	① 数据总线信息无信号 ② 音响系统功能不正常	① 导线断路 ② 收音机/导航系统损坏 ③ 音响系统损坏	按电路检查导线
65535	① 控制单元损坏 ② 收音机/导航系统功能不正常		更换收音机/导航系统

【项目小结】

通过本项目的学习，了解汽车倒车雷达和GPS导航系统的结构、组成与工作原理。通过实践活动，掌握倒车雷达和GPS导航系统的操作使用和维修方法。

【思考与练习】

一、填空题

1. 现行的倒车雷达大多采用________测距原理，驾驶者在倒车时，只要将汽车的变速器挡位推到________挡，即自行起动倒车雷达。

2. 倒车雷达系统主要由________和________以及________等组成。

3. 奥迪A6轿车挂上倒挡后，当车辆距离障碍物约________m时，蜂鸣器发出75ms的音频脉冲开始报警；当距离在________cm以下时，蜂鸣器发出连续音。

4. 用V. A. G 1552故障诊断仪对大众车系倒车雷达系统进行故障诊断时，需输入地址码________。

5. 奥迪A6轿车倒车雷达的控制单元为J ________。

6. GPS全球卫星定位系统利用从________个或________个以上GPS卫星发出的________信号，测定出车辆的正确位置，因此只要汽车能接收到________信号，就能测定出车辆当前的正确位置。

7. GPS全球卫星定位系统是由________、________和________三大部分组成的。

8. 用V. A. G 1552故障诊断仪对大众车系GPS导航系统进行故障诊断时，需输入地址码________。

二、简答题

1. 倒车雷达系统由哪几部分组成？

2. 简述超声波测距原理。

3. 如何用V. A. G 1552故障诊断仪对奥迪A6轿车倒车雷达系统的控制单元进行编码？

4. 汽车导航系统由哪几部分组成？

5. 简述GPS定位的两种信号的区别。

6. 简述陀螺振动传感器的工作原理。

7. 简述对汽车位置进行测定的方法。

8. 汽车GPS导航系统具有哪些基本功能？

项目五 安全气囊系统的维修

【项目描述】

本项目介绍汽车安全气囊系统的组成、主要部件的结构原理及检修方法。

【学习目标】

（1）能正确表述安全气囊系统的组成，熟悉安全气囊各部件在车上的位置及作用。
（2）了解碰撞传感器的类型、作用原理及其与安全传感器的区别。
（3）了解座椅安全带收紧器的类型和作用原理。

【能力目标】

（1）能运用自诊断法、参数测量法和故障诊断仪诊断法对安全气囊系统进行故障诊断与排除。
（2）能正确判断并排除安全气囊的故障。

任务1　了解安全气囊系统

【活动情景】

活动在普通教室或多媒体教室进行，用安全气囊系统的挂图或示教板进行讲解。

【任务要求】

通过学习，了解汽车安全气囊系统的类型、基本结构及工作原理。

【基本内容】

一、认识安全气囊系统

（一）安全气囊的作用

汽车的安全性分为主动安全和被动安全两种，主动安全是指汽车防止发生事故的能力；被动安全是指在万一发生事故的情况下，汽车保护驾驶员和乘客的能力。当汽车发生事故时，对驾驶员和乘客的伤害是在瞬间发生的，例如，以车速50km/h进行正面撞车时，其发生时间只有0.1s左右。为了在这样短暂的时间中防止对驾驶员和乘客的伤害，现代汽车都设有安全气囊、安全带和防撞式车身等安全装备。

安全气囊（Safe Air Bag）系统也称辅助乘员保护系统（Supplemental Restraint System），英文缩写为SRS，所以通常简称为SRS。

安全气囊是一种当汽车发生碰撞而急剧减速时能以极快速度膨胀的缓冲气袋，可以保护车内驾驶员和乘客不致撞到车内的转向盘、仪表盘、风窗玻璃等，对驾驶员和乘客的头部和颈部起着明显的保护作用。

在汽车发生碰撞的事故中，导致驾驶员和乘客遭受伤害的主要原因是二次碰撞。

◆ 提示：

一次碰撞是指汽车发生碰撞事故时，汽车与汽车或汽车与障碍物之间的碰撞。

二次碰撞是指驾驶员和乘客与汽车内部结构之间的碰撞（即当汽车发生正面碰撞事故时，由于惯性的作用，驾驶员和乘客的面部和胸部可能与转向盘、仪表盘、风窗玻璃等之间发生碰撞，从而造成的伤害）。

（二）安全气囊的类型

为了减少汽车发生正面碰撞时由于巨大的惯性力所造成的对驾驶员和乘客的二次碰撞伤害，现代汽车在驾驶员前的转向盘中央以及在前排乘客座前的杂物箱上方都装有安全气囊，如图5-1所示。

配置较高的轿车不仅在驾驶员前端转向盘的中央以及在前排乘客座前的杂物箱上方安装安全气囊，还装有侧面安全气囊等多种形式的安全气囊。汽车安全气囊系统按气囊安装位置和保护部位的不同，分为以下几种，如图5-2所示。

（1）单安全气囊（只装在驾驶员侧的转向盘上）。

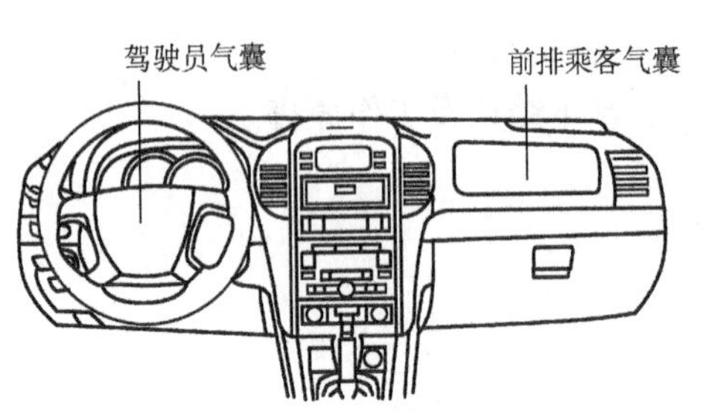

图 5-1　双安全气囊

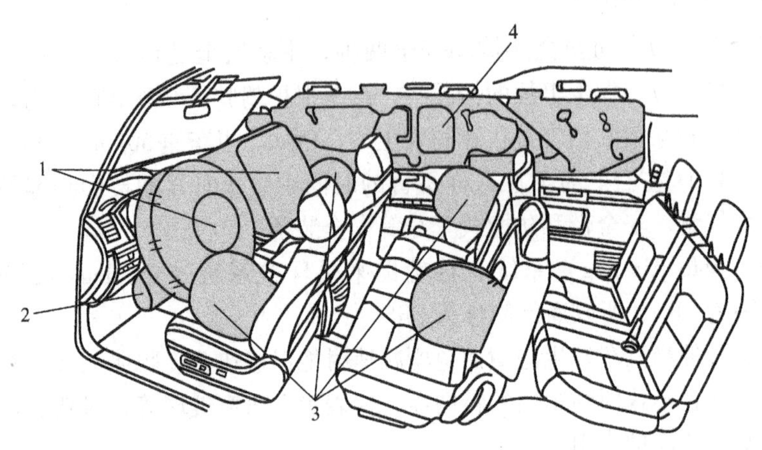

图 5-2　典型的多安全气囊系统

1—驾驶员/前排乘员安全气囊　2—膝式安全气囊　3—侧面安全气囊　4—帘式头部安全气囊

（2）双安全气囊（驾驶员和乘客侧各装 1 个，其中乘客侧安全气囊装在杂物箱上方）。

（3）后排安全气囊（装在前排座椅后面）。

（4）侧面安全气囊（装在车门上或座椅扶手上，防止乘员受侧面撞击）。

（5）窗帘式安全气囊（装在两侧车窗上方车顶纵梁内衬处，防止乘员被玻璃碎片刺伤）。

（6）膝部安全气囊（装在仪表板下面，以支撑乘员向前移动的下部肢体来保护乘员）。

（三）安全气囊系统的工作原理

当汽车遭受正面碰撞或侧面碰撞时，安全气囊系统的工作原理完全相同。现以图 5-3 所示的正面碰撞为例，说明汽车安全气囊系统的工作原理。

当汽车受到前方一定角度范围内的高速碰撞时，安装在汽车前端的碰撞传感器和安装在安全气囊 ECU 内的安全传感器就会检测到汽车碰撞时突然减速的信号，并将该减速信号传送到安全气囊 ECU，以判断是否发生碰撞。当汽车遭受碰撞且达到减速度阈值时，安

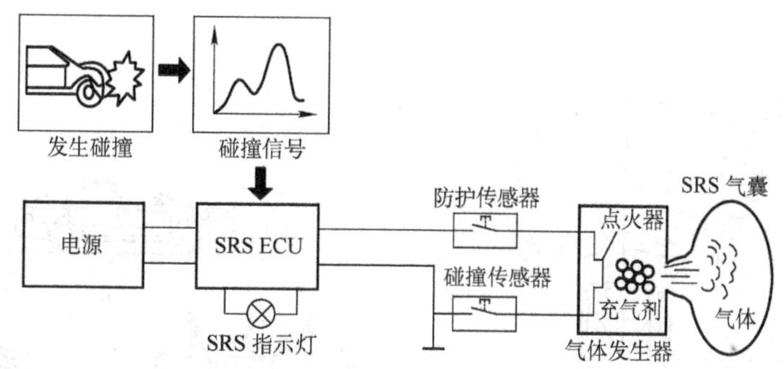

图 5-3　安全气囊系统的工作原理

全气囊 ECU 立即发出指令将安全气囊组件中的点火器（即在电热丝周围塞满了微量的火药）电路接通，使电热丝通电发热引爆火药，成为火种，从而使点火剂（叠氮化物等）燃烧，瞬间产生大量的氮气，并迅速充入气囊，气囊立即膨胀冲开气囊组件的装饰盖板冲向驾驶员和乘员，使驾驶员和乘员面部和胸部压靠在充满气体的气囊上，在人体与车内构件之间铺垫一个气垫（见图 5-4），将人体与车内构件之间的碰撞变为弹性碰撞，通过气囊产生变形来吸收人体碰撞产生的动能，从而达到保护人体的目的。

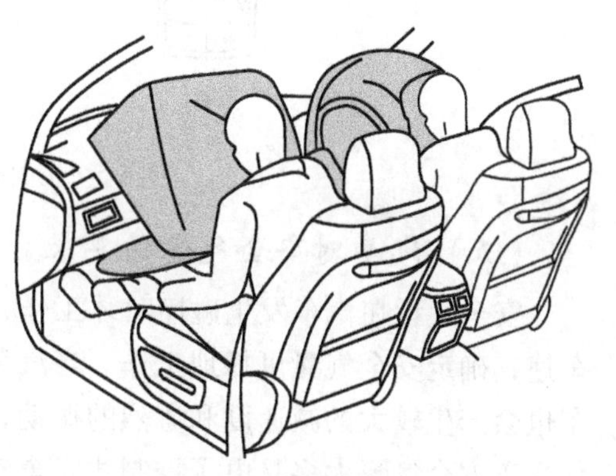

图 5-4　安全气囊发生作用

在安全气囊系统动作的过程中，气囊动作的时间极短。从开始充气到完全充满的时间约为 30ms；从汽车遭受碰撞开始，到安全气囊收缩为止，所用的时间极为短暂，仅为 220ms左右，而人的眼皮眨一下所用的时间约为 200 ms。因此，安全气囊动作的状态和经历的时间无法用肉眼来确认。目前，世界上广泛采用模拟人体来进行碰撞试验。

（四）安全气囊的有效范围

安全气囊并非在所有的碰撞情况下都打开，安全气囊打开与否与撞击角度和撞击速度有关，如图 5-5 所示，正面 SRS 只有在汽车正前方或斜前方 ±30°范围内发生碰撞、纵向减速度达到气囊设计的预定阈值、且安全传感器和任意一只前碰撞传感器接通时，才能引爆气囊充气。

在下列条件之一的情况下，正面安全气囊不会被引爆：

（1）汽车遭受侧面碰撞超过斜前方 30°时，如图 5-5a 所示。

（2）汽车遭受后方碰撞时，如图 5-5b 所示。

（3）汽车遭受横向碰撞时，如图 5-5c 所示。

（4）汽车发生绕纵向轴线侧翻时，如图 5-5d 所示。

（5）纵向减速度未达到设定阈值时。

（6）所有前碰撞传感器都未接通或 SRS ECU 内部的安全传感器未接通时。

（7）汽车正常行驶、正常制动或在路面不平的道路条件下行驶时。

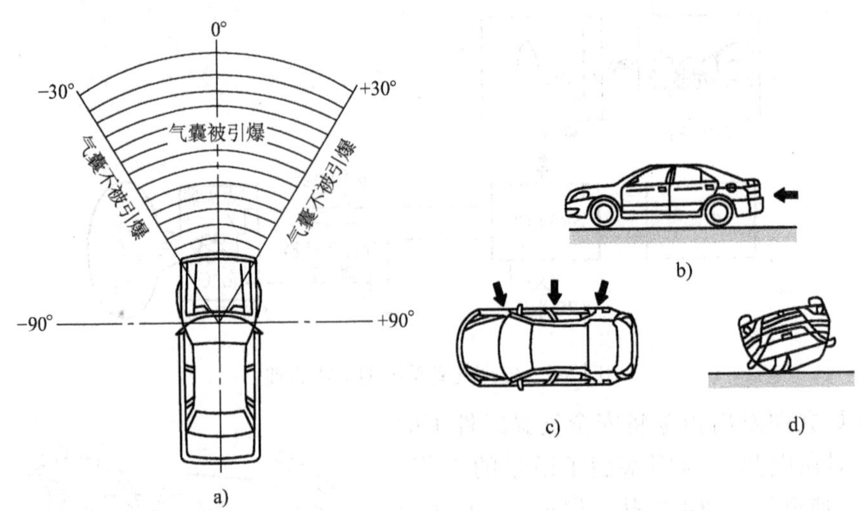

图 5-5　正面碰撞时 SRS 的有效范围

（五）汽车对安全气囊的要求

安全气囊在汽车发生碰撞时才工作，其可靠性尤为重要。汽车碰撞时，应根据不同车速，确定安全气囊可靠地工作。当汽车在紧急制动或在高低不平的路面上行驶时，汽车也会产生较大的减速度和激烈的振动，此时必须保证安全气囊不工作。此外，由于现代汽车安全气囊大多是电子控制式安全气囊，要求安全气囊在汽车发生碰撞、电源出现故障的短时间（20s）内，应能可靠引爆。因此，对安全气囊系统的技术要求较高，具体如下：

（1）可靠性高：在汽车未发生碰撞事故的情况下，安全气囊的使用年限为 7 ~ 15 年；若在碰撞事故中，安全气囊引爆后，要全套更换。

（2）安全可靠：安全气囊应能正确识别制动减速度和碰撞减速度。

（3）灵敏度高：当汽车发生碰撞时，安全气囊要在二次碰撞前，快速打开。

（4）有防误爆功能：减速度过低，或只是轻微碰撞时，不能引爆。

（5）有故障自诊断功能：安全气囊能自动、及时地检测故障，并通过报警灯提示驾驶员。

二、安全气囊系统的主要部件及原理

目前，各汽车制造厂家生产的不同车款的安全气囊系统采用的部件数量和安装位置有所不同，但是其基本组成和工作原理都大致相同。汽车安全气囊系统主要由碰撞传感器、气囊组件、安全气囊 ECU、保险机构和 SRS 指示灯等组成。

（一）碰撞传感器

碰撞传感器相当于一个控制开关，其工作状态取决于汽车发生事故后碰撞时的强度程度。碰撞传感器种类较多，主要分为以下几种：

1. 按功能不同分为碰撞信号传感器和碰撞安全传感器两种

◆ 重要提示：

碰撞信号传感器和碰撞安全传感器的结构原理完全相同，即碰撞传感器既可用作碰撞信号传感器，也可用作碰撞安全传感器。通常把碰撞信号传感器称作碰撞传感器，把碰撞安全传感器称作安全传感器，安装在 SRS ECU 内的碰撞传感器称为中心（或中央）传感器。

SRS 系统一般在车身周围设有 2～4 只碰撞传感器，在 SRS ECU 内部设两只安全传感器。

（1）碰撞信号传感器。碰撞信号传感器简称碰撞传感器，其作用是检测汽车碰撞强度的信号，并将信号输入给 SRS ECU。SRS 系统一般设有 2～4 只碰撞信号传感器，分别安装在车身左前、右前和前部中央（如汽车两侧前照灯支架下面、发动机散热器支架两侧、左右仪表盘下面）。

（2）碰撞安全传感器。碰撞安全传感器简称安全传感器（也称防护传感器、保险传感器或触发传感器），其作用是控制气囊点火器电路，防止安全气囊系统在非碰撞的情况下发生误引爆。安全传感器一般安装在 SRS ECU 的内部。

汽车发生碰撞事故时，只有在碰撞安全传感器与任一碰撞信号传感器同时接通时，气囊点火器电源电路才接通并点燃气体发生器中的叠氮化钠药片，使气囊瞬间充气膨胀。

碰撞信号传感器和碰撞安全传感器的结构原理完全相同，唯一的区别是碰撞安全传感器设定的电路接通阈值要稍微小一点。换言之，一只碰撞传感器既可用作碰撞信号传感器，也可用作碰撞安全传感器，但是必须要重新设定其减速度阈值。

◆ 提示：

减速度阈值（最小触发强度）由设计人员根据 SRS 系统的性能设定，不同车型的 SRS 系统的减速度阈值可能有所不同。在美国，因为 SRS 系统是按驾驶员不佩戴座椅安全带来设计的，气囊体积较大，为 60L，充气时间长，所以减速度阈值较低，即车速在 13～23km/h 范围内行驶而发生碰撞时，SRS 系统就应引爆。在日本和欧洲，由于 SRS 系统是按驾驶员佩戴座椅安全带来设计的，气囊体积较小，约 40L，充气时间短，所以设定的减速度阈值较高，即汽车在较高车速（19～32 km/h）范围内行驶发生碰撞时，SRS 系统才能引爆。

2. 按结构原理不同分类　碰撞传感器按结构原理不同分为机电式、电子式和水银式三种。

机电式碰撞传感器是一种利用机械运动（滚动或转动）来控制其触头的开闭，进而通过触头的断开或闭合来控制气囊点火器电路的接通与切断的传感元件。常用的机电式碰撞传感器有滚轴式、滚球式和偏心锤式三种。

电子式碰撞传感器有压阻效应式和压电效应式两种，多用作安全传感器。

水银式碰撞传感器是利用水银（汞）导电良好的特性来控制气囊点火器电路的接通与

切断的，多用于安全传感器。

（1）机电式碰撞传感器。

1）滚球式碰撞传感器。如图5-6a所示，滚球式碰撞传感器主要由固定触头1、滚球2、永久磁铁3和壳体等零件组成。略带弹性的两个固定触头1绝缘固定在壳体上，两个触头固定不动，并分别与传感器的引线端子7连接。滚球用铁质材料制成，用来感测惯性力或减速度的大小，可在柱状滚道内滚动。滚球式碰撞传感器的工作原理如图5-6和图5-7所示。

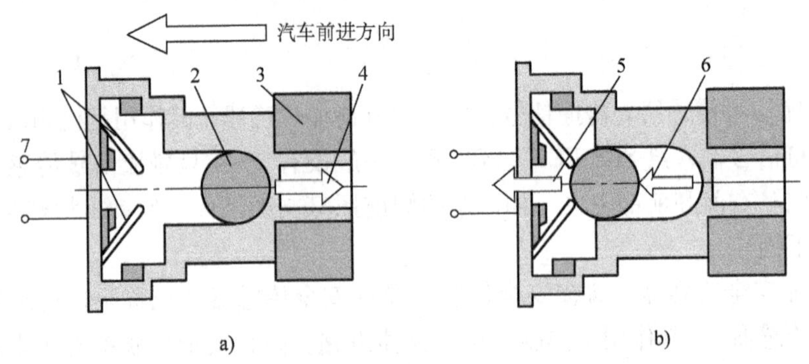

图5-6 滚球式碰撞传感器的结构

a）不发生碰撞，电极断开 b）碰撞发生，电极接通

1—固定触头 2—滚球 3—永久磁铁 4—磁力 5—碰撞时的惯性力 6—惯性力和磁力的合力 7—引线端子

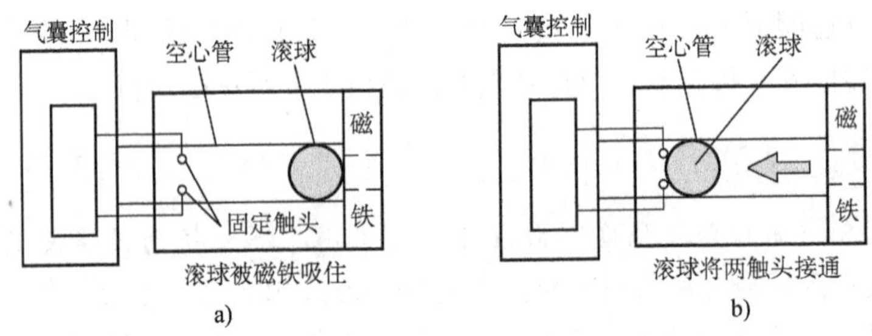

图5-7 滚球式碰撞传感器的工作原理

汽车未碰撞时，传感器处于静止状态，在永久磁铁的磁力作用下，滚球被永久磁铁吸引，静止于右侧，两个固定触头未连通，如图5-6a和图5-7a所示，传感器电路未接通，无碰撞信号输入SRS ECU。

当汽车碰撞且减速度达到碰撞强度设定的阈值时，滚球由于惯性产生的惯性力大于永久磁铁的吸力，在柱状滚道内向左滚动到两个固定触头侧，将两个固定触头接通，如图5-6b和图5-7b所示，使传感器电路接通，碰撞强度信号即输入SRS ECU。

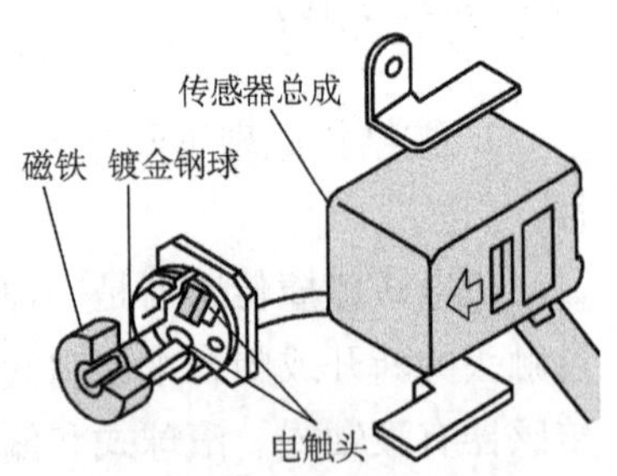

图5-8 碰撞传感器壳体上的箭头标记

滚球式碰撞传感器壳体上印制有箭头标记，安装时必须按使用说明书规定的方向进行安装。有的标记规定指向汽车前方，有的标记规定指向汽车后方（见图5-8）。

滚球式碰撞传感器在日本尼桑和马自达轿车的 SRS 上均有使用。

2）滚轴式碰撞传感器。如图 5-9a 所示，滚轴式碰撞传感器由止动销 1、滚轴 2、滚动触头 3、固定触头 4、片状弹簧 5 和底座 6 等组成。片状弹簧 5 的一端固定在底座 6 上，另一端略微弹起。滚轴 2 可沿片状弹簧 5 滚动，滚动触头 3 固定在滚轴 2 上，可随滚轴一起滚动并引出传感器的一个电极。固定在片状弹簧 5 上并与之绝缘的固定触头 4 接传感器的另一个电极。

汽车未碰撞时，传感器处于静止状态，如图 5-9a 所示，此时滚轴在弹起的片状弹簧 5 作用下，靠向止动销 1 一侧，滚动触头 3 与固定触头 4 形成的开关处于断开状态，传感器电路不接通，无碰撞信号输入 SRS ECU。

当汽车碰撞且减速度达到碰撞强度设定的阈值时，如图 5-9b 所示，滚轴由于惯性产生的惯性力大于片状弹簧的弹力，滚轴就会克服片状弹簧 5 的弹力压下片状弹簧向右滚动，使滚轴上的滚动触头 3 与片状弹簧上的固定触头 4 接触，将传感器的电路接通，碰撞强度信号即输入 SRS ECU。

滚轴式碰撞传感器在丰田、本田和三菱轿车 SRS 系统中均有应用。

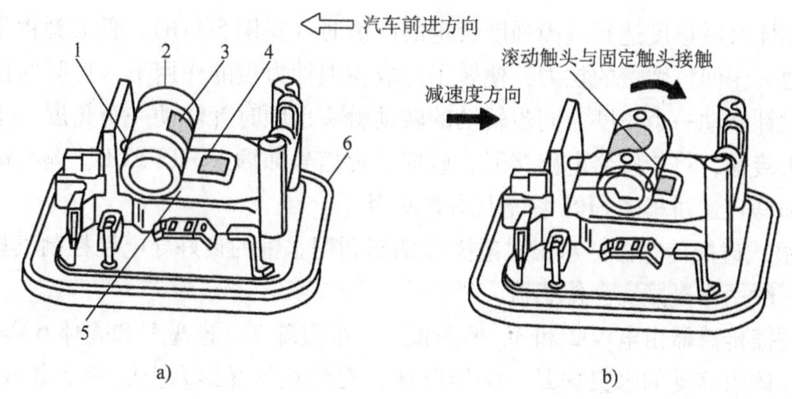

图 5-9 滚轴式碰撞传感器的结构原理

a）未碰撞时 b）碰撞时

1—止动销 2—滚轴 3—滚动触头 4—固定触头 5—片状弹簧 6—底座

3）偏心锤式碰撞传感器。偏心锤式碰撞传感器又称为偏心转子式碰撞传感器，该传感器主要由偏心锤、偏心锤臂、转动触头臂及转动触头、固定触头、回位弹簧、挡块和壳体等组成，如图 5-10 所示。转子总成由偏心锤、转动触头臂和两端固定的触头组成，触头随触头臂一起转动，两个固定触头绝缘固定在传感器壳体上，并用导线分别与传感器接线端子连接。

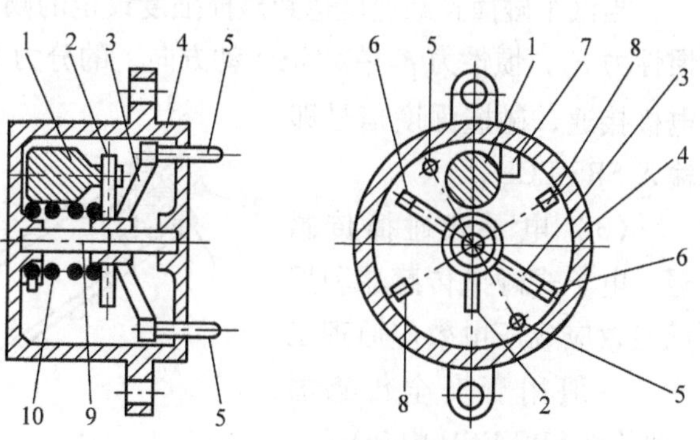

图 5-10 偏心锤式碰撞传感器的结构

1—偏心锤 2—偏心锤臂 3—转动触头臂 4—壳体 5—接线柱 6—转动触头 7—挡块 8—固定触头 9—传感器轴 10—回位弹簧

如图 5-11 所示为偏心锤式碰撞传感器的工作原理：汽车未碰撞时（见图5-11a），

传感器处于静止状态，偏心锤在回位弹簧的弹力作用下被弹簧拉回，偏心锤与挡块保持接触，静止于右侧，转动触头与固定触头不接触，传感器电路未接通，无碰撞信号输入 SRS ECU。

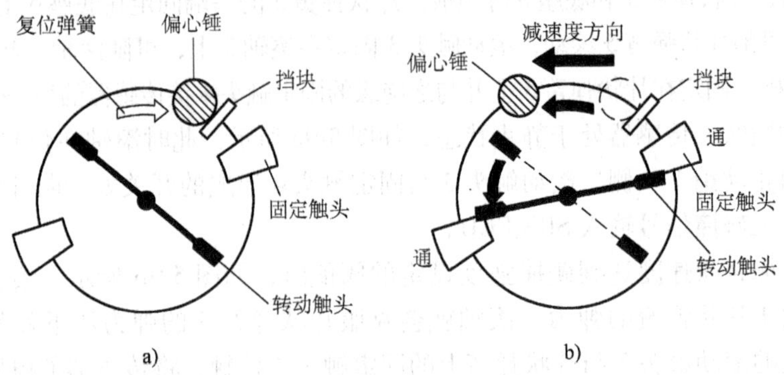

图 5-11　偏心锤式碰撞传感器的工作原理

a）未碰撞时　b）碰撞时

当汽车碰撞且减速度达到碰撞强度设定的阈值时（见图 5-11b），偏心锤由于碰撞惯性产生的惯性力大于回位弹簧的拉力，使转子总成在惯性力矩的作用下，克服回位弹簧的弹性力矩沿顺时针转动一个角度。同步转动的转动触头也顺时针转动一个角度，于是固定触头与转动触头接触，将传感器电路接通，碰撞强度信号即输入 SRS ECU。偏心锤式碰撞传感器在丰田和马自达轿车的 SRS 系统上均有使用。

（2）水银式碰撞传感器。水银式碰撞传感器利用水银的良好导电性控制气囊点火器电路的接通，一般用作碰撞安全传感器。

水银式碰撞传感器由电极 2 和 3、密封圈 4、水银珠 7、螺塞 1 和壳体 6 等零件组成。能够在管状壳体内移动的水银珠是一个导电体；安装在绝缘螺塞上的两个电极互相绝缘，并各引出一个传感器电极；螺塞和壳体也是绝缘的，如图 5-12 所示。

汽车未碰撞时（见图 5-12a），传感器处于静止状态，水银珠在重力的作用下处于壳体的下端，传感器的两电极断开，传感器电路未接通，无碰撞信号输入 SRS ECU。

当汽车碰撞且减速度达到碰撞强度设定的阈值时（见图 5-12b），水银珠由于碰撞产生惯性力 F_2，惯性力 F_2 在水银运动方向上的分力 F_1 将水银珠抛向传感器电极一端，使两个电极接通，碰撞强度信号即输入 SRS ECU。

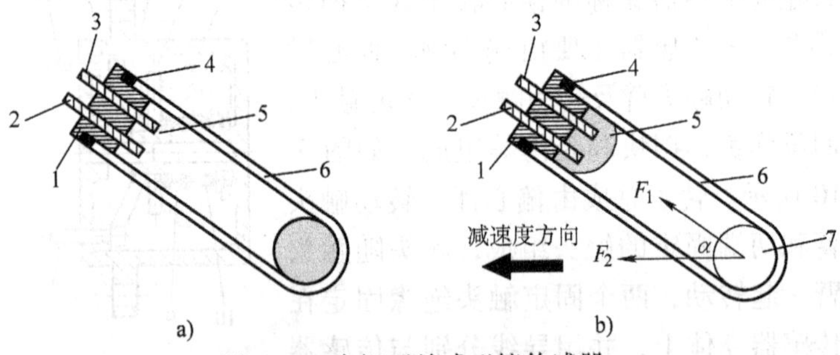

图 5-12　水银开关式碰撞传感器

a）未碰撞时　b）碰撞时

1—螺塞　2、3—接引爆管点火电极　4—密封圈

5—水银撞击后位置　6—壳体　7—水银珠　F_2—惯性力

（3）电子式碰撞传感器。电子式碰撞传感器利用压阻效应或压电效应原理工作，一般用于安全传感器（即装在 SRS ECU 内部）。

1）压阻效应式碰撞传感器。压阻效应式碰撞传感器（应变电阻计式碰撞传感

器）的结构如图 5-13 所示，它主要由集成电路、应变电阻和重块等组成。应变电阻 R_1、R_2、R_3、R_4 制作在硅膜片上，当膜片产生变形时，应变电阻的阻值就会发生变化。为了提高传感器的检测精度，应变电阻一般都连接成桥式电路，并设计有稳压和温度补偿电路 W、信号处理与放大电路 A，如图 5-13c 所示。

当汽车遭受碰撞时，重块产生振动，使膜片产生变形，应变电阻阻值随之发生变化，经过信号处理与放大后，传感器 S 端输出的信号电压就会发生变化。SRS ECU 根据电压信号的强弱便可判断碰撞的激烈程度。如果信号电压超过设定值，SRS ECU 就会立即向点火器发出点火指令引爆点火剂，使充气剂受热分解产生气体给气囊充气。

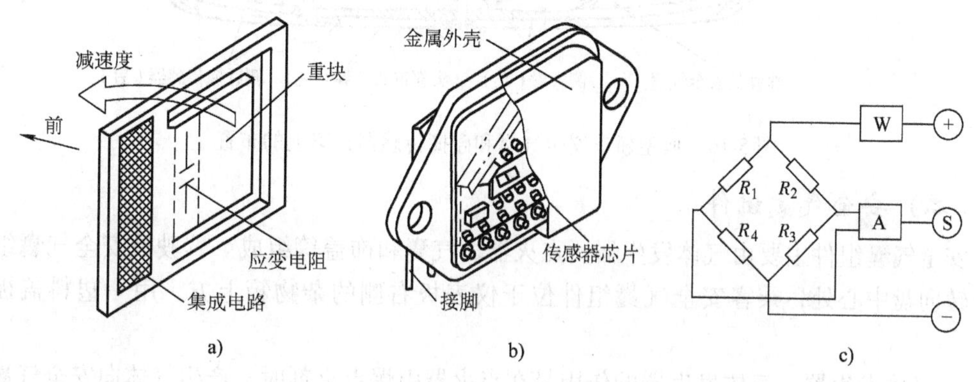

图 5-13　压阻效应式碰撞传感器的结构原理

a）结构　b）外形　c）原理电路

2）压电效应式碰撞传感器。压电效应式碰撞传感器是利用压电效应制成的传感器。压电效应是指某些晶体的薄片受到压力或机械振动后产生电荷的现象。压电晶体通常用石英或陶瓷制成。在压力作用下，压电晶体的外形和输出电压会发生变化。当汽车遭受碰撞时，传感器内的压电晶体在碰撞产生的压力作用下，输出电压就会变化（见图 5-14），SRS ECU 根据电压信号的强弱便可判断碰撞的烈度。如果电压信号超过设定值，SRS ECU 就会立即向点火器发出点火指令，引爆点火剂使气体发生器给气囊充气，SRS 气囊膨开，达到保护驾驶员和乘员的目的。

如图 5-15 所示为奥迪轿车装用的碰撞传感器的实物图，如图 5-16 所示为典型轿车各种传感器及安全气囊在车上的安装位置。

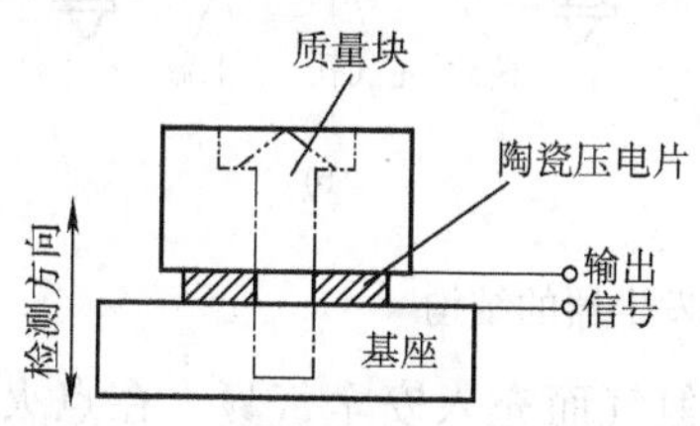

图 5-14　压电效应式碰撞传感器的结构原理

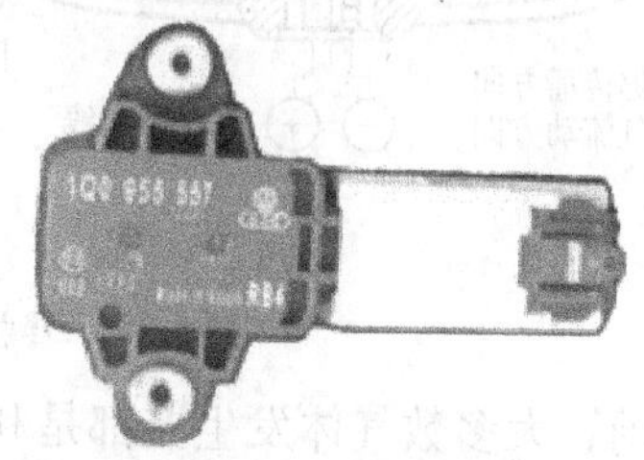

图 5-15　奥迪轿车装用的碰撞传感器

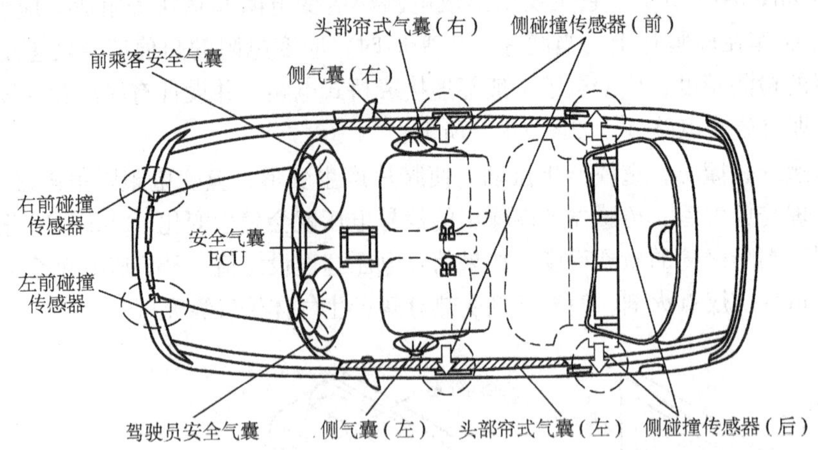

图 5-16　典型轿车安全气囊和碰撞传感器在车上的布置

（二）安全气囊组件

安全气囊组件主要由气体发生器、点火器、气囊和饰盖等组成。驾驶员安全气囊组件位于转向盘中心处，乘客安全气囊组件位于仪表板右侧的杂物箱上方，用一塑料盖板遮住。

1. 气体发生器　气体发生器的作用是在点火器引爆点火剂时，产生气体向安全气囊充气，使安全气囊膨开。现在汽车上广泛装用电子式气体发生器。

（1）驾驶席安全气囊气体发生器。为了便于安装，驾驶席安全气囊气体发生器一般都做成圆形，如图 5-17 所示，它主要由上盖、下盖、充气剂、过滤器和点火器组成。上盖上制有若干个充气孔。下盖上制有安装孔，以便将气体发生器安装到安全气囊支架上。上盖与下盖用冷压工艺压装成壳体，壳体内装充气剂、过滤器和点火器。过滤器安放在气体发生器的内表面，用以过滤充气剂和点火剂燃烧后的渣粒。

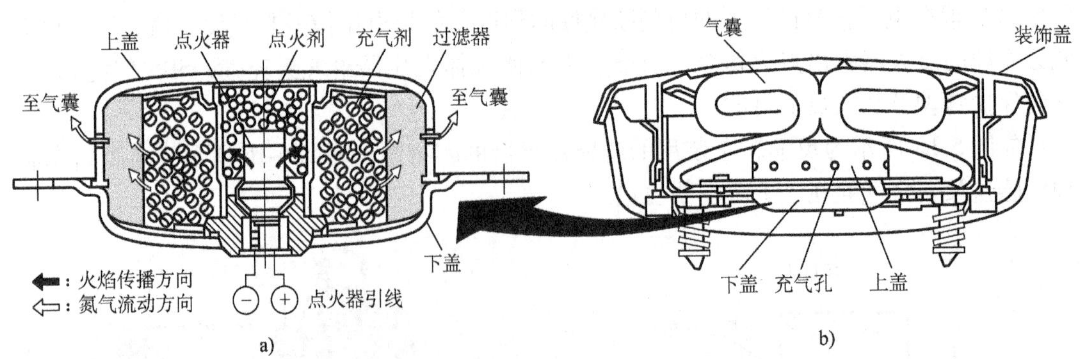

图 5-17　驾驶席安全气囊及气体发生器的结构

目前，大多数气体发生器都是利用热效反应产生氮气而充入安全气囊。在点火器引爆点火剂的瞬间，点火剂会产生大量热量，充气剂（即片状的叠氮化钠）受热立即分解释放氮气，并从充气孔充入安全气囊（见图 5-17a），使气囊冲破转向盘中央的盖板，在转向盘

和驾驶员之间形成一个大气囊。

◆ 提示：

传统型安全气囊气体发生器的燃烧材料是叠氮化钠，由于燃烧后会产生大量的氢氧化钠残留物，造成一定的环境污染，因此，目前有的汽车采用以下几种混合型气体发生器：一种是燃烧材料仍然是叠氮化钠，但它是利用惰性气体氩气给气囊充气，使燃烧后产生的残留物大大减少；另一种燃烧材料是乙醇，利用惰性气体氩气给气囊充气，由于燃烧材料采用的是乙醇，因此燃烧后没有残留物产生；再一种是用氢气和空气按一定比例加压混合，燃烧后直接生成水。

（2）乘客侧安全气囊气体发生器。乘客侧安全气囊的气体发生器为长筒形，如图5-18所示。由于乘客侧安全气囊距离乘客比驾驶席侧安全气囊距离驾驶员的距离大，因此乘客侧气囊的体积比驾驶席侧气囊的体积要大。乘客侧安全气囊与驾驶席安全气囊的工作原理相同。

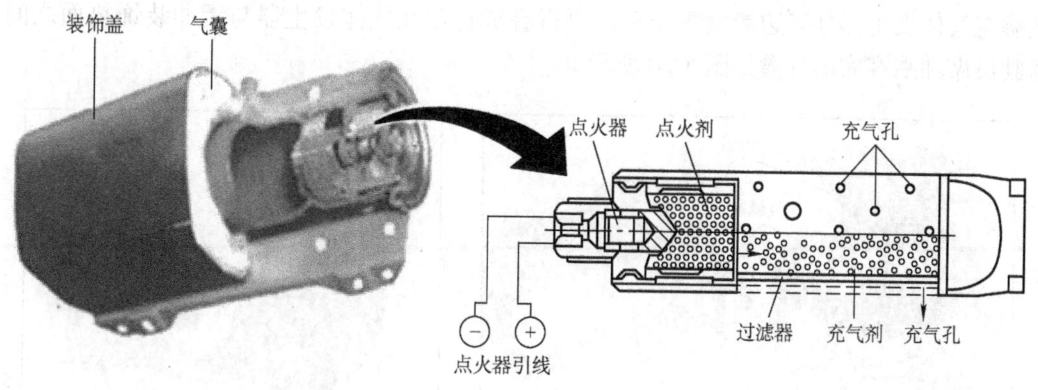

图5-18 乘客侧安全气囊及气体发生器的结构

2. 点火器　点火器外包铝箔，安装在气体发生器内部的中央位置。点火器的结构如图5-19所示，主要由引爆炸药1、药筒2、引药3、电热丝4、电极10和引出导线7等组成。

点火器的所有部件均安装在药筒内。点火剂包括引爆炸药1和引药3。引出导线与气囊连接器插头连接，连接器（一般多为黄色）中设有短路片（铜质弹簧片）。当连接器插头拔下或插头与插座未完全接合时，短路片将两根引线短接，防止静电或误通电将电热丝电路接通而造成气囊

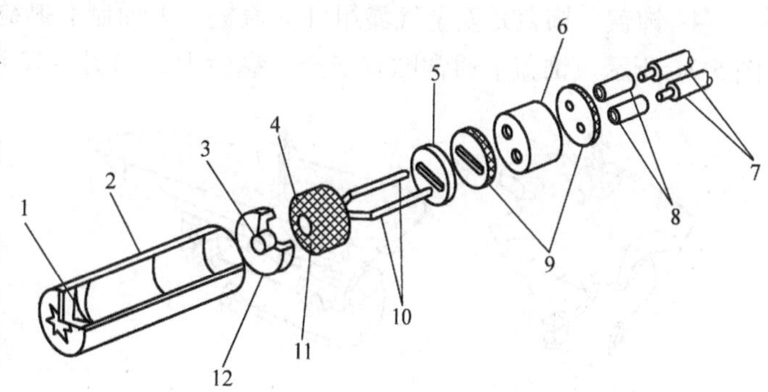

图5-19 点火器的结构

1—引爆炸药 2—药筒 3—引药 4—电热丝 5—陶瓷片 6—永久磁铁 7—引出导线 8—绝缘套管 9—绝缘垫片 10—电极 11—电热头 12—药托

误胀开。

点火器的作用是在碰撞传感器和安全传感器将气囊电路接通时，其引出导线 7 端加电，电热丝 4 电路接通，电流通过电热丝，使电热丝迅速发热，引爆引药，进而引爆炸药并瞬间爆炸产生热量，使药筒内的温度和压力急剧升高并冲破药筒，使充气剂受热分解释放氮气充入安全气囊。

点火器引爆气囊的条件是任意一只碰撞传感器与 SRS ECU 内的安全传感器同时接通。

◆ 重要提示：

由于点火器会因流入很弱的电流而被点燃，因此不能使用指针式万用表来测量其电阻和电压，以免由于测量电流流入而引爆气囊。

3. 气囊　气囊一般由尼龙制成，在气囊的内表面涂上橡胶来形成密封层，橡胶涂层起密封和引燃作用，气囊背面有泄气孔。乘客侧气囊没有涂层，靠尼龙布本身的孔隙泄气。气囊与气体发生器外壳边缘紧密压粘，再折叠成包放在气体发生器与缓冲装饰垫面之间。驾驶员席和乘客席的气囊如图 5-20 所示。

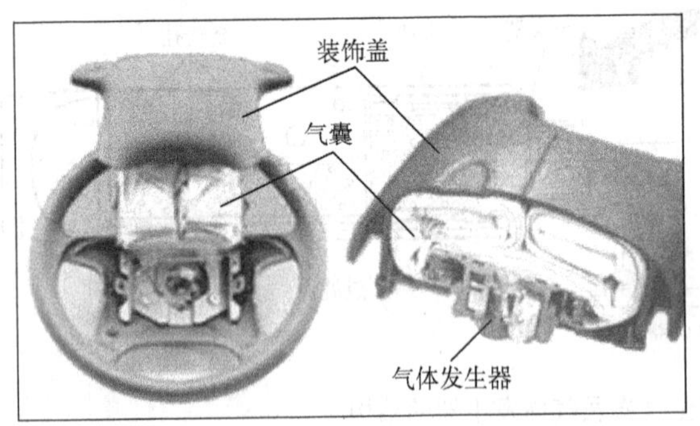

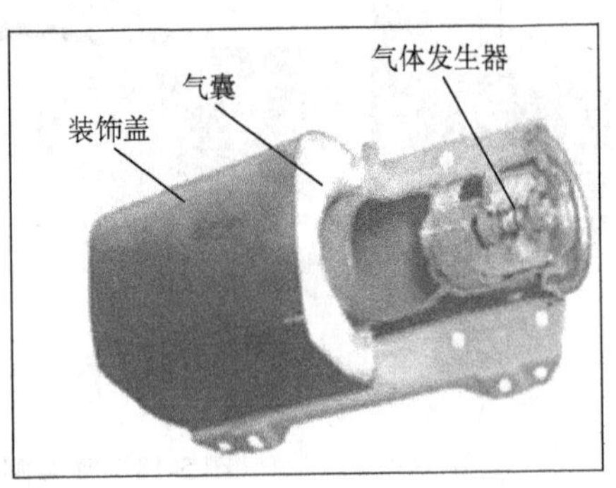

图 5-20　驾驶员席和乘客席气囊

4. 饰盖　饰盖是安全气囊组件的盖板，上面制有撕缝，以使气囊能冲破饰盖膨开，如图 5-21 所示。饰盖上通常贴有安全气囊标识，如图 5-22 所示。

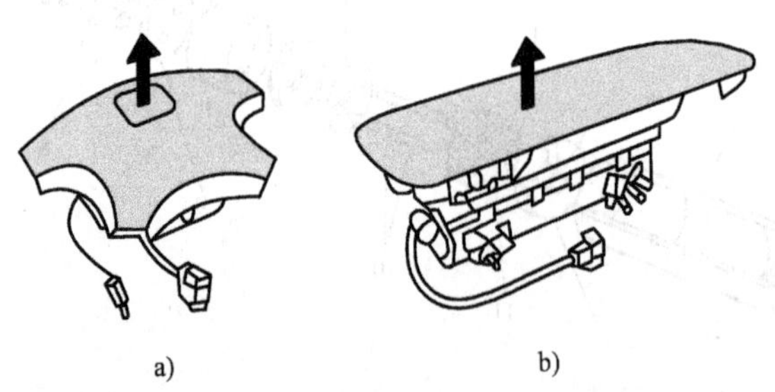

图 5-21　驾驶员席和乘客席安全气囊饰盖

a）驾驶员席安全气囊饰盖　b）乘客席安全气囊饰盖

图 5-22　饰盖上的安全气囊标识

（三）安全气囊ECU

安全气囊ECU又称为安全气囊电子控制器或安全气囊电脑组件。安全气囊ECU是安全气囊系统的核心部件，主要由ECU模块、信号处理器、备用电源电路、保护电路和稳压电路等组成。安全传感器一般与安全气囊电脑一起设置在ECU中，其工作原理如图5-23所示。

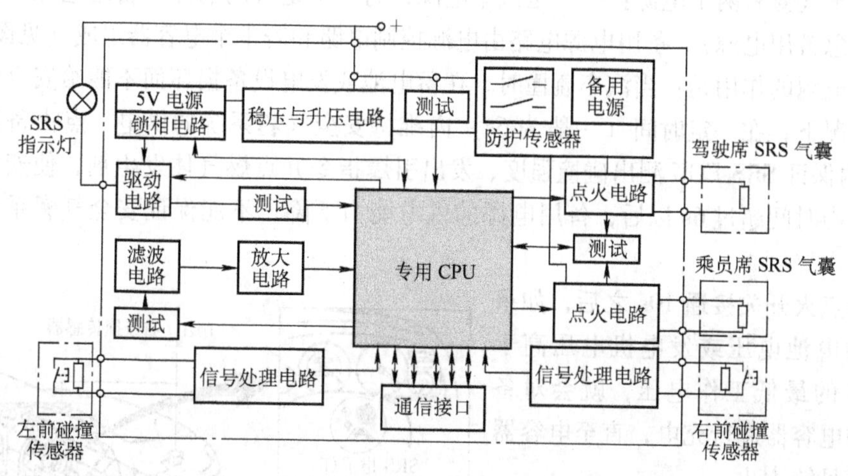

图5-23　安全气囊ECU的工作原理框架图

1. ECU模块（微处理器）　安全气囊ECU主要由中央处理器CPU、只读存储器ROM、随机存储器RAM、I/O接口、驱动器等电子电路组成。同时，安全气囊ECU内部还有安全传感器、备用电源、稳压电路和故障自诊断电路等，如图5-24所示。

在汽车行驶的过程中，安全气囊ECU不断监测汽车上的碰撞传感器，以判断汽车是减速行驶还是发生了碰撞。当判断结果为发生碰撞，且汽车减速度信号反映汽车碰撞强度达到或超过设定阈值时，安全气囊ECU立即向点火电路发出引爆指令，引爆点火剂。

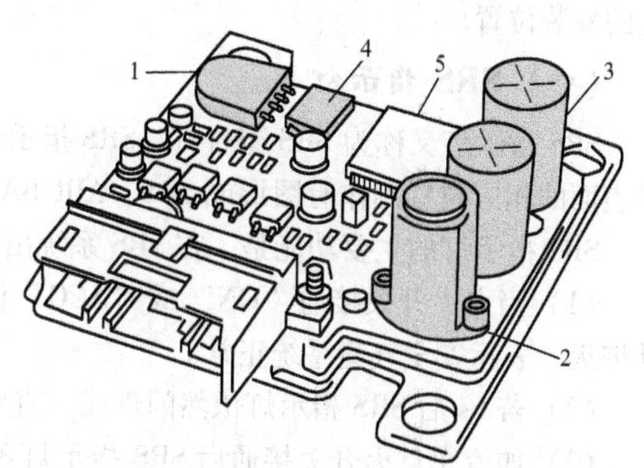

图5-24　安全气囊ECU的内部结构

1—碰撞传感器　2—安全传感器

3—备用电源　4—专用集成电路　5—微处理器

除此之外，安全气囊ECU还要对控制组件中关键部件的电路（如传感器电路、备用电源电路、点火电路、安全气囊指示灯及其驱动电路）不断进行诊断测试，并通过安全气囊指示灯和存储在存储器中的故障码来显示测试结果。仪表板上的安全气囊指示灯可直接向驾驶员提供安全气囊系统的状态信息。

2. 信号处理电路　信号处理电路主要由放大器和滤波器组成，用于对传感器检测的信号进行整形、放大和滤波，以使ECU能够接收、识别和处理。

3. 稳压和保护电路　稳压和保护电路的功能是保证汽车电源电压波动时 SRS 也能正常工作。由于汽车电路中，电感线圈和开关较多，当电路中的开关元件接通或断开使负载电流发生突然变化时，都会产生瞬时的脉冲高压对 SRS 电路中的元器件造成损害。为了防止 SRS 元器件损坏而造成 SRS 的保护作用失效，必须设置稳压和保护电路。

4. 备用电源　为了提高安全气囊系统的可靠性，防止电源线在碰撞中断线或电池遭到破坏，安全气囊有两个电源：一个是汽车电源，另一个是备用电源（备用电源又称为后备电源或紧急备用电源）。备用电源电路由电源控制电路和若干个电容器组成（见图 5-24）。

备用电源的作用是：当汽车碰撞时，在蓄电池或发电设备损坏而不能给安全气囊系统供电的情况下，在一定时间（一般为 6s）内维持安全气囊系统的供电。点火备用电源能在 6s 之内保证 SRS ECU 测出碰撞强度、发出引爆指令并点燃气体发生剂，使安全气囊可靠起动。当时间超过 6s 以后，备用电源的供电能力下降，不能保证安全气囊系统的正常工作。

汽车点火开关接通 10s 之后，如果汽车的蓄电池电压或发电机电压高于 SRS ECU 的最低工作电压，就会对备用电源的电容器进行充电，直至电容器电能储存足够为止。

安全气囊 ECU 在汽车上的安装依车型而异，一般安装在驾驶员侧的仪表盘下面或乘客侧的仪表盘下面，如图 5-25 所示为典型轿车安全气囊 ECU 在车上的安装位置。

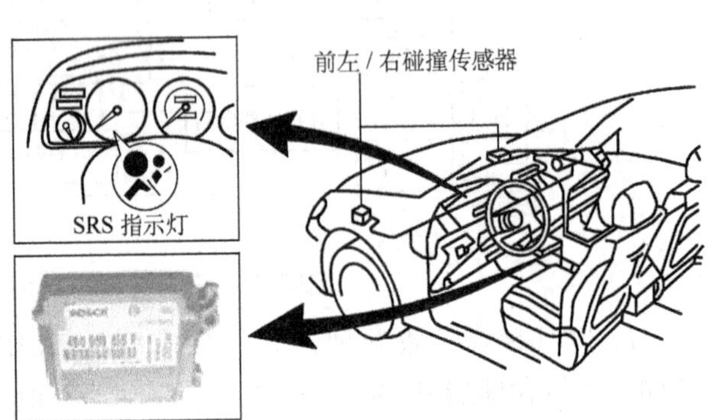

图 5-25　典型轿车安全气囊 ECU 和 SRS 指示灯在车上的安装位置

（四）SRS 指示灯

SRS 指示灯又称为 SRS 警告灯。SRS 指示灯安装在驾驶室仪表盘面膜的下面，并在面膜表面的相应位置制作有图形或 SRS、AIR BAG 等字样表示，如图 5-25 所示。

SRS 指示灯的主要功能是，在 SRS 系统出现故障时，不停闪亮来提示驾驶员。

（1）当点火开关接通“ON”或“ACC”位置后，如 SRS 指示灯发亮或闪亮约 6s 后自动熄灭，表示安全气囊系统正常。

（2）若 6s 后 SRS 指示灯依然闪烁或一直不熄灭，表示安全气囊系统有故障。

（3）如汽车点火开关接通后 SRS 指示灯不亮，或在汽车行驶中发亮或闪烁，则说明安全气囊系统有故障。

（五）保险机构

为了区别其他线束，通常将安全气囊线束做成黄色，而且线束连接器采用导电性能和耐久性能良好的铂金端子，以保证 SRS 的高度可靠性，并设计有防止气囊误爆机构、端子双重锁定机构、连接器双重锁定机构和电路连接诊断机构等，用以保证安全气囊可靠地工作。安全气囊采用的各种特殊连接器如图 5-26 所示，连接器采用的各种保险机构见表 5-1。

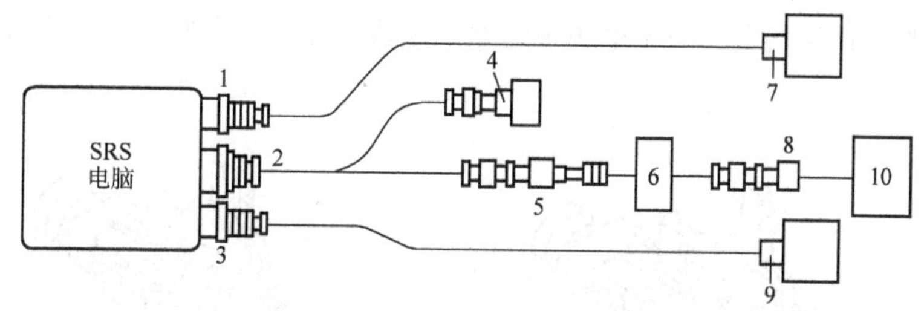

图 5-26 安全气囊连接器

1、2、3—ECU 连接器 4—SRS 电源连接器 5—中间线束连接器 6—螺旋线束 7—右碰撞传感器连接器 8—安全气囊组件连接器 9—左碰撞传感器连接器 10—点火器

表 5-1 SRS 连接器的保险机构

序号	名称	连接器代号
1	防止安全气囊误爆机构	2、5、8
2	电路连接诊断机构	1、3、7、9
3	连接器双重锁定机构	5、8
4	端子双重锁定机构	1、2、3、4、5、7、8、9

1. 防止 SRS 误爆机构　安全气囊系统在线束连接器中采用了防止气囊误爆机构，其作用是防止在维修和拆装过程中，由于静电或误通电将点火器中的电热丝电路接通而将气囊引爆。

防止安全气囊误爆机构是在连接器中设有一个短路片，当连接器插头与插座接在一起时，插头的绝缘体将短路片顶起，短路片与点火器的两个端子分开，点火器中的电热丝电路处于正常的连接状态；当连接器插头拔下时，短路片就自动将点火器的两个引线端子短接，使点火器的电热丝与短路片构成回路，此时即使误将电源加到点火器上，点火器也不会引爆，从而防止安全气囊误爆。

如图 5-26 所示，从 SRS ECU 至 SRS 点火器之间的连接器 2、5、8 均采用了防止安全气囊误爆的短路片机构。拔下连接器时，短路片自动将靠近 SRS 点火器一侧的连接器或连接器的两个引线子短接，如图 5-27 所示，防止静电或误通电将电热丝电路接通而造成安全气囊误爆。

连接器短路片有的设置在插头上，有的设置在插座上，其作用效果完全相同，但短路片必须靠近 SRS 点火器一侧。在图 5-27 中，短路片设在连接器上。当连接器正常连接时，连接器的绝缘壳体将短路片向上顶起，如图 5-27a 所示，短路片与连接器端子脱开，插头的引线端子与插座的引线端子接触良好，点火器电热丝电路的“ + ”端与安全传感器电路接通，“ - ”端与前碰撞传感器电路接通，电热丝电路处于正常连接状态。

当连接器的插头与插座脱开时，短路片自动将安全气囊点火器一侧连接器的引线端子短接，使点火器的电热丝与短路片构成回路，如图 5-27b 所示。此时即使将电源加到安全气囊点火器一侧的连接器上，由于电源被短路片短路，因此点火器也不会引爆，从而防止 SRS 误爆。

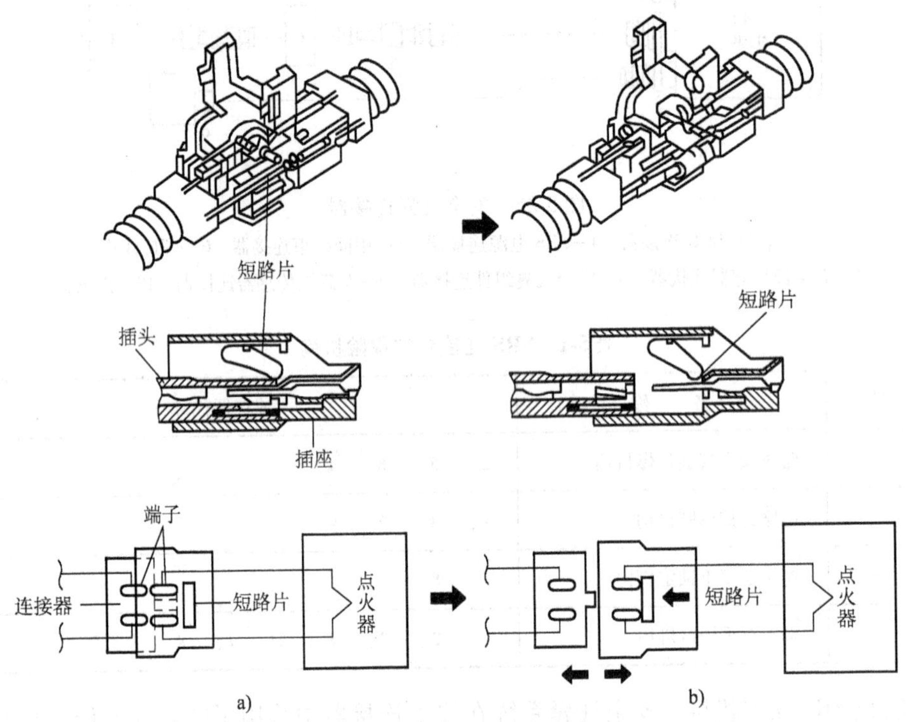

图 5-27　防止安全气囊误爆机构

a）连接器正常连接时，短路片与端子脱开　b）连接器拔下时，短路片端子短接

2. 电路连接诊断机构　电路连接诊断机构用来监测连接器是否连接可靠，常用于前碰撞传感器。在这种连接器中，有一个诊断销和两个诊断端子，连接器正常连接时，诊断销与前碰撞传感器中的常开触头并联。如图 5-28 所示为前碰撞传感器的连接器及其与 SRS ECU 连接器采用的电路连接诊断机构，其连接器上有一个诊断销和两个诊断端子，端子上有弹簧片，其中一个诊断端子与碰撞传感器触头的一端相连，另一个诊断端子经过一个电阻与碰撞传感器触头的另一端相连。

前碰撞传感器触头为动合触头，当传感器连接器的插头和插座半连接（未可靠连接）时，诊断端子与诊断销尚未接触，如图 5-28a 所示，此时电阻尚未与传感器触头构成并联电路，连接器引线“+”与“－”之间的电阻为无穷大。因为“+”、“－”引线与 SRS ECU 连接器端子 1 或 3 连接（见图 5-26），所以当 ECU 监测到碰撞传感器的电阻为无穷大时，即诊断为连接器连接不可靠，自诊断电路便控制 SRS 警告灯闪亮报警，同时将故障编成代码储存在存储器中。

当传感器连接器的插头和插座可靠连接时，诊断端子与诊断销可靠接触，如图 5-28b 所示，此时电阻与碰撞传感器触头并联。因为传感器触头为动合触头，所以，当 SRS ECU 检测到的阻值为该并联电阻的阻值时，即诊断为连接器连接可靠。

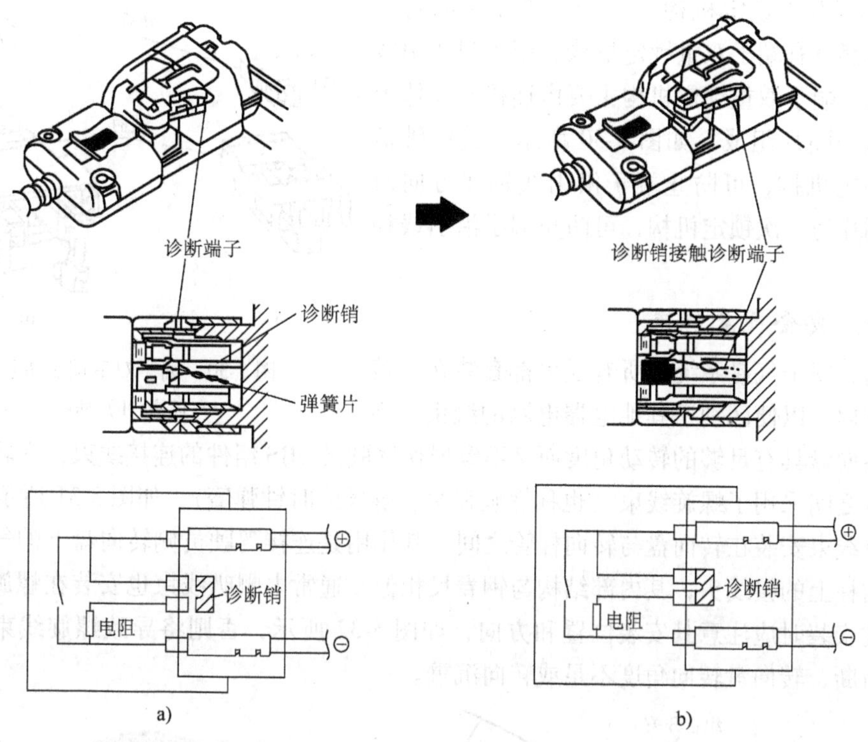

图 5-28 电路连接诊断机构

3. 连接器双重锁定机构 安全气囊系统在线束的重要连接部位，其连接器都采用了双重锁定机构，用于锁定连接器的插头与插座，防止连接器脱开。连接器双重锁定机构的结构如图 5-29 所示，其上有主锁和两个凸台以及锁柄能够转动的副锁。连接器双重锁定机构的工作原理如下：

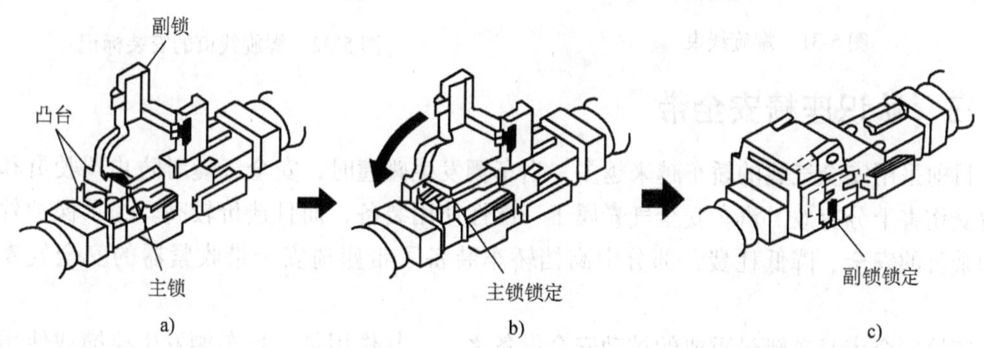

图 5-29 连接器双重锁定机构的结构

a）主锁打开，副锁被挡住 b）主锁锁定，副锁可以锁定 c）双重锁定

（1）当主锁未锁定时，插头上的两个凸台阻止副锁锁定，如图 5-29a 所示。

（2）当主锁完全锁定时，副锁锁柄方能转动并锁定，如图 5-29b 所示。

（3）当主锁与副锁双重锁定后，连接器的插头和插座的连接状态如图 5-29c 所示，从而防止连接器的插头和插座脱开。

4. 端子双重锁定机构　安全气囊系统的每一个连接器都设有端子双重锁定机构，用于阻止引线端子滑出。端子双重锁定机构主要由连接器壳体上的锁柄与分隔片组成，如图 5-30 所示，其中锁柄为一次锁定机构，可防止端子沿引线轴线方向滑动；分隔片为二次锁定机构，可防止端子沿引线径向移动。

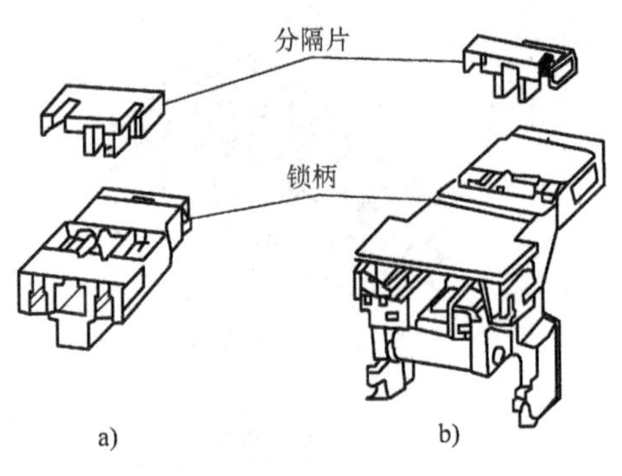

图 5-30　端子双重锁定机构

a）插头　b）插座

（六）安全气囊线束

目前，安全气囊系统的所有线束都套装在一黄色波纹管内，以便区别于其他电器电路的线束。为了保证转向盘具有足够的转动角度而又不致损伤驾驶员 SRS 组件的连接线束，在转向盘与转向柱管之间采用了螺旋线束（也称螺旋弹簧、游丝或时钟弹簧），如图 5-31 所示。

螺旋线束安装在转向盘与转向柱管之间，其作用是连接驾驶员侧转向盘上的气囊接线头和转向柱上的接线头，其内部结构与钢卷尺相似。通常电喇叭线束也安装在螺旋形弹簧内，因此安装时应注意其安装位置和方向，如图 5-32 所示，否则将导致螺旋线束和电喇叭线束折断、转向盘转向角度不足或转向沉重。

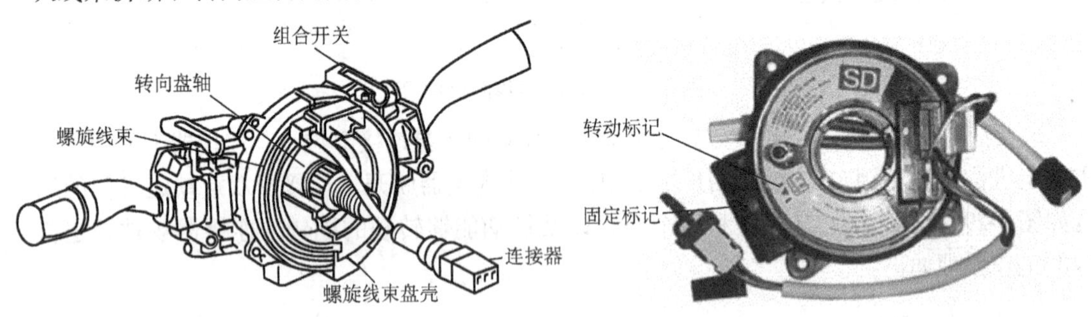

图 5-31　螺旋线束

图 5-32　螺旋线束的安装标记

三、认识座椅安全带

目前采用安全气囊的轿车越来越多，当车辆发生碰撞时，安全气囊对防止驾驶员和乘员遭受伤害十分有效。汽车安全气囊属于一次性使用装备，而且造价较高。为了保护驾驶员和乘员的安全、降低耗费，部分中高档轿车装备了带座椅安全带收紧器的安全气囊系统。

座椅安全带是车辆最重要的被动安全设备之一，其作用是一旦车辆发生碰撞或使用紧急制动，预紧装置就会瞬间收束，拉紧佩带时松弛的安全带，将乘员牢牢地拴在座椅上，以防止意外。一旦安全带的收束力度超过一定限度，限力装置就会适当放松安全带，保持胸部受力稳定。

座椅安全带分为普通两点式和三点式座椅安全带及预紧式安全带两种。

1. 普通两点式和三点式座椅安全带　普通座椅安全带一般由高强度织带、锁扣、锁舌、收紧器和限力器等组成，如图 5-33 所示。

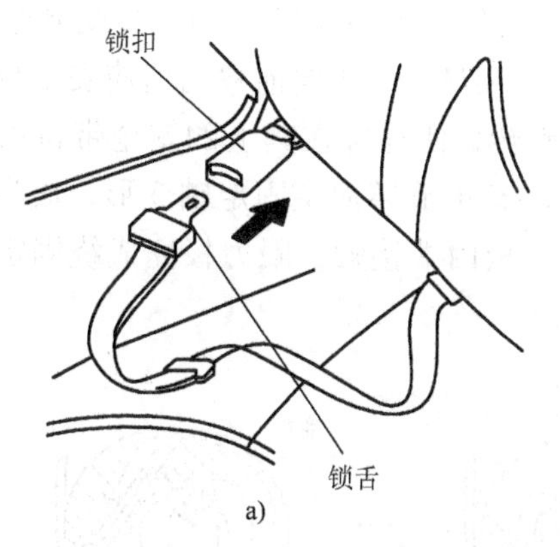

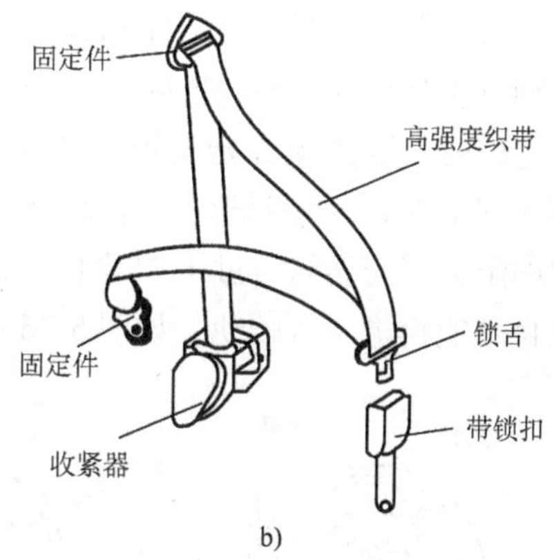

图 5-33 普通座椅安全带

a）两点式座椅安全带 b）三点式座椅安全带

（1）高强度织带和带锁扣。织带多用尼龙等合成纤维原丝编织而成，宽约 50mm、厚约 1.5mm，具有足够的强度、延伸性能和吸收能量的性能。两点式座椅安全带仅限制乘员腰部，如图 5-33a 所示；三点式座椅安全带包括斜挎前胸的肩带和绕过人体胯部的腰带，如图 5-33b 所示，在座椅的外侧和内侧地板上各有一个固定点，第三个固定点位于座椅外侧车身支柱的上方；织带伸入车身支柱内腔并卷在支柱下端的收紧器内。乘员胯部内侧附近有一个带锁扣，带锁扣是一种能使乘员方便佩带和解脱安全带的连接装置，它有锁舌和锁扣两个部件，该两部分插合后即可将乘员约束在座椅上。按下锁扣的红色按钮就能解除约束，如图 5-34 所示。

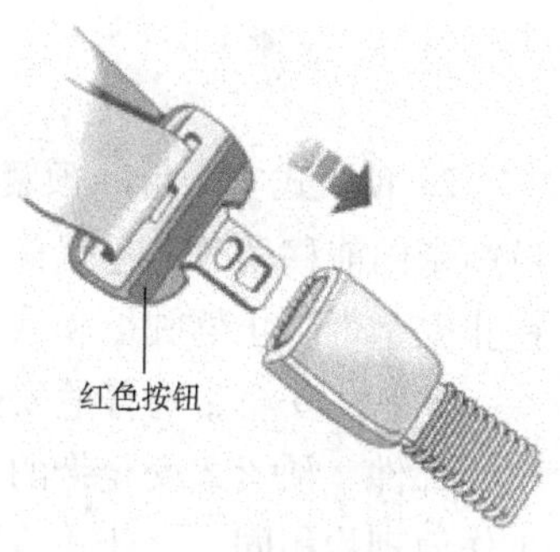

图 5-34 安全带锁扣

（2）收紧器。收紧器既有收卷、储存部分或全部织带的功能，又有紧急锁止织带的功能。在正常情况下，安全带对人体上部并不起约束作用。当驾驶员、乘员向前弯腰时，带子可从收卷器经由上方固定点的导向板被拉出；而当驾驶员、乘员恢复正常坐姿时，收卷器又会自动将带子收起，使带子随时保持与人体贴合。当汽车的速度变化较大或车身姿态变化较大，织带的拉出速度达到一定程度时，收紧器会锁紧安全带，从而将驾驶员、乘员束缚于汽车座椅上。

普通安全带一般采用机械式收紧器。机械式收紧器大多设计安装在安全带的带扣处，主要由卷筒、卷筒轴、棘轮棘爪机构和离合器等组成，如图 5-35 所示。

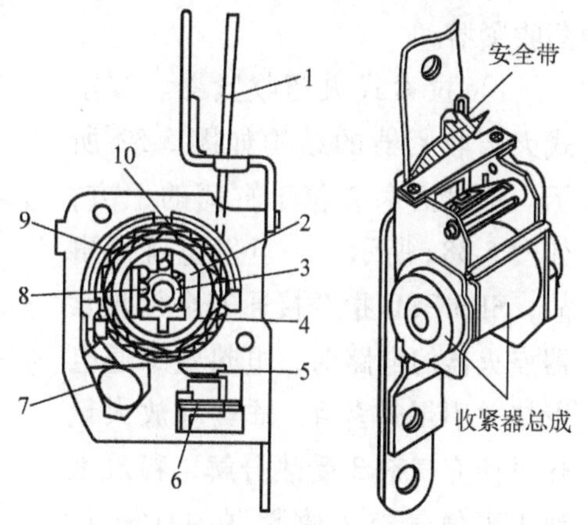

图 5-35 机械式收紧器的结构

1—织带 2—惯性卷筒 3—卷筒轴 4—平衡块 5—执行臂 6—摆锤 7—棘爪 8—平衡弹簧 9—棘轮机构 10—离合器

（3）安全带限力器。安全带限力器的结构如图 5-36 所示，主要由限力板、卷筒和固定轴等组成。安全带限力器、收紧装置与座椅安全带搭配使用，可使驾驶员和乘员受到最大的保护。当车辆发生严重的正面碰撞时，由于驾驶员和乘员进一步向前移动而使安全带所受的力超过预定值时，限力板开始变形，卷筒立即旋转，使得绕在其上的安全带得以向外拉出，如图5-36b所示。与此同时，限力板继续随卷筒的旋转而绕固定轴变形，成为安全带继续拉出的阻力。当卷筒转过1.25圈，随着限力板两端接触，限力板完成绕固定轴的转动，卷筒也不能再进一步转动，如图5-36c所示。

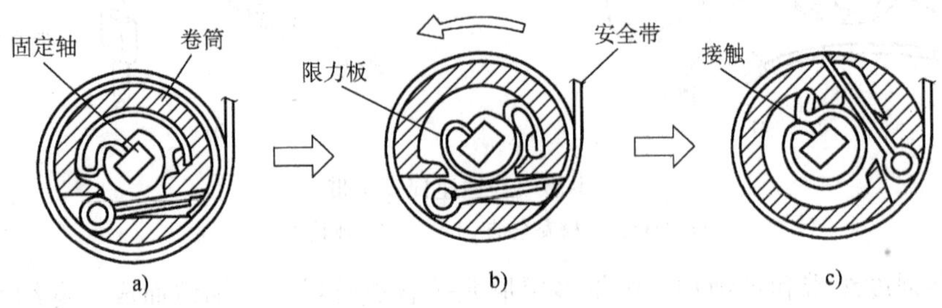

图5-36　安全带限力器

a）未动作　b）动作　c）动作结束

2. 预紧式安全带　预紧式安全带的特点是当汽车发生碰撞事故的一瞬间，驾驶员和乘员尚未向前移动时，它就首先拉紧安全带，立即将驾驶员和乘员紧紧地绑在座椅上，然后锁止安全带防止驾驶员和乘员身体前冲，从而有效地保护驾驶员和乘员的安全。

预紧式安全带与普通安全带的主要区别是装备了火药式收紧器，它是预紧式安全带的核心部件。预紧式安全带的火药式收紧器的具体构造因制造厂家的不同而有所差异，但其工作原理均相同。火药式收紧器主要有以下两种类型：一种是火药爆炸时，通过驱动安全带卷筒转动来卷紧安全带（其中常见的有拉索式、齿条式和钢球式）；另一种是火药爆炸时，通过拉动安全带锁扣使安全带收紧。

（1）驱动安全带卷筒转动的火药收紧器。

1）拉索式火药收紧器。拉索式火药收紧器的结构如图5-37所示。平时活塞2位于缸筒的上方，如图5-38a所示，一旦发生碰撞事故，SRS ECU指令接通安全带收紧器点火器的电路时，电热丝5通电发热并引爆炸药4，炸药释放大量热量使充气剂3受热分解，释放大量无毒氮气充入收紧器的缸筒1，活塞2在膨胀气体的推力作用下带动拉索7迅速下移，与此同时，拉索通过棘轮机构带动安全带卷筒顺

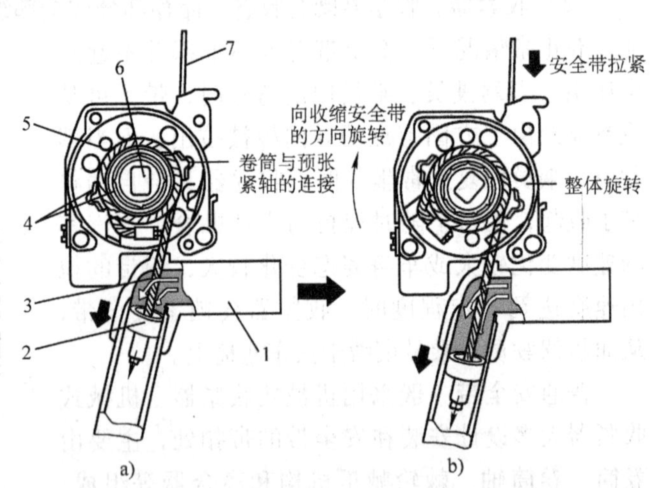

图5-37　拉索式火药收紧器的结构

1—气体发生器　2—活塞　3—拉索　4—离合器　5—安全带卷筒　6—安全带卷轴　7—安全带

时针转动，急速卷动安全带下移，将安全带收紧，如图5-37b和图5-38b所示，从而防止驾驶员和乘员发生二次碰撞。丰田车系普遍应用该类型的收紧器。

2）齿条式火药收紧器。齿条式火药收紧器主要由大齿轮1、小齿轮2、安全带卷筒齿轮3、安全带卷筒4、活塞5、齿条6和气体发生器7等组成，如图5-39a所示。平时活塞和齿条位于缸筒的下方，如图5-39b所示，一旦发生碰撞事故，SRS ECU指令接通安全带收紧器点火器的电路时，气体发生器产生大量的爆炸气体，这时，爆炸气体的作用力经活塞、齿条、小齿轮、大齿轮、安全带卷筒齿轮传至安全带卷筒，使卷筒顺时针转动，急速卷动安全带上移，将安全带收紧，从而防止驾驶员和乘员发生二次碰撞，如图5-39c所示。大众迈腾轿车应用该类型的收紧器。

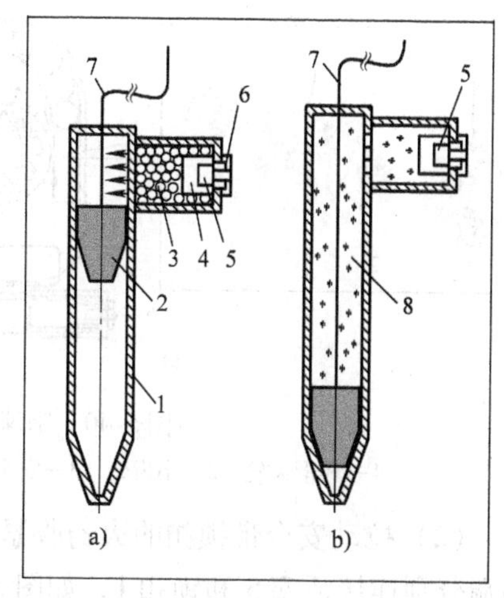

图5-38 拉索式火药收紧器的工作原理

1—缸筒 2—活塞 3—充气剂 4—引爆炸药 5—电热丝 6—端子 7—拉索 8—爆炸气体

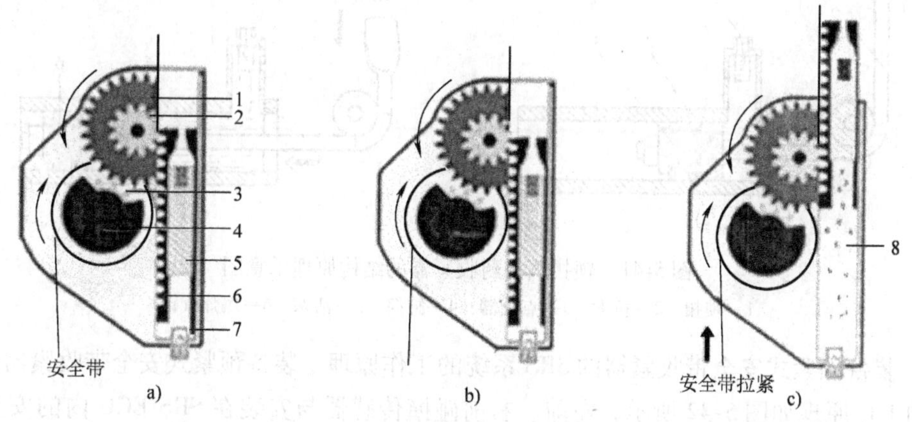

图5-39 齿条式火药收紧器的结构原理示意图

1—大齿轮 2—小齿轮 3—安全带卷筒齿轮 4—安全带卷筒 5—活塞 6—齿条 7—气体发生器 8—爆炸气体

3）钢球式火药收紧器。钢球式火药收紧器由环形齿轮1、小齿轮2、安全带卷筒3、钢球4、导管5和点火器6等组成，环形齿轮1的内齿圈与小齿轮2啮合，小齿轮与安全带卷筒3装配成一体，如图5-40所示。一旦发生碰撞事故，SRS ECU指令接通安全带收紧器点火器6的电路时，气体发生器产生大量的爆炸气体，推动钢球4在导管5内滚动，这时，爆炸气体的作用力经钢球、环形齿轮、小齿轮传至安全带卷筒，使卷筒逆时针转动，急速将安全带收紧，从而防止驾驶员和乘员发生二次碰撞，如图5-40b所示。大众奥迪轿车应用该类型的收紧器。

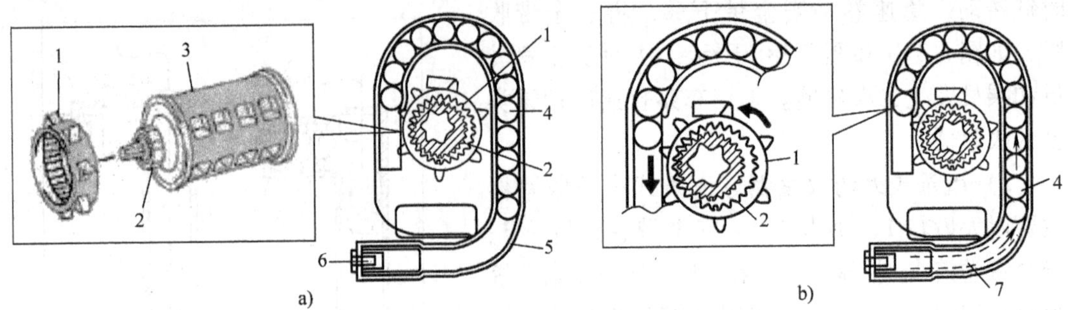

图 5-40 钢球式火药收紧器的结构原理示意图

1—环形齿轮 2—小齿轮 3—安全带卷筒 4—钢球 5—导管 6—点火器 7—爆炸气体

（2）拉动安全带锁扣的火药收紧器。安全带收紧器缸筒 4 内有一个点火器 3，拉索 2 两端分别连接活塞 5 和锁扣 1，如图 5-41a 所示。一旦发生碰撞事故，SRS ECU 指令接通安全带收紧器的点火器电路时，气体发生器产生大量的爆炸气体，推动活塞急速右移，活塞通过拉索带动锁扣急速下移，将安全带收紧，从而防止驾驶员和乘员发生二次碰撞，如图 5-41b 所示。雪铁龙和通用别克轿车应用该类型的收紧器。

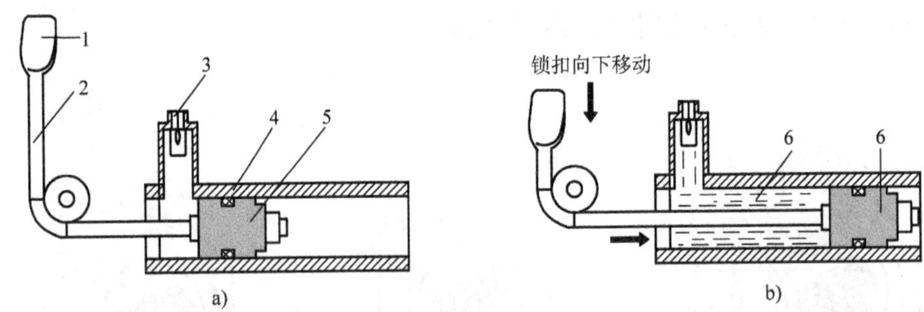

图 5-41 锁扣式火药收紧器的结构原理示意图

1—锁扣 2—拉索 3—点火器 4—缸筒 5—活塞 6—爆炸气体

3. 装备预紧式安全带收紧器的 SRS 系统的工作原理 装备预紧式安全带收紧器的 SRS 系统的工作原理如图 5-42 所示，左前、右前碰撞传感器与安装在 SRS ECU 内的安全传感

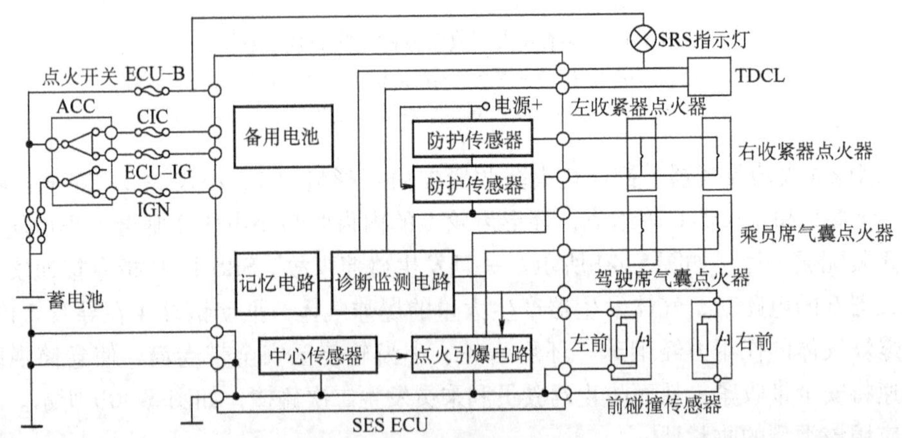

图 5-42 装备预紧式安全带收紧器的 SRS 系统的工作原理

器相互并联；驾驶席安全气囊点火器与乘客席安全气囊点火器并联；左、右安全带收紧器点火器并联。在SRS ECU中，设有两只相互并联的安全传感器，其中一只与收紧器及SRS ECU中的点火引爆电路构成回路，收紧器的点火器受控于SRS ECU；另一只安全传感器与安全气囊点火器和碰撞传感器构成回路，安全气囊点火器也受控于SRS ECU。

在汽车行驶过程中，安全传感器、中心传感器和前碰撞传感器随时检测车速变化信号，并将信号送到SRS ECU。SRS ECU经过数学计算和逻辑判断后，再向收紧器的点火器或SRS点火器发出点火指令，使安全带收紧器动作或收紧器与SRS同时动作。

当汽车行驶速度低于30km/h时，碰撞产生的减速度和惯性力较小，安全传感器、中心传感器和前碰撞传感器将此信号送到SRS ECU，SRS ECU判断结果为不引爆安全气囊的点火器，仅引爆座椅安全带收紧器的点火器。与此同时，向左右安全带收紧器的点火器发出点火指令使安全带收紧。所以，在低速（减速度较小）碰撞时，只需安全带预紧器单独工作，向后拉紧安全带，就足以保护驾乘人员不撞向前方，如图5-43所示。

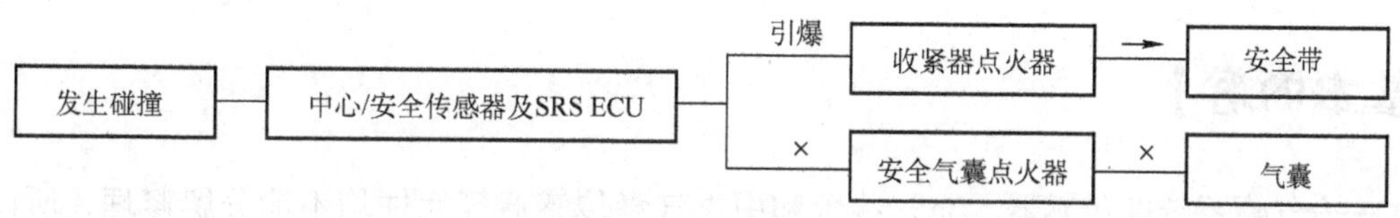

图5-43　只引爆安全带收紧器的点火器工作原理框图

当汽车行驶速度高于30km/h时，碰撞产生的减速度和惯性力较大，安全传感器、中心传感器和前碰撞传感器将此信号送到SRS ECU，SRS ECU判断结果为需要安全气囊和安全带收紧器共同动作。与此同时，向安全带收紧器点火器和安全气囊点火器同时发出点火指令，引爆所有点火器，在座椅安全带收紧使驾驶员和乘员向前移动距离缩短的同时，驾驶员安全气囊与乘客安全气囊同时膨开，从而防止其面部、胸部与转向盘、风窗玻璃或仪表板发生碰撞，达到保护驾乘人员的目的，如图5-44所示。

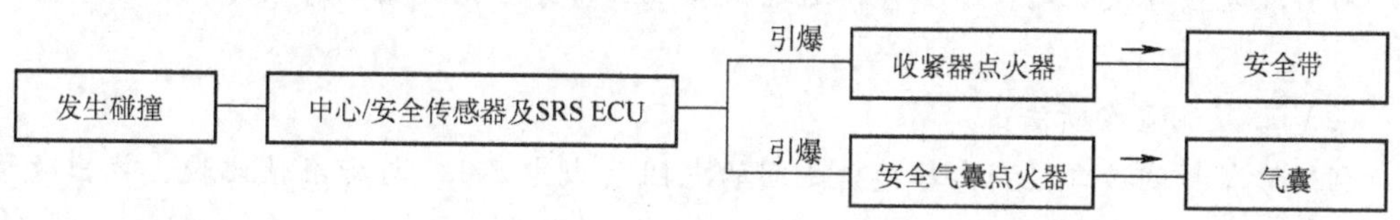

图5-44　同时引爆安全带收紧器和安全气囊点火器的工作原理框图

为了提醒驾驶员系好安全带，在仪表盘上设有座椅安全带警告指示灯，如图5-45所示。安全带警告指示灯通过常亮、闪烁等方式向驾驶员发出报警信号。当指示灯点亮时，只要驾驶员系上安全带，指示灯就会熄灭。如果系上安全带后又解开，指示灯将重新持续点亮，并重复本过程。

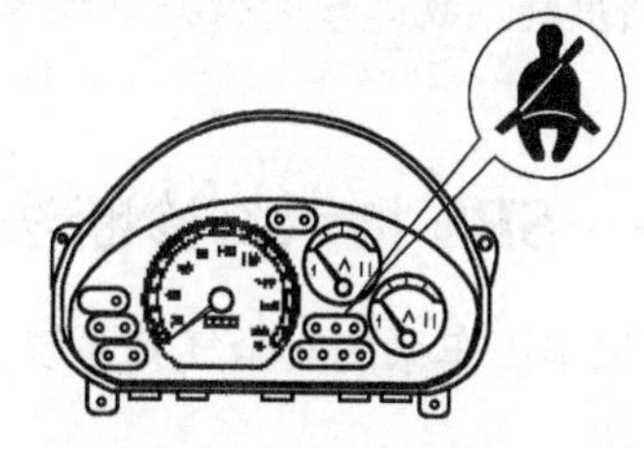

图5-45　安全带警告指示灯

任务2 安全气囊系统的故障诊断

【活动情景】

活动在汽车维修实训场地进行，围绕安全气囊系统实训台或实车边学边练。

【任务要求】

通过学习，学会运用SRS指示灯诊断法、参数测量法和故障诊断仪诊断法对安全气囊系统进行故障诊断与排除。

【基本内容】

安全气囊系统的传感器、充气装置和中央气囊传感器等元件均不能分解修理，所以，安全气囊系统的故障诊断主要是电器方面的故障诊断。由于安全气囊系统平时不使用，一旦使用之后便会报废，因此安全气囊不像汽车上的其他系统那样，在使用过程中出现故障会表现出来。因为没有异常现象的出现，安全气囊系统的故障就难于被发现。

安全气囊系统的故障诊断一般有指示灯诊断法、参数测量诊断法和故障诊断仪诊断法三种。

（1）SRS指示灯诊断法：

对自诊断接口按规定程序操作，通过仪表板上的安全气囊指示灯闪烁规律读取故障码。

（2）参数测量诊断法：

利用诊断测试接口，测出各接口之间的电阻（或电压），与标准值比较，找出故障原因。

（3）故障诊断仪诊断法：

利用汽车故障诊断仪提取故障码，根据故障码提示进行相应的故障排除。

一、SRS指示灯诊断法

现以丰田车系的安全气囊系统为例，介绍用SRS指示灯诊断法对安全气囊系统进行维修的方法。

丰田车系安全气囊系统零部件的安装位置基本相同，如图5-46所示。左、右碰撞传感器安装在前翼子板的内侧，SRS ECU安装在变速杆前面或后面的装饰板下面，驾驶席

SRS组件安装在转向盘上，乘员席SRS组件安装在杂物箱上部，座椅安全带收紧器安装在前排座椅的左、右两侧。

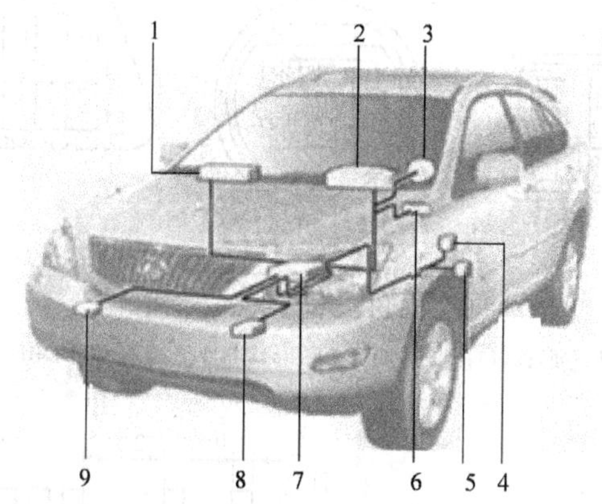

图5-46　丰田车系安全气囊系统零部件的安装位置

1—前排乘员安全气囊　2—SRS警告灯　3—驾驶员安全气囊　4—驾驶员膝部安全气囊
5—驾驶员的安全带紧扣开关　6—驾驶员座椅位置传感器　7—安全气囊ECU
8—前左碰撞传感器　9—前右碰撞传感器

安全气囊系统指示灯安装在仪表盘上，有的用图形表示，有的用英文字母“SRS”或“AIR BAG”表示，如图5-47所示。安全气囊系统一旦发生故障，自诊断电路就能诊断出来，并控制仪表盘上的SRS指示灯闪亮，提示驾驶员安全气囊系统出现故障。自诊断系统将故障码存储在安全气囊ECU中，可按下面的程序调取，由安全气囊指示灯显示。

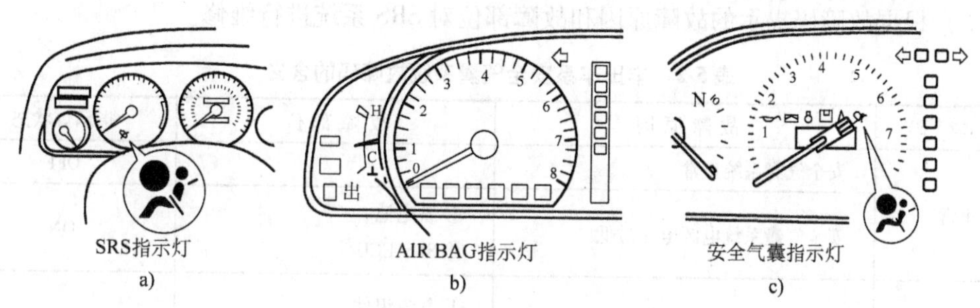

图5-47　安全气囊系统指示灯的表示

丰田车系SRS气囊系统的故障码，可通过仪表盘上的SRS指示灯闪烁规律来读取，其具体操作方法如下：

（1）检查SRS指示灯。将点火开关转到“ON”或“ACC”位置，如SRS指示灯亮6s（闪6下）后熄灭，说明SRS指示灯及其线路正常，可以调取故障码；如SRS指示灯不亮，说明指示灯或其线路有故障，应检修后才能调取故障码。

（2）将点火开关转到“ON”或“ACC”位置，并等待20s以上时间。

（3）将诊断座的TC端子与E1端子（OBD-Ⅱ诊断座TC与CG端子）用导线跨接（丰田车系的诊断插座有三种形式，见图5-48，诊断插座上设有防护盖，打开防护盖即可

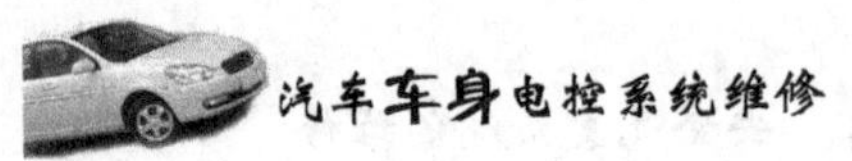

看到图中所示的端子排列情况），此时安全气囊指示灯将会闪烁故障码，如图 5-49 所示。

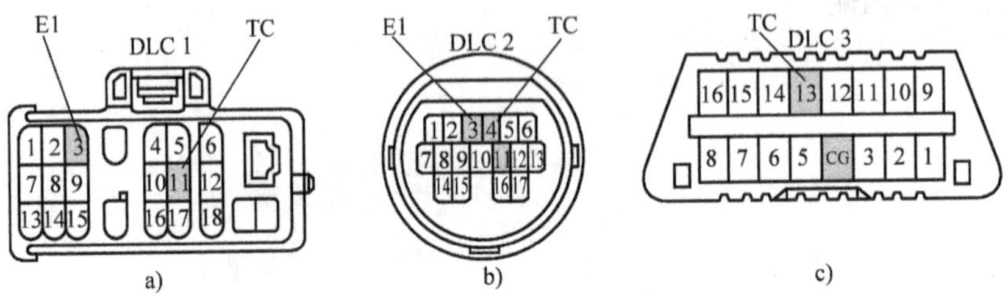

图 5-48　丰田汽车诊断座

a）DLC1 方形诊断座　b）DLC2 圆形诊断座　c）DLC3 OBD-Ⅱ诊断座

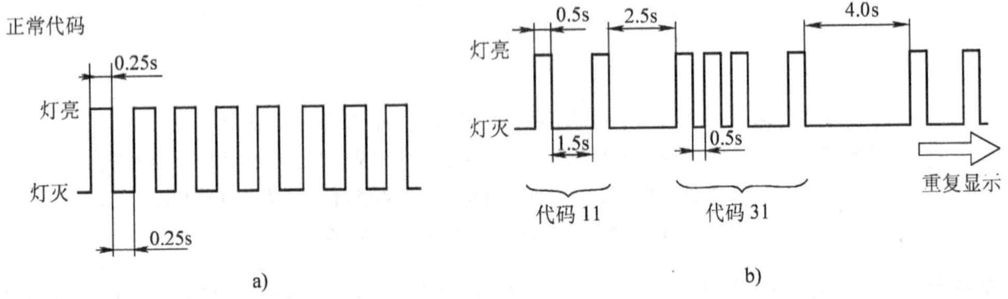

图 5-49　丰田车系安全气囊系统故障码的读取

a）SRS 气囊系统正常　b）SRS 气囊系统有故障（故障码为 11 和 31）

（4）根据仪表板上的 SRS 指示灯闪烁规律读取故障码。故障码的含义见表 5-2。

（5）根据故障码提示的故障原因和故障部位对 SRS 系统进行维修。

表 5-2　丰田车系安全气囊系统故障码的含义

故 障 码	故 障 原 因	故 障 部 位	指示灯状态
正常	安全气囊系统正常		OFF
	安全气囊系统电源电压过低	① 蓄电池 ② SRS ECU	ON
11	① 气囊点火器线路搭铁 ② 前碰撞传感器线路搭铁	① 气囊组件 ② 螺旋弹簧 ③ 前碰撞传感器 ④ SRS ECU	ON
12	① SRS 点火器引线与电源线搭接 ② 前碰撞传感器引线与电源线搭接 ③ 前碰撞传感器引线断路 ④ 螺旋弹簧与电源线搭接	① 气囊组件 ② 螺旋弹簧 ③ 传感器线路 ④ SRS ECU	ON
13	SRS 点火器线路短路	① 气囊点火器 ② 螺旋弹簧 ③ SRS ECU	ON

（续）

故 障 码	故 障 原 因	故 障 部 位	指示灯状态
14	SRS 点火器线路断路	① 气囊点火器 ② 螺旋弹簧 ③ SRS ECU	ON
15	前碰撞传感器线路断路	① 气囊系统线束 ② 前碰撞传感器 ③ SRS ECU	ON
22	SRS 指示灯线路断路	① 气囊系统线束 ② SRS 指示灯 ③ SRS ECU	ON
31	① SRS 备用电源失效 ② SRS ECU 故障	SRS ECU	ON
41	SRS ECU 曾记忆过的故障码	SRS ECU	ON

二、参数测量诊断法

现以丰田雷克萨斯 LS400 轿车 SRS 系统检测为例，介绍用参数测量诊断法对安全气囊系统进行维修的方法。

丰田雷克萨斯 LS400 轿车的 SRS 系统的电路原理图和 SRS ECU 插座端子如图 5-50 所示，表 5-3 为丰田雷克萨斯 LS400 轿车 SRS ECU 插座端子的名称及检测数据。

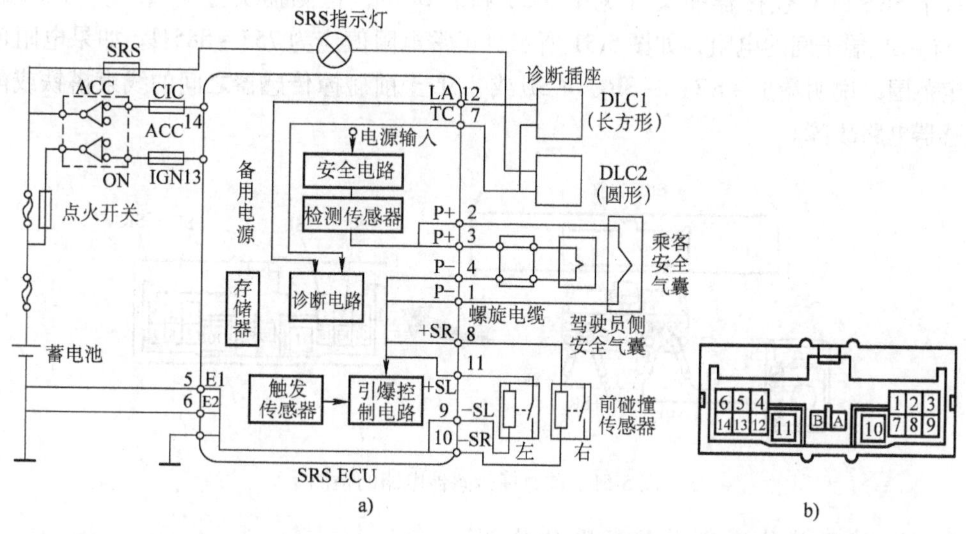

图 5-50 丰田雷克萨斯 LS400 轿车 SRS 系统的电路原理图与 SRS ECU 插座端子
a）SRS 系统电路原理图 b）SRS ECU 端子

表 5-3 丰田雷克萨斯 LS400 轿车 SRS ECU 端子的名称及检测数据

代 号	端子代号	端子名称	电路参数
1	IG1	电源（ECU—IG 熔断器）	点火开关断开时，0V；点火开关接通 ACC 时，12V
2	－SR	右前（RH）碰撞传感器－	两端子间电阻为：755～885Ω
3	＋SR	右前（RH）碰撞传感器＋	
4	＋SL	左前（LH）碰撞传感器＋	两端子间电阻为：755～885Ω
5	－SL	左前（LH）碰撞传感器－	
6	＋B	蓄电池电源（ECU-B 熔断器）	12V
7	IG2	电源（IGN 熔断器）	点火开关断开时：0V 点火开关接通 ON 时：12V
8	E2	搭铁	0V
9	LA	SRS 指示灯	灯亮时：0V；灯灭时：12V
10	D－	气囊组件点火器－	—
11	D＋	气囊组件点火器＋	—
12	TC	SRS 诊断触发端子	12V
13	E1	搭铁	0V
14	ACC	电源（CIG 熔断器）	点火开关断开时：0V 点火开关接通 ACC 时：12V
A	—	电路连接诊断端子	—
B	—	电路连接诊断端子	—

（一）前碰撞传感器电路的检测

拔下 SRS ECU 连接器插头（见图 5-50 和表 5-3），检测插头上＋SR 与－SR 端子、＋SL 与－SL 端子间的电阻，如图 5-51 所示，正常电阻值应为 755～885Ω。如果电阻值不在规定范围，说明端子＋SR、－SR、＋SL 或－SL 至前碰撞传感器之间的线束搭铁或前碰撞传感器电路故障。

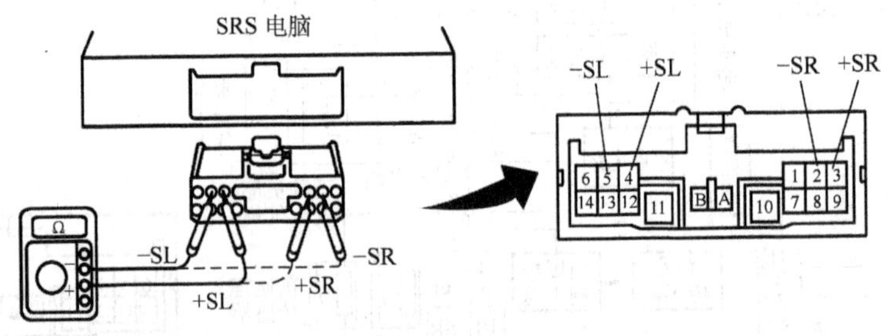

图 5-51 前碰撞传感器电路的检测

（二）前碰撞传感器搭铁情况的检测

检测＋SR、＋SL 端子与车身搭铁之间的电阻，如图 5-52 所示，正常值应为无穷大。如果电阻值为无穷大，说明线束良好，故障发生在传感器，即前碰撞传感器需要更换；如果电阻值不为无穷大，说明端子+SR或+SL至前碰撞传感器之间的线束搭铁，需要修理或更换线束。

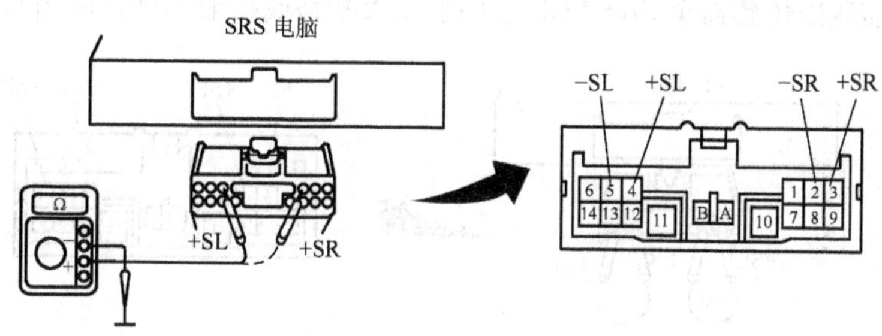

图 5-52 前碰撞传感器搭铁情况的检测

（三）前碰撞传感器电阻的检测

脱开前碰撞传感器线束连接器插头，用万用表测量传感器插头各端子之间的电阻值，如图5-53所示。各端子间的电阻值应符合表5-4的规定值。如果电阻不符合规定，则应更换前碰撞传感器。

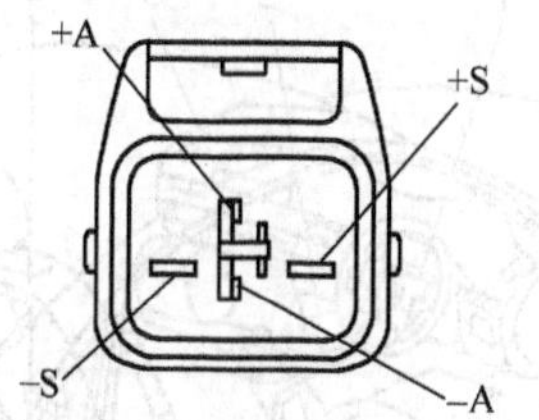

图 5-53 前碰撞传感器各端子间电阻的检测

表 5-4 前碰撞传感器各端子间的电阻值

被测端子代号	标 准 值
+S、+A	755～885Ω
+S、-S	∞
-S、-A	<1Ω

（四）前碰撞传感器电压的检测

将蓄电池负极电缆端子接好，打开点火开关，用电压表在SRS ECU线束插头上检测+SR、+SL端子与车身搭铁之间的电压，如图5-54所示，正常电压应为0V。如果电压超过0V，说明端子+SR或+SL至前碰撞传感器之间的线路与电源线搭铁短路，需要修理或更换线束与连接器。

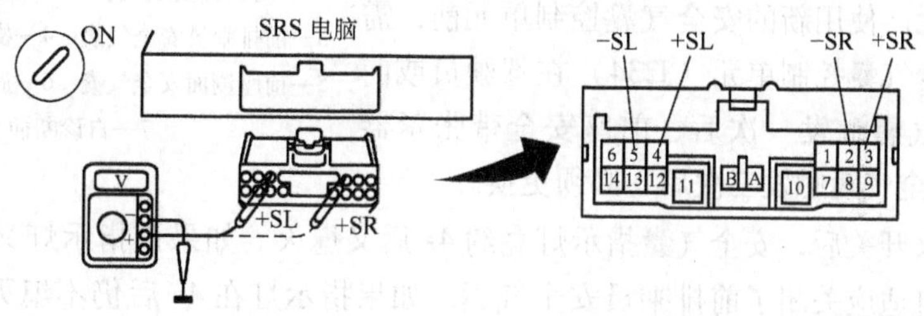

图 5-54 前碰撞传感器电压的检测

（五）SRS ECU 至前碰撞传感器之间线路的检测

拔下SRS ECU线束连接器插头，分别用导线将插头上的端子+SR与-SR、+SL与

-SL 连接起来，然后拔下前碰撞传感器线束插头，用万用表检测传感器插头上端子 +SR 与 -SR、+SL 与 -SL 之间的电阻值，如图 5-55 所示，正常值应小于 1Ω。如果电阻值大于 1Ω，说明前碰撞传感器至 SRS ECU 之间的线束断路或接触不良，应当修理或更换。

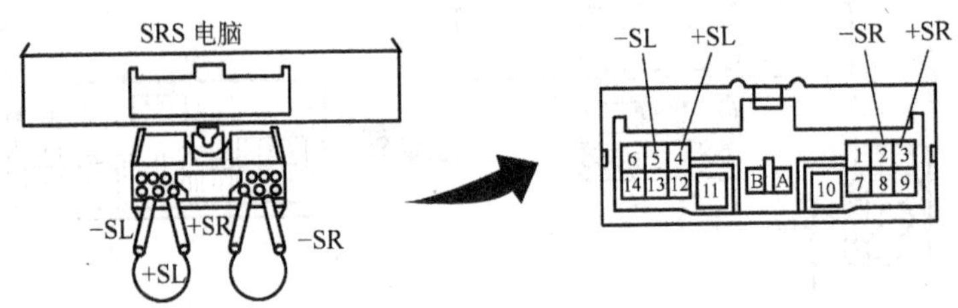

图 5-55　SRS ECU 至前碰撞传感器之间线路的检测

三、故障诊断仪诊断法

现以奥迪 A6 轿车的 SRS 系统为例，介绍用故障诊断仪对安全气囊系统进行维修的方法。

奥迪 A6 轿车的安全气囊系统主要部件的安装位置如图 5-56 所示。奥迪 A6 轿车安全气囊系统包括驾驶员安全气囊、前排乘员安全气囊、两个前座安全带张紧器、两个前座侧面安全气囊、两个后座侧面安全气囊和两个或三个后座安全带张紧器。在撞车时，如达到给定的条件，以上装置由安全气囊控制单元（J234）来触发，且可以用故障诊断仪通过自诊断来关闭或接通前排乘员安全气囊。

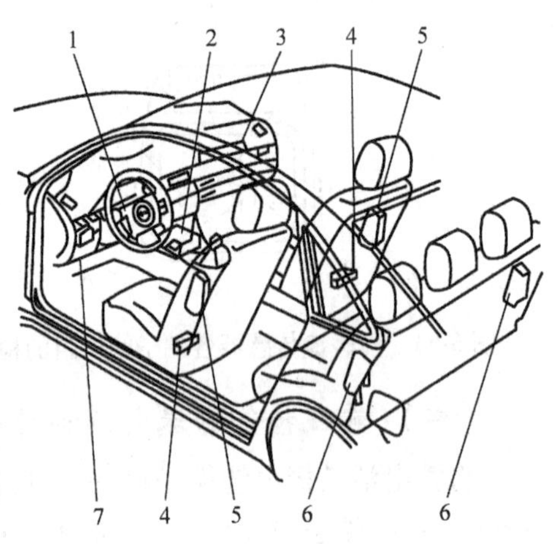

图 5-56　奥迪 A6 轿车安全气囊主要部件安装位置示意图

1—驾驶员安全气囊　2—安全气囊控制单元　3—前排乘员安全气囊　4—横向加速度传感器　5—前座侧面安全气囊　6—后座侧面安全气囊　7—自诊断插头

大众车系 SRS 系统可用 V. A. G 1552（或 V. A. S 5052）专用诊断仪或 X431 等通用型诊断仪进行故障诊断与维修。

奥迪 A6 轿车安全气囊和安全带张紧器触发后，控制单元将记录故障“已存入撞车数据”，这时需更换控制单元。使用新的安全气囊控制单元前，需先编码。安全气囊控制单元（J234）在驾驶员或前排乘员安全气囊触发一次后、前座安全带张紧器和/或侧面安全气囊触发三次后，必须更换。

打开点火开关后，安全气囊指示灯亮约 4s 后又熄灭。如果该指示灯又闪亮了约 12s，说明已通过自适应关闭了前排乘员安全气囊。如果指示灯在 4s 后仍不熄灭，说明安全气囊控制单元 J234 供电有故障。如果指示灯熄灭后又亮了，说明控制单元未编码或所装控制单元型号不对或有故障。

奥迪 A6 轿车安全气囊系统可用 V. A. G 1552 或 V. A. S 5052 故障诊断仪读取故障码和清除故障码，其操作方法和防盗系统的操作方法相同，在此不作赘述。下面仅介绍查询奥

迪 A6 轿车安全气囊的控制单元版本号和进行安全气囊控制单元编码的操作方法。

（一）查询安全气囊控制单元版本号

（1）连接故障诊断仪 V. A. G 1552，打开点火开关，输入地址码“15”，进入安全气囊系统，此时屏幕显示：

快速数据传输	帮助
选择功能 × ×	

（2）输入功能码“01”，屏幕显示：

快速数据传输	Q
01-查询控制单元版本号	

（3）按“Q”键确认输入，5s 后屏幕上显示：

4B0959655G 安全气囊 前 + 侧	0001→
编码 00204	服务站代码 06812

其中，4B0959655G 表示控制单元备件号（前面和侧面安全气囊）；0001 表示奥迪轿车控制单元软件版本号；00204 表示控制单元的编码；06812 表示服务站代码。

按“→”键回到基本功能状态，屏幕显示：

快速数据传输	帮助
选择功能 × ×	

（二）安全气囊控制单元编码

安全气囊未编制代码的控制单元会使安全气囊故障报警灯一直亮着。如果在进行检测过程中，V. A. G 1552 上出现未编码或装上了一个新的控制单元，均需按下述步骤进行编码：

（1）连接故障诊断仪 V. A. G 1552，打开点火开关，输入地址码“15”，进入安全气囊系统，此时屏幕显示：

快速数据传输	帮助
选择功能 × ×	

（2）输入功能码“07”，屏幕显示：

快速数据传输	Q
07-确定控制单元编码	

（3）按“Q”键确认输入，屏幕显示：

确定控制单元编码
输入编码××××× （0～32000）

（4）参照表5-5，通过键盘输入安全气囊控制单元编码（以00104为例），屏幕显示：

确定控制单元编码	Q
输入00104 （0～32000）	

（5）按“Q”键确认输入，屏幕显示控制单元备件号及输入的编码（00104）。

4B0959655G 安全气囊　前＋侧　0001→	
编码00104	服务站代码06812

（6）按“→”键，屏幕显示：

快速数据传输	帮助
选择功能××	

（7）输入功能码“06”，屏幕显示：

快速数据传输	Q
06-结束输出	

（8）按“Q”键确认输入，屏幕显示：

快速数据传输	帮助
输入地址码××	

表5-5　安全气囊控制单元编码表

类　型	安全气囊系统	编　码
1	车上装有两个前座安全气囊、两个前座安全带张紧器、两个后座安全带张紧器	00004
2	车上装有两个前座安全气囊、两个前座侧面安全气囊、前座安全带张紧器、两个后座安全带张紧器	00104
3	车上装有两个前座安全气囊、两个前座侧面安全气囊、两个后座侧面安全气囊、前座安全带张紧器、两个后座安全带张紧器	00204

任务3　安全气囊系统的维修

【活动情景】

活动在普通教室或多媒体教室进行，用汽车安全气囊系统的挂图或示教板进行讲解。

【任务要求】

通过学习，掌握汽车安全气囊系统的维修方法及注意事项。

【基本内容】

现以广州本田雅阁轿车的安全气囊系统为例，介绍安全气囊系统的维修方法。

广州本田雅阁轿车装备的安全气囊系统属于本田公司的第三代安全气囊系统（SRS Ⅲ系统），它是与安全带配合使用的由驾驶席侧和前乘客侧安全气囊组成的双安全气囊系统。如图 5-57 和图 5-58 所示，SRS Ⅲ系统主要由 SRS 系统控制装置（包括安全传感器和碰撞传感器）、螺旋导线盘、驾驶席侧安全气囊、前乘客侧气囊、SCS 插头（诊断用）、MES 插头（清除故障码用）和数据传输插头等组成。

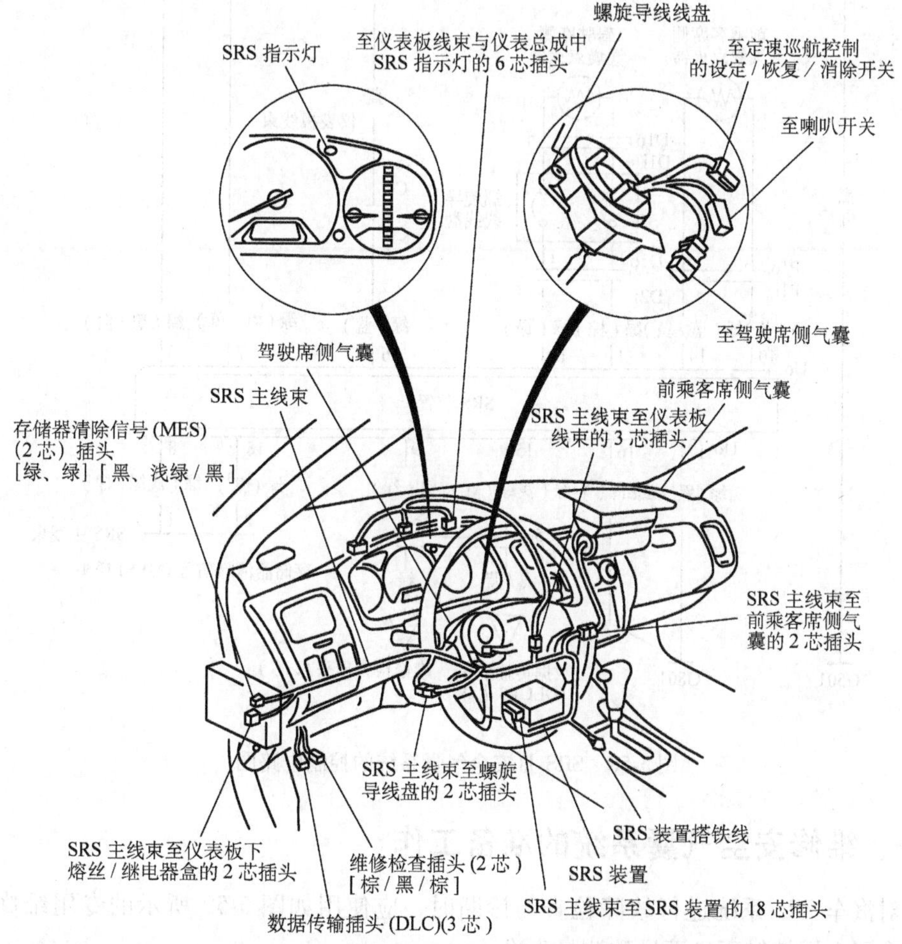

图 5-57 SRS Ⅲ安全气囊系统部件和导线的位置图

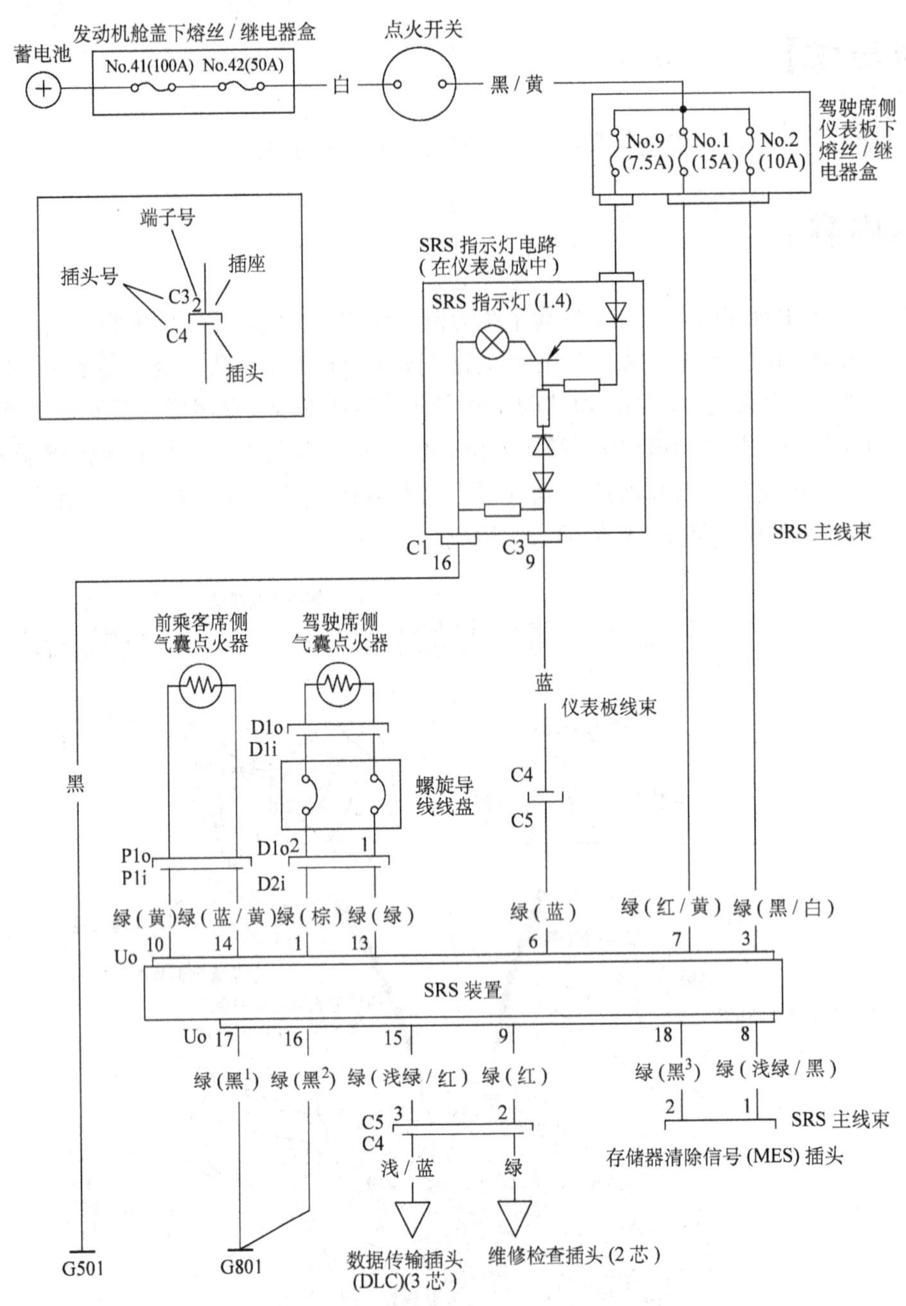

图 5-58 SRS Ⅲ安全气囊系统的控制电路图

一、维修安全气囊系统的准备工作

在对汽车 SRS 系统进行故障检查与诊断时，应使用如图 5-59 所示的专用维修工具，否则将会因金属接触不良而导致测量失准。

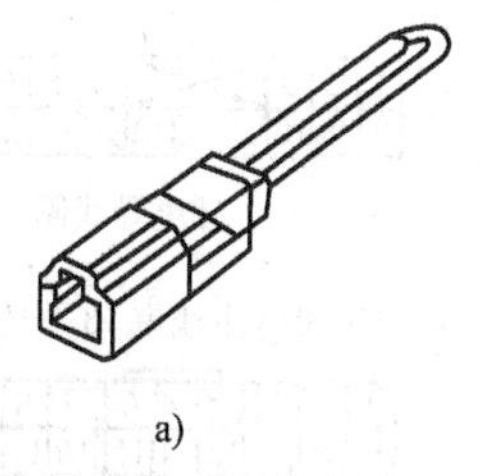

a)

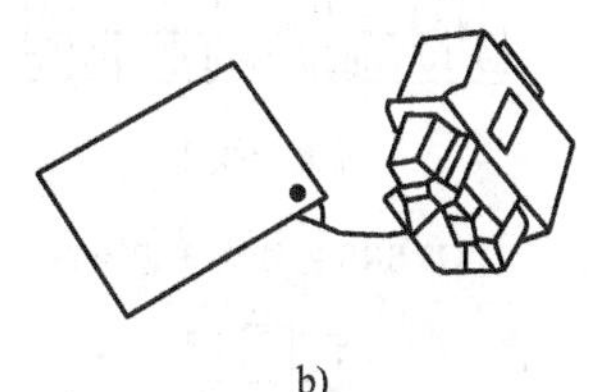

b)

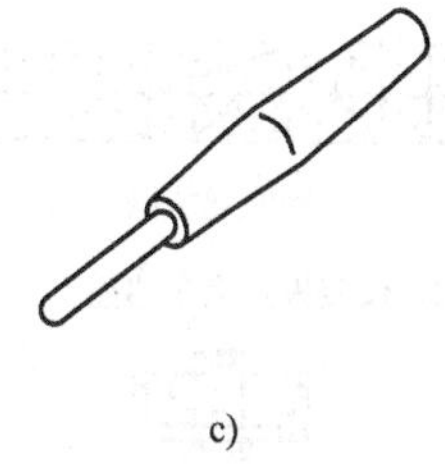

c)

图 5-59 SRS 维修专用工具

a）SCS 短路插头 b）SRS 维修插头（2Ω） c）背测式适配器

（一）弹顶锁紧插头的连接与断开注意事项

为了保证 SRS 系统可靠地工作，SRS 系统的连接器设计有连接器锁定机构和防止安全气囊误爆机构等安全机构，这就是弹顶锁紧插头、内置短路触头的弹顶锁紧插头和背测式弹顶锁紧插头，表 5-6 中列出了所有和安全气囊系统有关的插头，并在备注中对特殊插头作了注明。SRS 系统线束及连接插头端子如图 5-60 所示，各插头的位置如图 5-61 至图 5-69 所示。

表 5-6 SRS 系统的线束及连接插头

插头编号	线束与插头	端子		备注
		插头	插座	
C1	仪表板线束 22 芯插头		○	
C2	仪表板线束 18 芯插头		○	
C3	仪表板线束 16 芯插头		○	
C4	仪表板线束 3 芯插头	○		
C5	SRS 主线束 3 芯插头		○	
Fo	SRS 主线束 2 芯插头		○	弹顶锁紧插头
Uo	SRS 主线束 18 芯插头		○	弹顶锁紧插头
D1o	驾驶席侧安全气囊 2 芯插头		○	内置短路触头的弹顶锁紧插头
D1i	螺旋导线线盘 2 芯插头	○		弹顶锁紧插头
D2o	螺旋导线线盘 2 芯插头		○	弹顶锁紧插头
D2i	SRS 主线束 2 芯插头	○		弹顶锁紧插头
P1o	前乘客席侧安全气囊 2 芯插头		○	内置短路触头的弹顶锁紧插头
P1i	SRS 主线束 2 芯插头	○		弹顶锁紧插头

C1: 仪表板线束 22 芯插头

插座导线侧

C2: 仪表板线束 18 芯插头

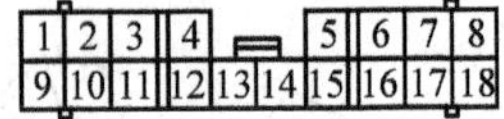

插座导线侧

C3: 仪表板线束 16 芯插头

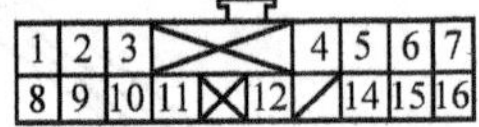

插座导线侧

C4: 仪表板线束 3 芯插头

插头端子侧

C5:SRS 主线束 3 芯插头

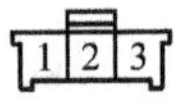

插座导线侧

Uo:SRS 主线束 18 芯插头

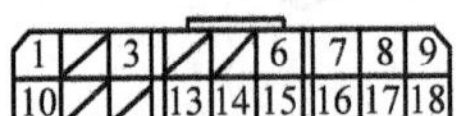

插座导线侧

Fo: SRS 主线束 2 芯插头
D1o: 驾驶席侧气囊 2 芯插头
D2o: 前乘客席侧螺旋导线线盘 2 芯插头
P1o: 前乘客席侧气囊 2 芯插头
1 2
插座导线侧

D1i: 螺旋导线线盘 2 芯插头
D2i: SRS 主线束 2 芯插头
P1i: SRS 主线束 2 芯插头
1 2
插头端子侧

图 5-60 SRS 系统线束及连接插头

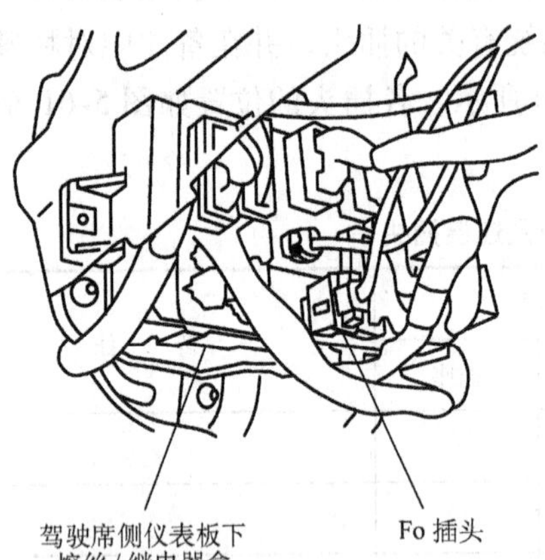

图 5-61 Fo 插头的位置

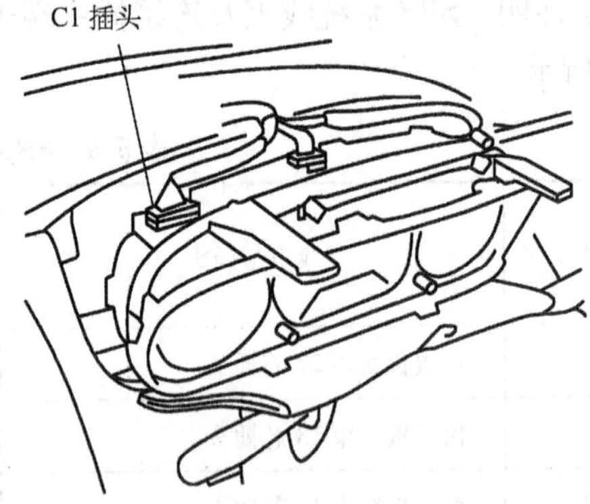

图 5-62 C1 插头的位置

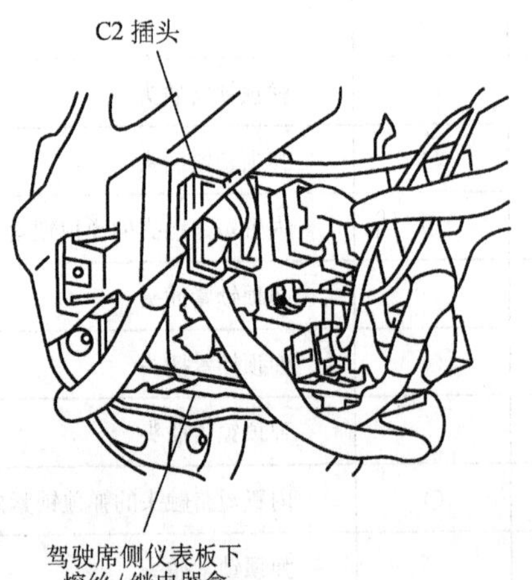

图 5-63 C2 插头的位置

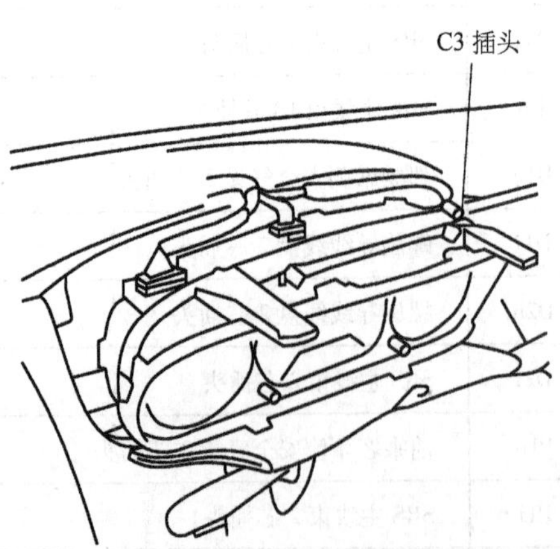

图 5-64 C3 插头的位置

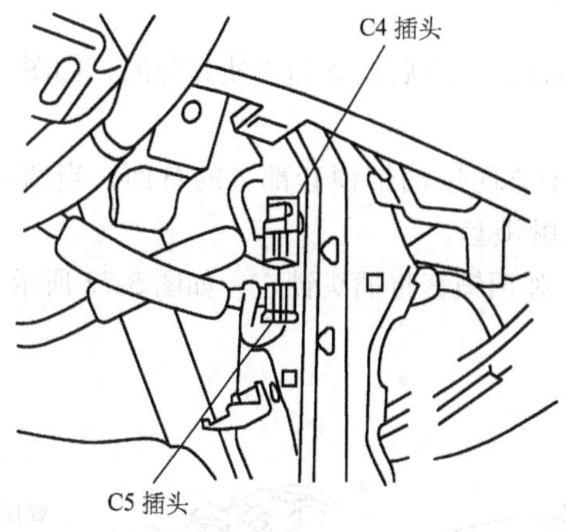

图 5-65 C4 和 C5 插头的位置

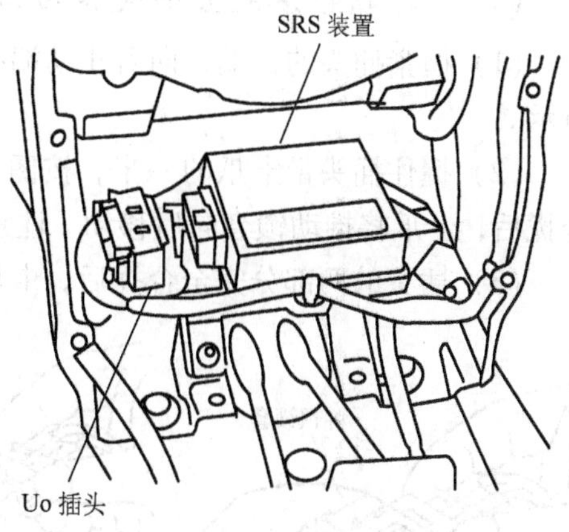

图 5-66 Uo 插头的位置

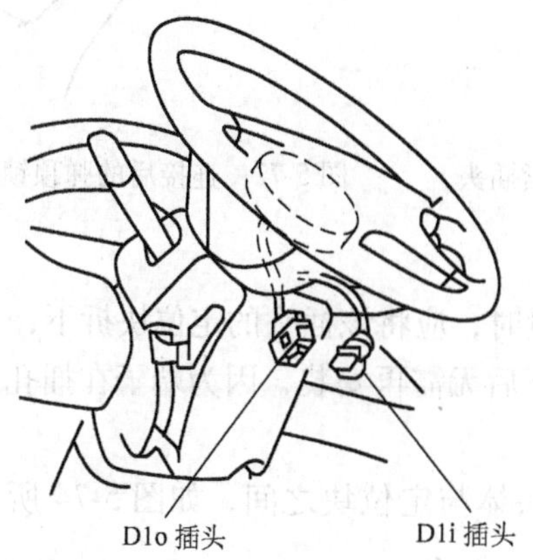

图 5-67 D1o 和 D1i 插头的位置

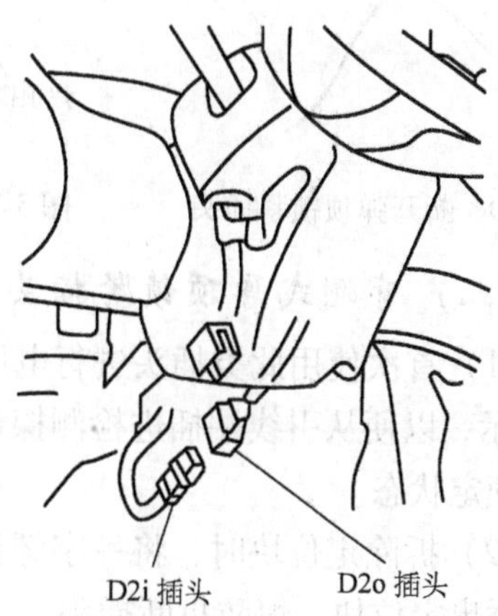

图 5-68 D2o 和 D2i 插头的位置

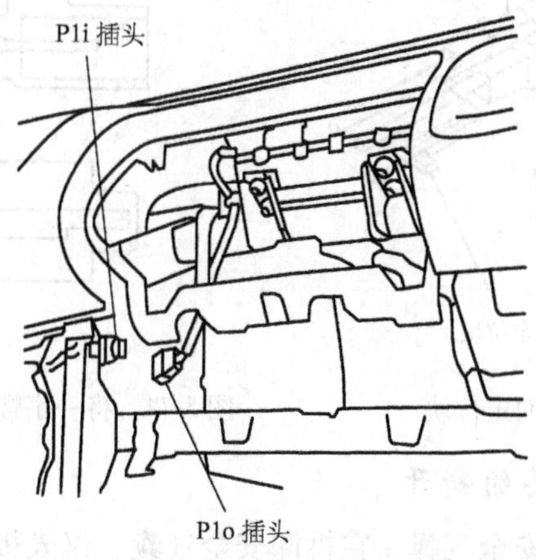

图 5-69 P1o 和 P1i 插头的位置

（二）弹顶锁紧装置的连接与断开

（1）握紧插头的一端，向着止动端拉出弹顶锁套，然后拉动插头使其分离，如图 5-70 所示。

（2）握住插头带卡爪的一半，按图 5-71 所示方向按动带锁套部分的背面，当两部分合拢后，卡爪将推动锁套向后移动。注意不要接触锁套。

（3）插头的两部分完全合拢后，卡爪释放，弹顶锁套将插头锁定，如图 5-72 所示。

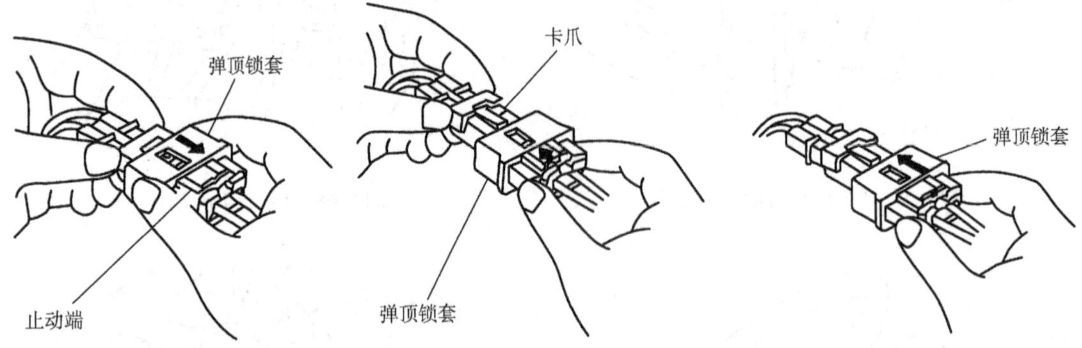

图 5-70　断开弹顶锁紧插头　　图 5-71　连接弹顶锁紧插头　　图 5-72　连接后的弹顶锁紧插头

（三）背测式弹顶锁紧插头

（1）首次使用此类插头进行电压或电阻的测量时，应将该插头的定位块拆下，如图 5-73 所示，以便从引线端插进检测探针。定位块拆下后无需再安装，因为端子在插孔中一直处于锁定状态。

（2）拆除定位块时，将一字螺钉旋具插在插头体与定位块之间，如图 5-74 所示，小心地撬出定位块，慎防折断插头。

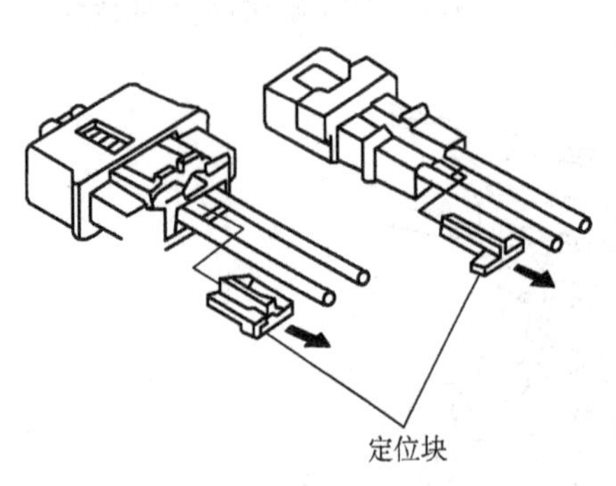

图 5-73　拆下插头的定位块

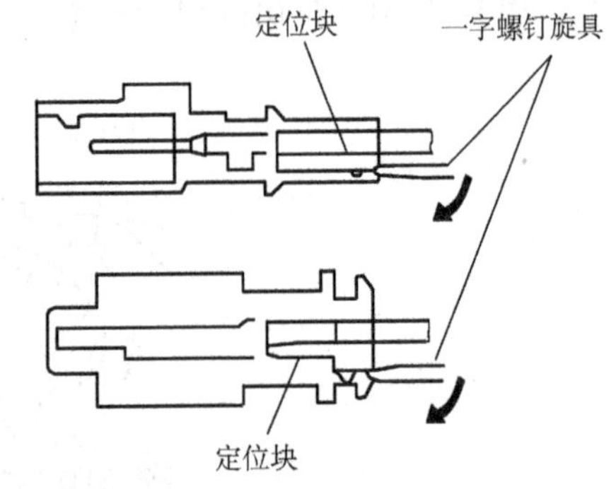

图 5-74　将一字螺钉旋具插在插头体与定位块之间

（四）安全气囊插头的断开

（1）为避免意外引爆安全气囊，在拆卸安全气囊、仪表板、转向柱和螺旋导线线盘或者断开 SRS 系统相关装置上的插头之前，均应先断开安全气囊上的插头，并关闭点火开关，断开蓄电池负极电缆 3min 后再进行操作。

（2）在将 SRS 主线束（A）从 SRS ECU 上断开之前，应先断开两个气囊（C、D）的插头，如图 5-75 所示。

（3）在断开螺旋导线线盘 2 芯插头之前，先断开驾驶席侧安全气囊的 2 芯插头（C）。

（4）拆开蓄电池负极电缆并等候 3min 以上，拆开两安全气囊插头。

（5）对驾驶席侧安全气囊，从转向盘上拆下检修板，然后断开 D1o 和 D1i 插头，如图 5-76 所示。

（6）对前乘客席侧安全气囊，拆下杂物箱，然后断开 P1o 和 P1i 插头（见图 5-69）。

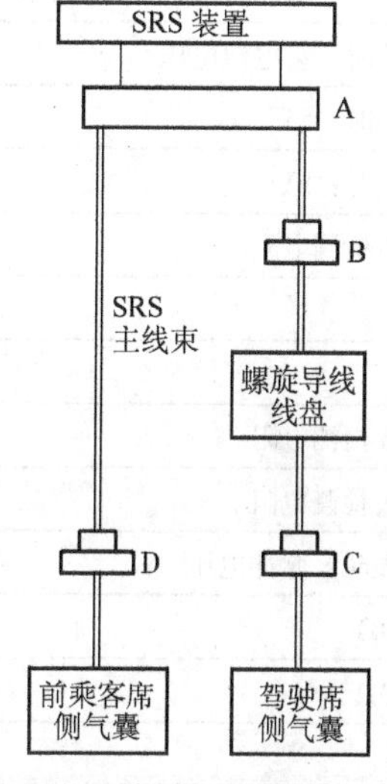

图 5-75　SRS 系统的插头

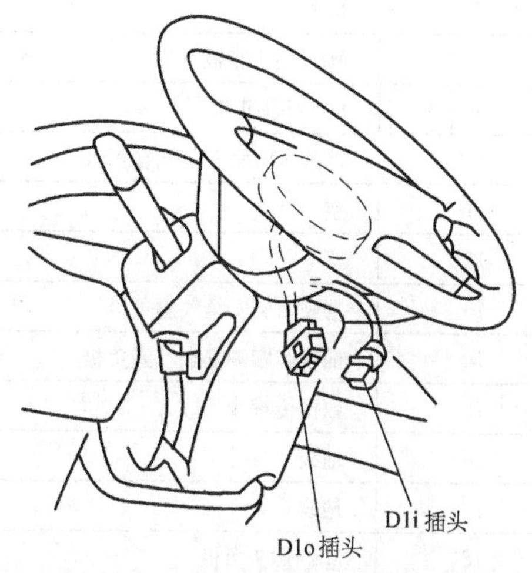

图 5-76　断开驾驶席侧安全气囊的插头

二、安全气囊系统的故障自诊断

当点火开关转至“ON”（Ⅱ）位置时，仪表盘上的 SRS 指示灯亮约 6s，然后熄灭，表明 SRS 系统功能正常；如果 SRS 指示灯不亮，或者点亮 6s 后不熄灭，或者 SRS 指示灯在行车时一直点亮，则表明 SRS 系统有故障，应尽快检查并修复。

为了维修方便，可将 PGM 故障诊断仪（本田车系专用故障诊断仪）连接到数据传输插头 DLC 上，如图 5-77 所示，读出故障信息。SRS ECU 端子（见图 5-78）说明见表 5-7。

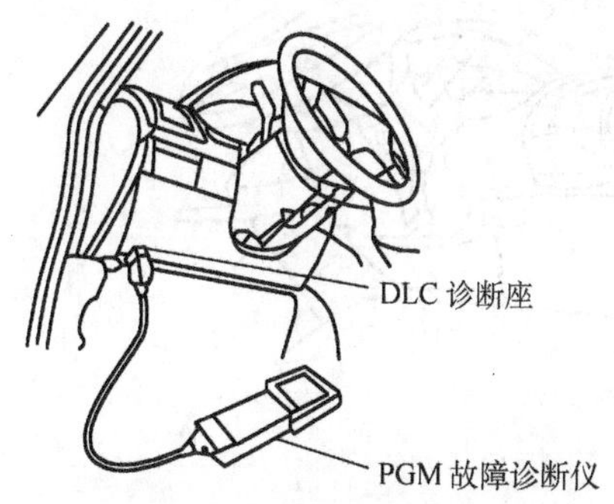

图 5-77　PGM 故障检测仪的连接

图 5-78　SRS ECU 端子

表 5-7 SRS ECU 端子说明

端子编号	详细说明	检测数据
1	驾驶席侧安全气囊正极	请勿用万用表检测电阻
2	空	
3	电源	接通点火开关时：蓄电池电压
4	空	
5	空	
6	SRS 指示灯控制线	指示灯亮时：0V；指示灯灭时：蓄电池电压
7	电源	接通点火开关时：蓄电池电压
8	MES 插头正极	接通点火开关时：5V
9	SCS 插头正极	接通点火开关时：5V
10	前乘客席侧安全气囊正极	请勿用万用表检测电阻
11	空	
12	空	
13	驾驶席侧安全气囊负极	请勿用万用表检测电阻
14	前乘客席侧安全气囊负极	请勿用万用表检测电阻
15	数据传输线	接通点火开关时：脉冲电压
16	地线	对地电阻为0Ω
17	地线	对地电阻为0Ω
18	MES 插头负极	对地导通

三、安全气囊系统故障码的读取与清除

（一）安全气囊系统故障码的读取

安全气囊系统故障码的读取步骤如下：

（1）将点火开关拨到“OFF”位置，并等待10s，然后用SCS短路插头（见图5-59 SRS维修专用工具）与维修检查插头（2芯）相连接，如图5-79所示。

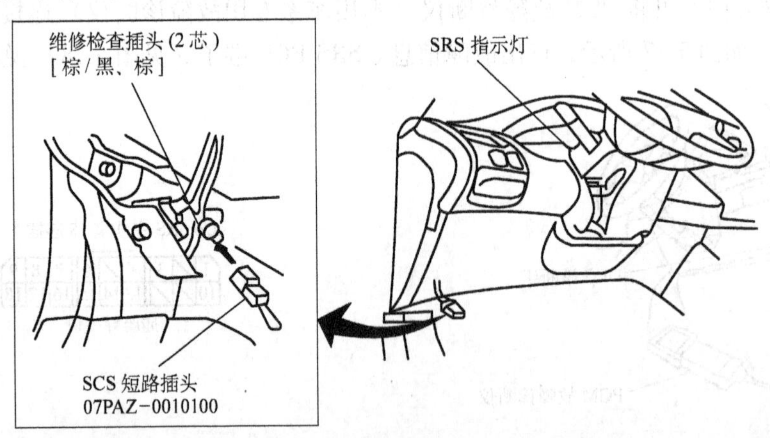

图 5-79 将SCS短路插头与维修检查插头（2芯）相连接

（2）将点火开关拨到“ON”（Ⅱ）位置时，组合仪表盘上的SRS指示灯将亮起约6s后熄灭2s，然后开始闪烁显示故障码（DTC），如图5-80所示。

广州本田雅阁轿车安全气囊SRS系统故障码（DTC）由一个主代码和一个副代码两位数字组成，读取一次可以显示三个不同的故障码。

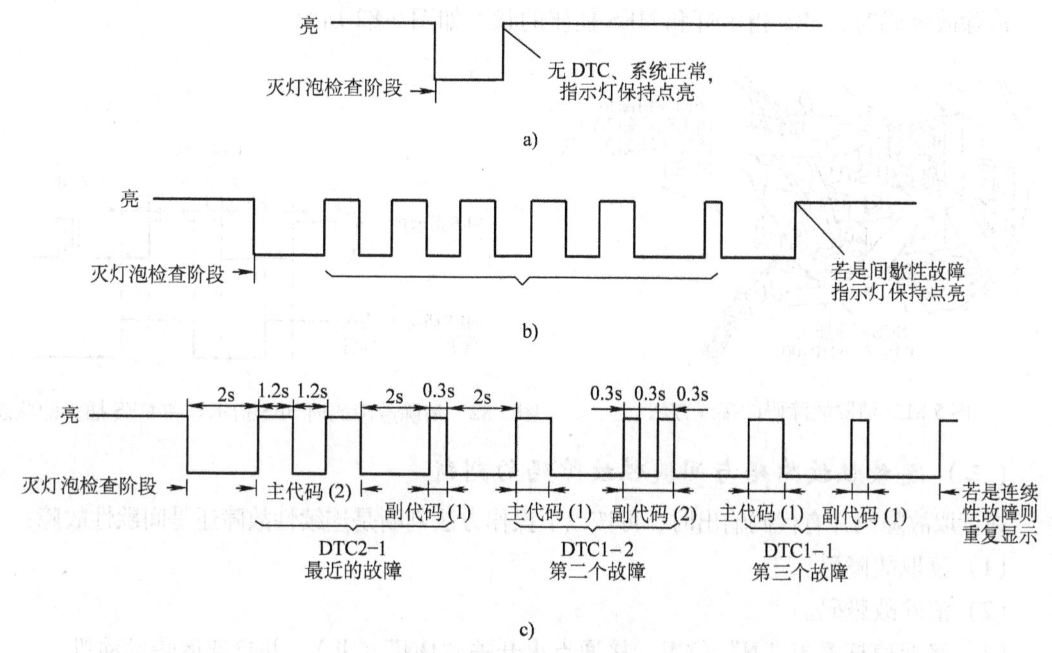

图5-80 故障码的显示方法

a）系统正常（无故障） b）间歇性故障 c）连续性故障

1）如果系统正常（无故障），SRS指示灯将一直点亮，如图5-80a所示。

2）如果是间歇性故障，SRS指示灯只会显示故障码一次，然后一直点亮，如图5-80b所示。

3）如果是连续性故障，则会重复地显示故障码，如图5-80c所示。

4）如果既有连续性故障又有间歇性故障，则SRS指示灯只显示连续性故障的代码。

（3）读取并记录故障码。

（4）关闭点火开关（OFF），并等待10min，然后将SCS短路插头与维修检查插头（2芯）断开。

（二）故障码清除的方法

（1）关闭点火开关（OFF）。

（2）如图5-81所示，将SCS短路插头与存储器信息（MES）清除插座（2芯）相连接（注意：不要使用无插头跨接线）。

（3）接通点火开关“ON”（Ⅱ）。

（4）组合仪表上的SRS指示灯亮约6s后熄灭。在指示灯熄灭后4s内，将SCS短路插头从（MES）清除插座上取下。

（5）SRS指示灯再次亮起时，在指示灯亮起4s内再次将SCS短路插头连接到（MES）

插座上。

（6）待 SRS 指示灯熄灭，再在 4s 内将 SCS 短路插头从 MES 插座上取下。

（7）SRS 指示灯如闪动两下，说明故障码已经清除。

（8）关闭点火开关，等候 10s。

清除故障码时，SRS 指示灯和 MES 插座的状态如图 5-82 所示。

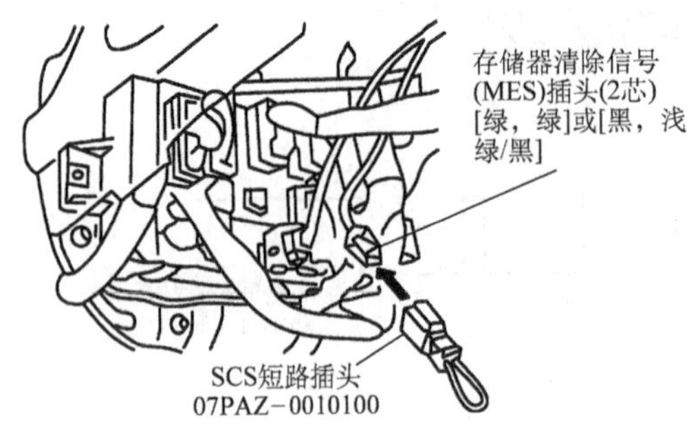

图 5-81　清除故障码的接线方法

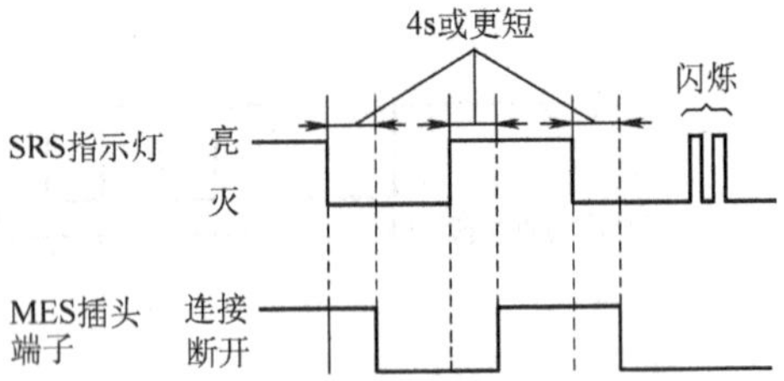

图 5-82　清除故障码时 SRS 指示灯和 MES 插头的状态

（三）连续性故障码与间歇性故障码的判断

在读取故障码并有代码输出时，可按以下操作方法判断是连续性故障还是间歇性故障：

（1）读取故障码。

（2）清除故障码。

（3）将变速杆置于“N”位置，接通点火开关“ON”（Ⅱ），并怠速运转发动机。

（4）SRS 指示灯亮起约 6s 后自行熄灭。

（5）摇动线束和插头，进行路试（包括急加速、快速制动等），将转向盘向左和向右转到极限位置并保持 5～10s。

（6）再次读取故障码，如果 SRS 指示灯闪烁故障码，说明 SRS 有连续性故障。

（7）如此时 SRS 指示灯不再闪烁故障码，则说明系统只是间歇性故障，系统工作正常。

（四）故障码的含义

广州本田雅阁轿车 SRS 系统选装 3 个不同品牌的 SRS ECU，因而其故障处理的步骤也略有差异。在进行故障检查与诊断之前，应首先按表 5-8 所列，判别该车选装哪个品牌的 SRS ECU，SRS ECU 上的识别标记的位置如图 5-83 所示。不同型号的 SRS ECU，其故障码也有差异。以装用 NEC 的 SRS ECU 为例，其故障码及其含义以及可能的故障原因见表 5-9。

表 5-8　SRS ECU 的识别

品　牌	识别标记
NEC	M1
KEIHIN	M2
SIEMENS	M3

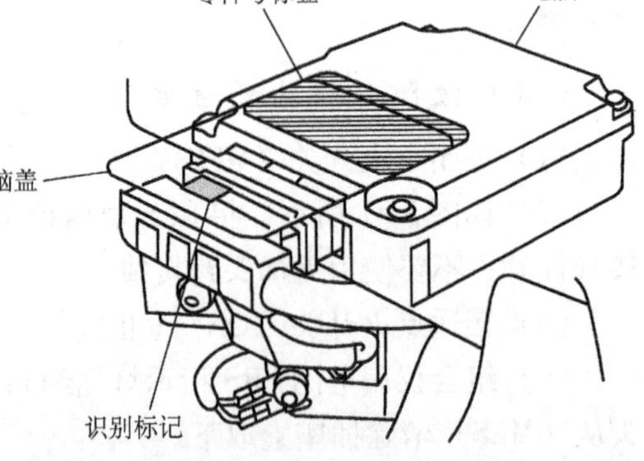

图 5-83　SRS ECU 上识别标记的位置

表 5-9 NEC 型 SRS 系统控制装置的故障码

SRS 指示灯	故障码 DTC	可能的故障原因	故障排除步骤
不亮	无故障码（不亮）	SRS 指示灯电路故障	故障处理
亮	无故障码（不熄灭）	SRS 指示灯电路故障；SRS 电源故障（VB 线路）	
	无故障码（故障自诊断后 SRS 指示灯亮）	SRS 电源故障（VA 线路）	
	11	驾驶席侧安全气囊点火器线路断路	
	12	驾驶席侧安全气囊点火器电阻增大	
	13	驾驶席侧安全气囊点火器线路与其他导线短路或电阻变小	
	14	驾驶席侧安全气囊点火器线路与电源线短路	
	15	驾驶席侧安全气囊点火器线路与地线短路	
	21	前乘客席侧安全气囊点火器线路断路	
	22	前乘客席侧安全气囊点火器电阻增大	
	23	前乘客席侧安全气囊点火器线路与其他导线短路或电阻变小	
	24	前乘客席侧安全气囊点火器线路与电源线短路（搭铁）	更换 SRS ECU
	25	前乘客席侧安全气囊点火器线路与地线短路	
	51	SRS ECU 内部故障	
	53		
	54		
	62		
	63		
	64		
	71		
	72		
	73		
	81		
	82		
	86		故障处理
	91①		更换 SRS ECU
	92②		
	101	SRS 气囊引爆	

① 在显示间歇性故障 DTC91 的情况下，说明 SRS ECU 存在内部故障或 SRS 指示灯电路故障，应进行间歇性故障的故障处理。

② 在显示间歇性故障 DTC92 的情况下，说明电源（VB 线路）存在内部故障。

四、安全气囊系统的故障检测与诊断

根据故障码查出故障原因后，如要确定具体的故障部位，还需按下述方法进行故障检测与诊断（在故障检测与诊断过程中，对涉及的插头测量，均应参考图 5-60 至图 5-69）。

（一）SRS指示灯不亮的检测诊断

1. 故障原因分析

（1）仪表板下熔丝/继电器盒（见图5-84）内的9号熔丝（7.5A）熔断，可能是仪表板线束中C1与C2插头之间（见图5-85）的线路搭铁，或与9号熔丝相关的其他电路搭铁。

（2）仪表板线束中C1与C3插头之间的线路断路。

（3）SRS主线束中Uo与C3插头之间的线路与电源线搭接。

（4）C1插头与车体搭铁线之间的线路断路。

（5）SRS ECU故障。

（6）仪表总成故障或灯丝熔断。

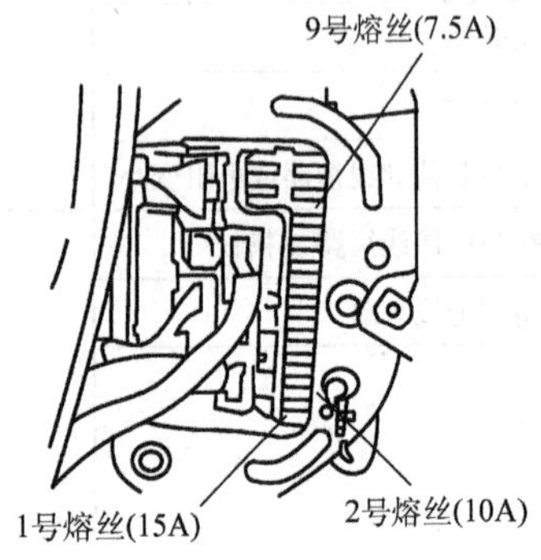

图5-84　仪表板下熔丝/继电器盒

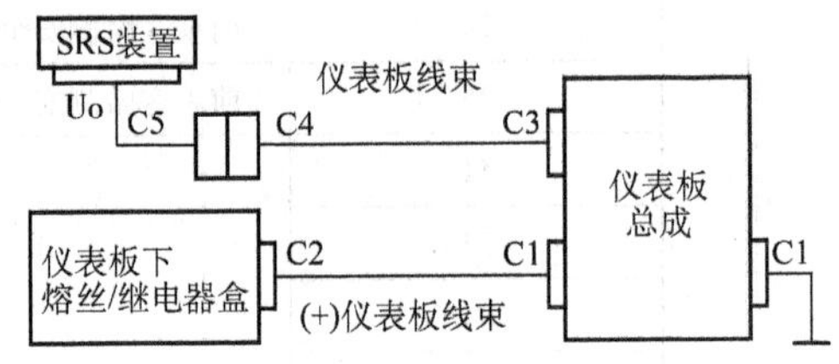

图5-85　仪表板线束连接简图

2. 故障的检测与诊断

（1）接通点火开关“ON”（Ⅱ），检查制动系统等其他指示灯是否点亮。如果不亮，应检查仪表板下熔丝/继电器盒内9号熔丝（7.5A）及9号熔丝（7.5A）与仪表总成之间的线束是否断路（见图5-84）。如有问题，应进行修复。

（2）如果SRS指示灯仍不亮，则关闭点火开关（OFF），拆下仪表总成，检查SRS指示灯灯丝是否熔断。

（3）从仪表总成上断开C3插头，接通点火开关“ON”（Ⅱ）6s后，如图5-86所示，用万用表V挡测量C3插头9号端子与搭铁线之间的电压。如果所测量的电压值为8.5V或更小，说明仪表总成的SRS指示灯电路有故障，应更换仪表总成中的SRS指示灯电路板。

（4）如上述所测量的电压值大于8.5V，则关闭点火开关，从SRS主线束上断开C4插头，然后接通点火开关“ON”（Ⅱ），如图5-87所示，用万用表V挡测量C4插头1号端子与搭铁线之间的电压。如果所测量的电

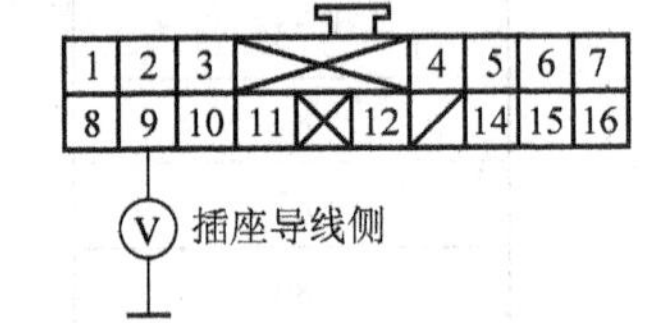

图5-86　用万用表V挡测量C3插头9号端子与搭铁线之间的电压

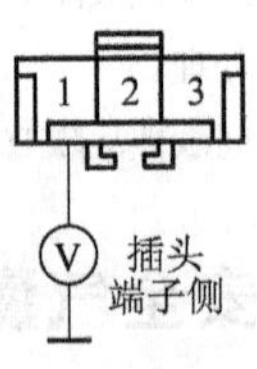

图5-87　用万用表V挡测量C4插头1号端子与搭铁线之间的电压

压值为8.5V或更小，说明仪表板线束中的蓝色导线与电源线搭接，应修复该线束。

（5）如上述所测量的电压值仍大于8.5V，关闭点火开关，断开蓄电池负极电缆并等候3min。然后断开D1o、P1o和Uo插头，重新连接蓄电池负极电缆，如图5-88所示，用万用表V挡测量Uo插头6号端子与搭铁线之间的电压值。如所测量的电压值大于0.5V，说明SRS主线束中蓝色导线与电源线搭接，应更换此线束，否则为SRS ECU故障，应更换SRS ECU。

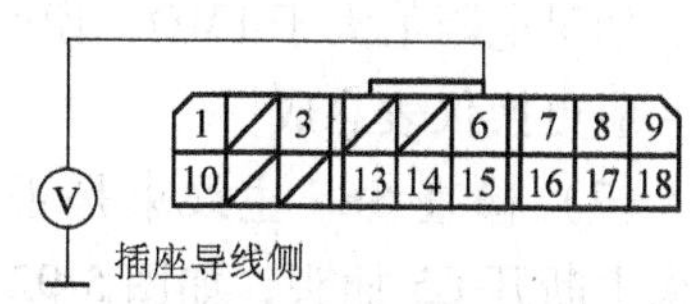

图5-88 用万用表V挡测量Uo插头6号端子与搭铁线之间的电压值

（二）SRS指示灯不熄灭的检测与诊断

1. 故障原因分析

（1）仪表板下熔丝/继电器盒内2号熔丝（10A）熔断（见图5-84）。

（2）Uo与C3插头之间的线路断路或短路（见图5-85）。

（3）仪表总成中SRS指示灯电路故障。

（4）SRS ECU的电源电路故障。

（5）SRS ECU故障。

2. 故障的检测与诊断

（1）清除故障码（DTC），接通点火开关“ON”（Ⅱ），如果SRS指示灯点亮并在6s后熄灭，说明只是间歇性故障。

（2）关闭点火开关（OFF），检查仪表板下熔丝/继电器盒内2号熔丝（10A）是否熔断。

（3）断开蓄电池负极电缆并等候3min，断开D1o、P1o和Uo插头，重新连接蓄电池负极电缆，接通点火开关“ON”（Ⅱ），如图5-89所示，用万用表V挡测量Uo插头3号端子与搭铁线之间的电压值。如果电压值不是蓄电池电压，说明SRS主线束（VB线路）断路，应更换此线束。

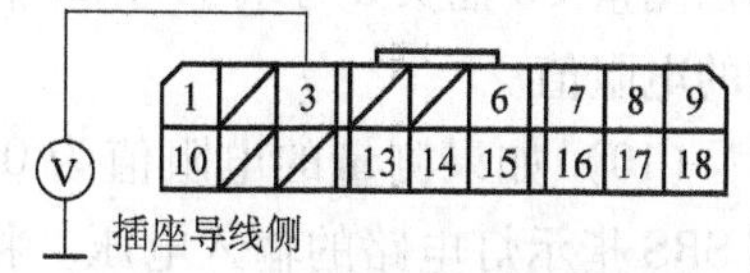

图5-89 用万用表V挡测量Uo插头3号端子与搭铁线之间的电压值

（4）如果测量电压值是蓄电池电压，则应检查SRS ECU。如图5-90所示，用一条跨接线和背测式适配器（见图5-59专用工具）将Uo插头的6号端子与3号端子相连接。如果此时SRS指示灯熄灭，说明SRS ECU有故障或Uo插头接触不良，应检查Uo插头或更换SRS ECU。

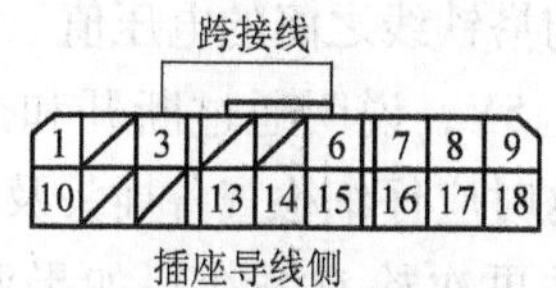

图5-90 用一条跨接线和背测式适配器将Uo插头的6号端子与3号端子相连接

（5）如果SRS指示灯不熄灭，则检查2号熔丝（10A）是否熔断（见图5-84）。

（6）如果2号熔丝熔断，则更换熔丝，再检查SRS指示灯电路是否搭铁。关闭点火开关，将C3插头从仪表总成上断开，如图5-91所示，用万用表欧

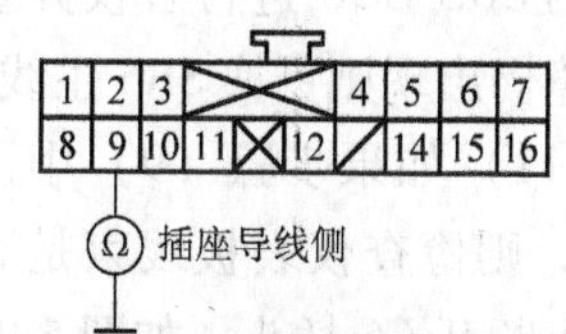

图5-91 用万用表欧姆挡测量C9插头9号端子与搭铁线之间的电阻值

姆挡测量 C9 插头 9 号端子与搭铁线之间的电阻值。如果电阻值大于 1MΩ，说明仪表总成线路搭铁，应更换仪表总成。

（7）检查 SRS 主线束是否搭铁。从仪表板线束上断开 C5 插头，如图 5-92 所示，用万用表欧姆挡测量 C5 插头 1 号端子与搭铁线之间的电阻值。如果电阻值大于 1Ω，则说明仪表板线束搭铁，应维修该线束；如果电阻值小于 1Ω，说明 SRS 主线束搭铁，应更换 SRS 主线束。

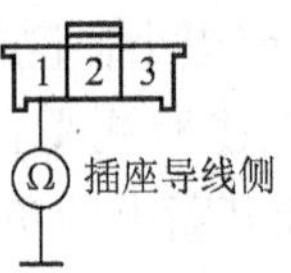

图 5-92　用万用表欧姆挡测量 C5 插头 1 号端子与搭铁线之间的电阻值

（8）如经步骤（5）中检查 2 号熔丝没有熔断，则应检查 SRS 指示灯电路。关闭点火开关，拆下仪表总成（不要从仪表总成上断开插头），再接通点火开关“ON”（Ⅱ），如图 5-93 所示，用一跨接线将 C3 插头 9 号端子与 C1 插头 11 号端子相连接。如果 SRS 指示灯没有熄灭，说明仪表总成中的 SRS 指示灯电路故障，应更换仪表总成中 SRS 的印制电路板。

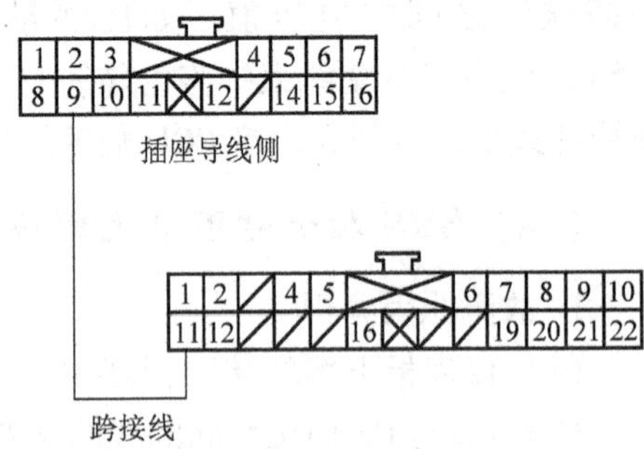

图 5-93　用一跨接线将 C3 插头 9 号端子与 C1 插头 11 号端子相连接

（9）如果 SRS 指示灯熄灭，则应检查 SRS 指示灯电路是否断路。关闭点火开关，从仪表总成上断开 C3 插头，如图 5-94 所示，用万用表欧姆挡测量 Uo 插头 6 号端子与 C3 插头 9 号端子之间的电阻值。

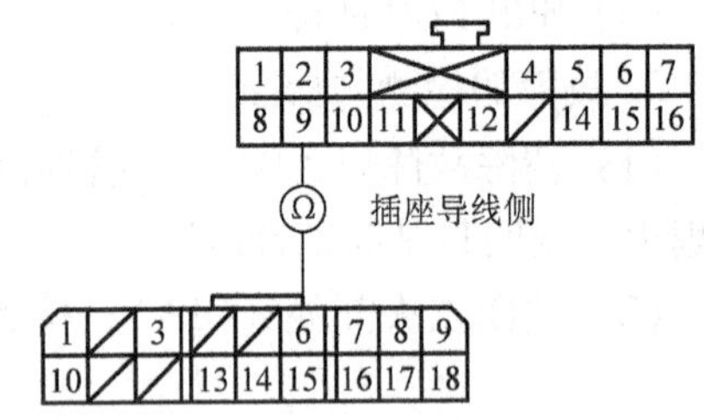

图 5-94　用万用表欧姆挡测量 Uo 插头 6 号端子与 C3 插头 9 号端子之间的电阻值

（10）如果测量的电阻值为 0～0.1Ω，则检测 SRS 指示灯电路的输入电压。将 Uo 插头连接到 SRS ECU 上，接通点火开关“ON”（Ⅱ），如图 5-95 所示，用万用表电压挡测量 C3 插头 9 号端子与搭铁线之间的电压值。如果测量的电压值大于 8.5V，说明通过断开和连接插头消除了故障，这时应仔细检查各插头及端子的接触是否良好，并再次检查系统；如果测量值小于 8.5V，说明 Uo 插头接触不良。如插头正常，用一个无故障的 SRS ECU 进行替换并重新进行检查，如果故障仍出现则更换 SRS 主线束。

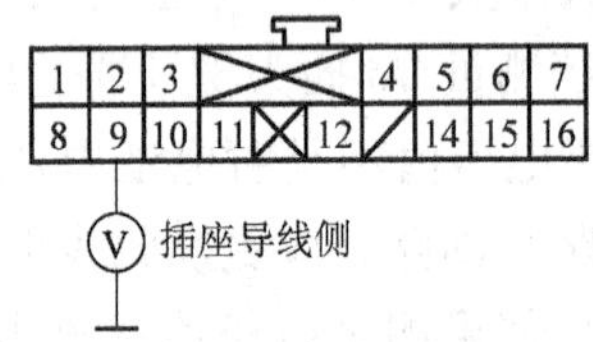

图 5-95　用万用表电压挡测量 C3 插头 9 号端子与搭铁线之间的电压值

（11）如果步骤（9）中测量的电阻值大于 0.1Ω，则检查仪表板线束是否断路。从仪表板线束上断开 C5 插头，如图 5-96 所示，用万用表欧姆挡测量 Uo 插头 6 号端子与 C5 插头 1 号端子

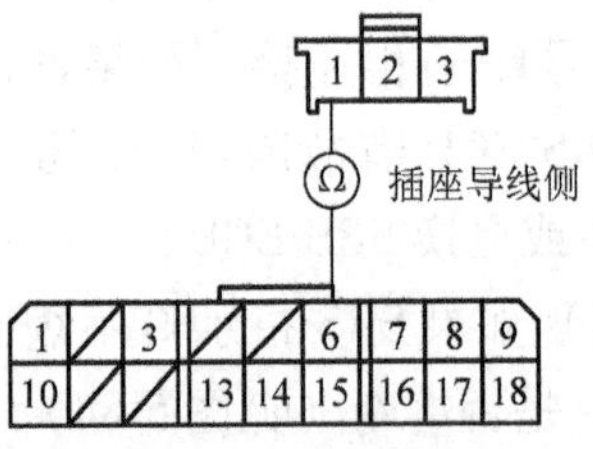

图 5-96　用万用表欧姆挡测量 Uo 插头 6 号端子与 C5 插头 1 号端子之间的电阻值

之间的电阻值。如果电阻值大于1Ω，说明SRS主线束断路，应更换SRS主线束，如果电阻值小于1Ω，则说明仪表板线束中的蓝色导线断路，应修理仪表板线束。

（三）无DTC（自诊断后灯亮）故障的检查与诊断

1. 故障原因分析

（1）仪表板下熔丝/继电器盒内1号熔丝（15A）熔断（见图5-84）。

（2）仪表板下熔丝/继电器盒线路搭铁。

（3）Uo和Fo插头（见图5-97）之间的线路短路或断路。

（4）SRS ECU故障。

（5）SRS ECU中电源电路故障。

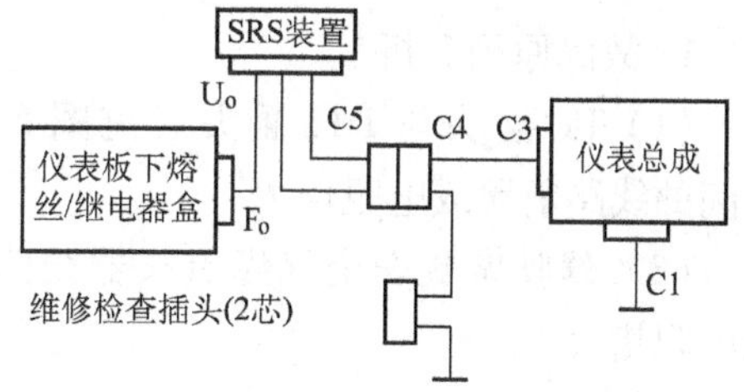

图5-97 SRS系统控制装置的线束连接简图

2. 故障的检测与诊断

（1）检查仪表板下熔丝/继电器盒1号熔丝（15A）是否熔断（见图5-84）。

（2）如果熔丝熔断，更换熔丝后检查仪表板下熔丝/继电器盒与SRS ECU之间的线路是否搭铁。关闭点火开关，断开蓄电池负极电缆并等候3min。断开D1o、P1o和Uo插头，如图5-98所示，用万用表欧姆挡测量Uo插头7号端子与搭铁线之间的电阻。如果电阻值大于1MΩ，说明SRS ECU故障，应更换SRS ECU。

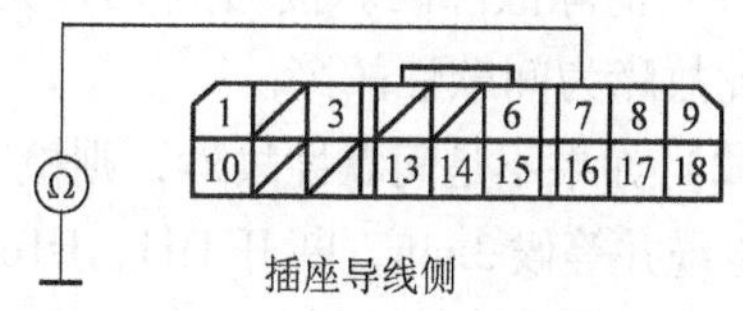

图5-98 用万用表欧姆挡测量Uo插头7号端子与搭铁线之间的电阻

（3）检查SRS主线束是否对地短路。从仪表板下熔丝/继电器盒上断开Fo插头，再如图5-98所示，用万用表欧姆挡测量Uo插头7号端子与搭铁线之间的电阻。如果电阻值大于1MΩ，说明仪表板下熔丝/继电器盒内线路搭铁，应更换仪表板下熔丝/继电器盒；否则说明SRS主线束搭铁，应更换SRS主线束。

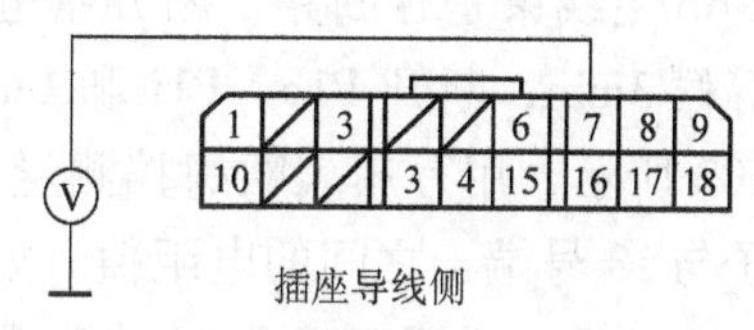

图5-99 用万用表电压挡测量Uo插头7号端子与搭铁线之间的电压值

（4）如果经步骤（1）中检查熔丝未熔断，则检查SRS主线束是否断路。断开蓄电池负极电缆并等候3min以上。断开D1o、P1o和Uo插头，重新连接蓄电池负极电缆。接通点火开关“ON”（Ⅱ），如图5-99所示，用万用表电压挡测量Uo插头7号端子与搭铁线之间的电压值。如果电压值为蓄电池电压，说明Uo插头处接触不良，应检查插头。如果插头正常，用一个无故障的SRS ECU进行替换，并重新检查。如果故障仍然出现，则更换SRS主线束。

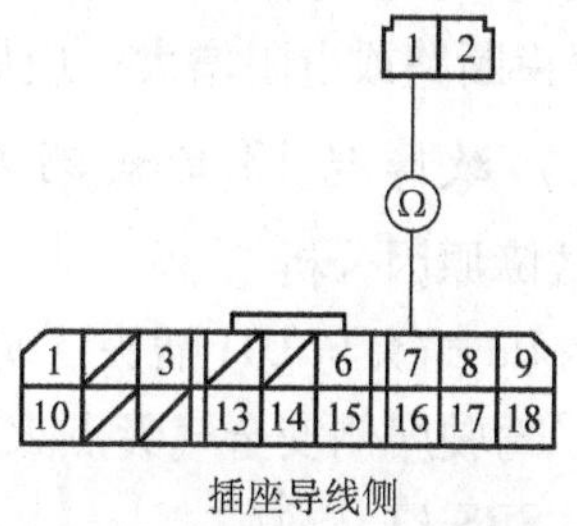

图5-100 用万用表欧姆挡测量Fo插头1号端子与Uo插头7号端子之间的电阻

（5）如果测量的电压值不是蓄电池电压，则关闭点火开关，从仪表板下熔丝/继电器盒中断开 Fo 插头。如图 5-100 所示，用万用表欧姆挡测量 Fo 插头 1 号端子与 Uo 插头 7 号端子之间的电阻。如果电阻值大于 0.5Ω，说明 SRS 主线束断路，应更换 SRS 主线束；如电阻值小于 0.5Ω，说明 Fo 插头处接触不良，应检查插头。如果插头正常，用一个确定无故障的仪表板下熔丝/继电器盒进行替换，并重新检查。如果故障仍然出现，则更换 SRS 主线束。

（四）故障码 11 和 12 的检测与诊断

1. 故障原因分析

（1）Uo 插头与 D1i 插头（见图 5-101）之间的线路断路或电阻增大。

（2）驾驶席侧安全气囊点火器线路断路或电阻增大。

（3）SRS ECU 故障。

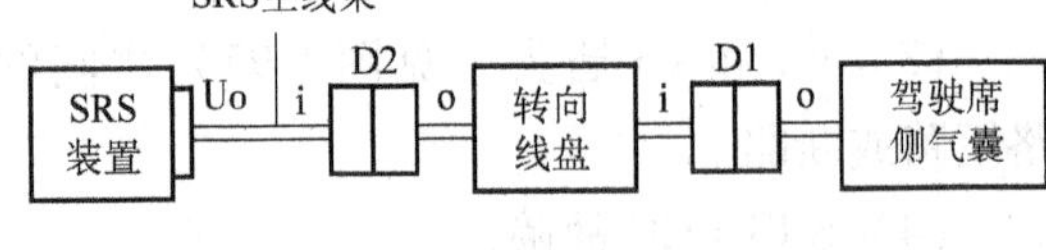

图 5-101　SRS 系统线束连接简图

2. 故障的检测与诊断

（1）清除故障码。接通点火开关“ON”（Ⅱ），如果 SRS 指示灯亮并在 6s 后熄灭，说明此故障为间歇性故障。

（2）如果不是间歇性故障，则检查驾驶席侧安全气囊点火器线路是否断路。断开蓄电池负极电缆并等候 3min，断开 D1i、D1o 插头，用 SRS 维修插头（2Ω）（见图 5-59 专用工具）与 D1i 插头相连接，重新连接蓄电池负极电缆，读取故障码。如果不显示故障码 11 或故障码 12，说明驾驶席侧安全气囊点火器线路断路或电阻增大，应更换驾驶席侧安全气囊总成。

（3）如果仍显示故障码 11 或故障码 12，则检查螺旋导线线盘是否断路。断开 D2o、D2i 插头，用 SRS 维修插头（2Ω）与 D2i 插头相连接，再次读取故障码。如果不显示故障码 11 或故障码 12，说明螺旋导线线盘断路或电阻增大，应更换螺旋导线线盘。

（4）如果仍显示故障码 11 或故障码 12，则检查 SRS 主线束是否断路。断开蓄电池负极电缆并等候 3min，断开 P1o、P1i 和 Uo 插头，如图 5-102 所示，用万用表欧姆挡测量 Uo 插头 1 号端子与 13 号端子之间的电阻值。如果电阻值为 2.0～3.0Ω，说明 SRS ECU 故障或 SRS 主线束 Uo 插头与 SRS ECU 之间接触不良，应检查其连接情况；如接触良好，则更换 SRS ECU。如果测量电阻值不为 2.0～3.0Ω，则说明 SRS 主线束断路或电阻增大，应更换 SRS 主线束。

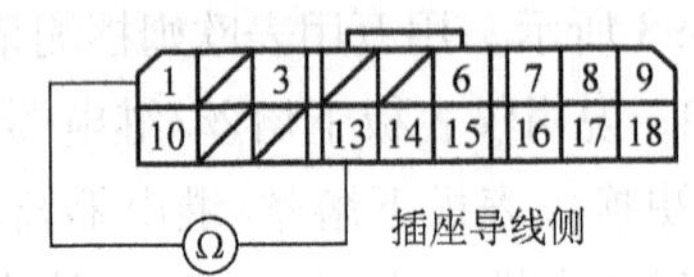

图 5-102　用万用表欧姆挡测量 Uo 插头 1 号端子与 13 号端子之间的电阻值

（五）故障码 13 的检测与诊断

1. 故障原因分析

（1）Uo 插头与 D1i 插头（见图 5-101）之间与其他导线短接。

（2）驾驶席侧安全气囊点火器线路与其他导线短接。

（3）SRS ECU 故障。

2. 故障的检测与诊断

（1）清除故障码，接通点火开关“ON”（Ⅱ），如果 SRS 指示灯亮并在 6s 后熄灭，说明此故障为间歇性故障。

（2）如不是间歇性故障，则检查驾驶席侧安全气囊点火器线路是否与其他导线短接。断开蓄电池负极电缆并等候3min，断开D1i、D1o插头，用SRS维修插头（2Ω）与D1i插头相连接，重新连接蓄电池负极电缆，读取故障码。如果不显示故障码13，说明驾驶席侧安全气囊点火器线路与其他导线短接，应更换驾驶席侧安全气囊总成。

（3）如果仍显示故障码13，则检查螺旋导线线盘是否短路。断开D2o、D2i插头，用SRS维修插头（2Ω）与D2i插头相连接，再次读取故障码。如果不显示故障码13，说明螺旋导线线盘短路，应更换螺旋导线线盘。

（4）如果仍显示故障码13，则检查SRS主线束是否短路。断开蓄电池负极电缆并等候3min，断开P1o、P1i和Uo插头，从D2i插头上断开SRS维修插头（2Ω）专用工具，如图5-103所示，用万用表欧姆挡测量SRS ECU主线束18芯插头1号端子与13号端子之间的电阻值。如果电阻值大于1MΩ，说明SRS ECU故障，应更换SRS ECU；如果测量电阻值小于1MΩ，说明SRS主线束短路，应更换SRS主线束。

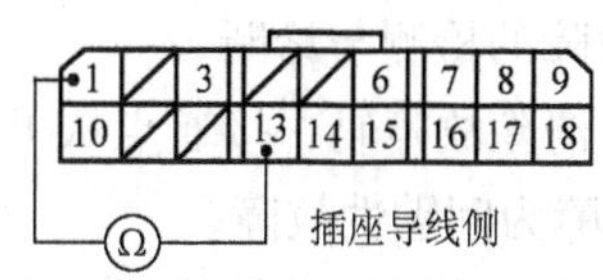

图5-103 测量SRS系统控制装置主线束18芯插头1号端子与13号端子之间的电阻值

（六）故障码14的检测与诊断

1. 故障原因分析

（1）Uo插头与D1i插头（见图5-101）之间的线路与电源线搭接。

（2）驾驶席侧安全气囊点火器线路与电源线搭接。

（3）SRS ECU故障。

2. 故障的检测与诊断

（1）清除故障码，接通点火开关“ON”（Ⅱ），如果SRS指示灯亮并在6s后熄灭，说明此故障为间歇性故障。

（2）如果不是间歇性故障，则检查驾驶席侧安全气囊点火器线路是否与电源线搭接。断开蓄电池负极电缆并等候3min，断开D1i、D1o插头，用SRS维修插头（2Ω）与D1i插头相连接，重新连接蓄电池负极电缆，读取故障码。如果不显示故障码14，说明驾驶席侧安全气囊点火器线路与电源线搭接，应更换驾驶席侧安全气囊总成。

（3）如果仍显示故障码14，则检查螺旋导线线盘是否与电源线搭接。断开D2o、D2i插头，用SRS维修插头（2Ω）与D2i插头相连接，再次读取故障码。如果不显示故障码14，说明螺旋导线线盘与电源线搭接，应更换螺旋导线线盘。

（4）如果仍显示故障码14，则检查SRS主线束是否与电源线搭接。断开蓄电池负极电缆并等候3min，断开P1o、P1i和Uo插头，从D2i插头上断开SRS维修插头（2Ω），重新连接蓄电池负极电缆，接通点火开关“ON”（Ⅱ），如图5-104所示，用万用表电压挡分别测量Uo插

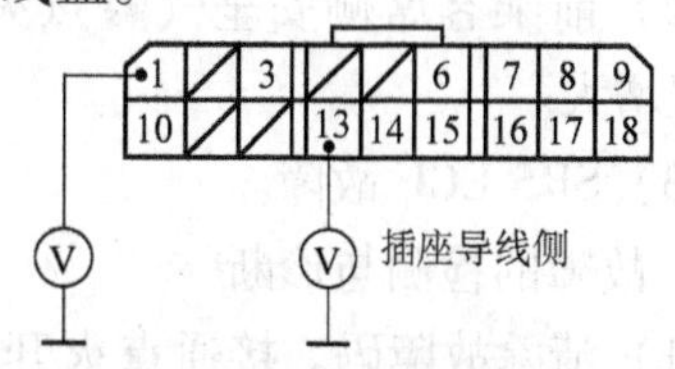

图5-104 用万用表电压挡分别测量Uo插头1号、13号端子与车体搭铁线之间的电压值

头1号、13号端子与车体搭铁线之间的电压值。如果电压值小于0.5V，说明SRS ECU故障，应更换SRS ECU；如果电压值大于0.5V，说明SRS主线束与电源线搭接，应更换SRS主线束。

（七）故障码15的检测与诊断

1. 故障原因分析

（1）Uo插头与D1i插头（见图5-101）之间的线路搭铁。

（2）驾驶席侧安全气囊点火器线路搭铁。

（3）SRS ECU故障。

2. 故障的检测与诊断

（1）清除故障码，接通点火开关“ON”（Ⅱ），如果SRS指示灯亮并在6s后熄灭，说明此故障为间歇性故障。

（2）如果不是间歇性故障，则检查驾驶席侧安全气囊点火器线路是否搭铁。断开蓄电池负极电缆并等候3min，断开D1i、D1o插头，将专用工具（2Ω）与D1i插头相连接，重新连接蓄电池负极电缆，读取故障码。如果不显示故障码15，说明驾驶席侧安全气囊点火器线路搭铁，应更换驾驶席侧安全气囊总成。

（3）如果仍显示故障码15，则检查螺旋导线线盘是否搭铁。断开D2o、D2i插头，用SRS维修插头（2Ω）与D2i插头相连接，再次读取故障码。如果不显示故障码15，说明螺旋导线线盘搭铁，应更换螺旋导线线盘。

（4）如果仍显示故障码15，则检查SRS主线束是否搭铁。断开电源负极电缆并等候3min，断开P1o、P1i和Uo插头，从D2i插头上断开SRS维修插头（2Ω），如图5-105所示，用万用表欧姆挡分别测量Uo插头1号、13号端子与车体搭铁线之间的电阻值。如果电阻值大于1MΩ，说明SRS ECU故障，应更换SRS ECU。如果电阻值小于1MΩ，说明SRS主线束搭铁，应更换SRS主线束。

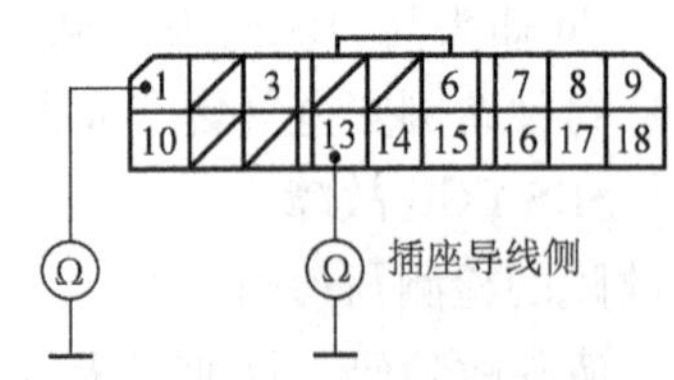

图5-105　用万用表欧姆挡分别测量Uo插头1号、13号端子与车体搭铁线之间的电阻值

（八）故障码21和22的检测与诊断

1. 故障原因分析

（1）Uo插头与P1i插头（见图5-106）之间的线路断路或电阻增大。

（2）前乘客席侧安全气囊点火器线路断路或电阻增大。

（3）SRS ECU故障。

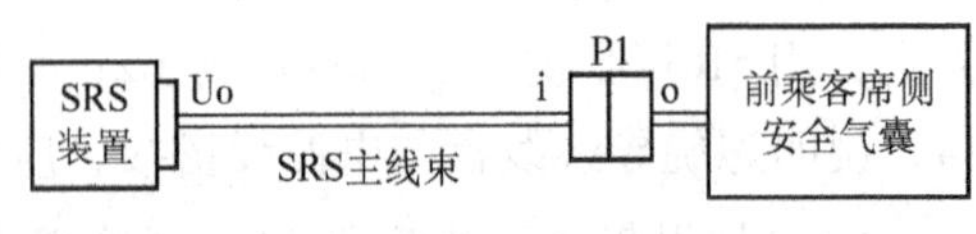

图5-106　前乘客席侧安全气囊连接线路简图

2. 故障的检测与诊断

（1）清除故障码。接通点火开关“ON”（Ⅱ），如果SRS指示灯亮并在6s后熄灭，说明此故障为间歇性故障。

（2）如果不是间歇性故障，则检查前乘客席侧安全气囊点火器线路是否断路。断开蓄

电池负极电缆并等候3min，断开P1i、P1o插头，用SRS维修插头（2Ω）与P1i插头相连接，重新连接蓄电池负极电缆，读取故障码。如果不显示故障码21或故障码22，说明前乘客席侧安全气囊点火器线路断路或电阻增大，应更换前乘客席侧安全气囊总成。

（3）如果仍显示故障码21或故障码22，则检查SRS主线束是否断路。断开蓄电池负极电缆并等候3min，断开D1o、D1i插头，如图5-107所示，用万用表欧姆挡测量Uo插头10号端子与14号端子之间的电阻值。如果电阻值为2.0～3.0Ω，说明SRS ECU故障或SRS主线束Uo插头与SRS ECU之间接触不良，应检查其连接情况；如接触良好，则更换SRS ECU。如果测量电阻值不为2.0～3.0Ω，则说明SRS主线束断路或电阻增大，应更换SRS主线束。

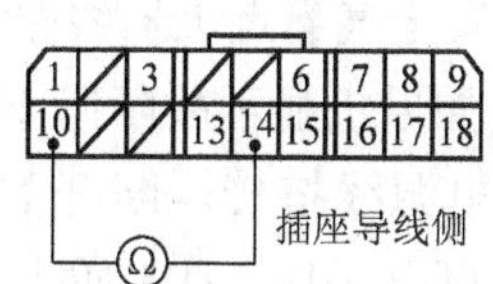

图5-107 用万用表欧姆挡测量Uo插头10号端子与14号端子之间的电阻值

（九）故障码23的检测与诊断

1. 故障原因分析

（1）Uo插头与P1i插头（见图5-106）之间与其他导线短接。

（2）前乘客席侧安全气囊点火器线路与其他导线短接。

（3）SRS ECU故障。

2. 故障的检测与诊断

（1）清除故障码，接通点火开关“ON”（Ⅱ），如果SRS指示灯亮并在6s后熄灭，说明此故障为间歇性故障。

（2）如不是间歇性故障，则检查前乘客席侧安全气囊点火器线路是否与其他导线短接。断开蓄电池负极电缆并等候3min，断开P1i、P1o插头，用SRS维修插头（2Ω）与P1i插头相连接，重新连接蓄电池负极电缆，读取故障码。如果不显示故障码23，说明前乘客席侧安全气囊点火器线路与其他导线短接，应更换前乘客席侧安全气囊总成。

（3）如果仍显示故障码23，则检查SRS主线束是否短路或电阻过小。断开蓄电池负极电缆并等候3min，断开D1o、D1i插头，从P1i插头上断开SRS维修插头（2Ω），再如图5-107所示，用万用表欧姆挡测量Uo插头10号端子与14号端子之间的电阻值。如果电阻值大于1MΩ，说明SRS ECU故障，应更换SRS ECU。如果测量电阻值小于1MΩ，说明SRS主线束与其他导线短路或电阻减小，应更换SRS主线束。

（十）故障码24的检测与诊断

1. 故障原因分析

（1）Uo插头与P1i插头（见图5-106）之间的线路与电源线搭接。

（2）前乘客席侧安全气囊点火器线路与电源线搭接。

（3）SRS ECU故障。

2. 故障检测诊断

（1）清除故障码，接通点火开关“ON”（Ⅱ），如果SRS指示灯亮并在6s后熄灭，说明此故障为间歇性故障。

（2）如果不是间歇性故障，则检查前乘客席侧安全气囊点火器线路是否与电源线搭接。断开蓄电池负极电缆并等候3min，断开P1i、P1o插头，用SRS维修插头（2Ω）与P1i插头相连接，重新连接蓄电池负极电缆，读取故障码。如果不显示故障码24，说明前乘客席侧安全气囊点火器线路与电源线搭接，应更换前乘客席侧安全气囊总成。

（3）如果仍显示故障码24，则检查SRS主线束是否与电源线搭接。断开蓄电池负极电缆并等候3min，断开D1o、D1i插头，从SRS ECU断开Uo插头，重新连接蓄电池负极电缆，接通点火开关“ON”（Ⅱ），如图5-108所示，用万用表电压挡分别测量Uo插头10号、14号端子与车体搭铁线之间的电压值。如果电压值小于0.5V，说明SRS ECU故障，应更换SRS ECU。如果电压值大于0.5V，说明SRS主线束与电源线搭接，应更换SRS主线束。

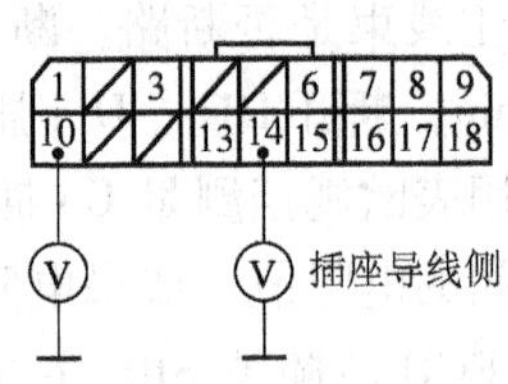

图5-108 用万用表电压挡分别测量Uo插头10号、14号端子与车体搭铁线之间的电压值

（十一）故障码25的检测与诊断

1. 故障原因分析

（1）Uo插头与Pli插头（见图5-106）之间的线路搭铁。

（2）前乘客席侧安全气囊点火器线路搭铁。

（3）SRS ECU故障。

2. 故障的检测与诊断

（1）清除故障码，接通点火开关“ON”（Ⅱ），如果SRS指示灯亮并在6s后熄灭，说明此故障为间歇性故障。

（2）如果不是间歇性故障，则检查前乘客席侧安全气囊点火器线路是否搭铁。断开蓄电池负极电缆并等候3min，断开P1i、P1o插头，用SRS维修插头（2Ω）与P1i插头相连接，重新连接蓄电池负极电缆，读取故障码。如果不显示故障码25，说明前乘客席侧安全气囊点火器线路搭铁，应更换前乘客席侧安全气囊总成。

（3）如果仍显示故障码25，则检查SRS主线束是否搭铁。断开蓄电池负极电缆并等候3min，断开D1o、D1i插头，从SRS ECU断开Uo插头，如图5-109所示，用万用表欧姆挡分别测量Uo插头10号、14号端子与车体搭铁线之间的电阻值。如果电阻值大于1MΩ，说明SRS ECU故障，应更换SRS ECU。如果电阻值小于1MΩ，说明SRS主线束搭铁，应更换SRS主线束。

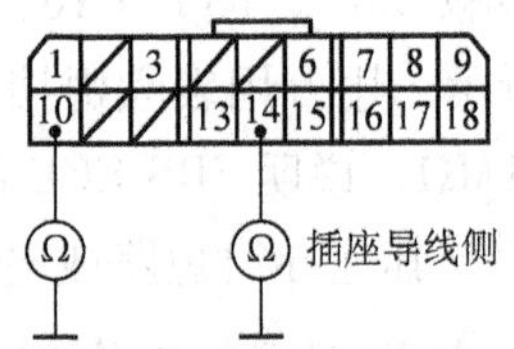

图5-109 用万用表欧姆挡分别测量Uo插头10号、14号端子与车体搭铁线之间的电阻值

（十二）故障码86的检测与诊断

1. 故障原因分析

（1）DTC 11和24、14和21、14和24等两个故障同时出现。

（2）SRS ECU故障。

2. 故障的检测与诊断

（1）检查SRS主线束。断开蓄电池负极电缆并等候3min。断开D1o、P1o和Uo插头，重新连接蓄电池负极电缆，接通点火开关“ON”（Ⅱ），如图5-110所示，用万用表电压挡分别测量Uo插头10号、14号端子与搭铁线之间的电压。如果电压值大于0.5V，说明SRS主线束与电源线搭接，应更换SRS主线束。

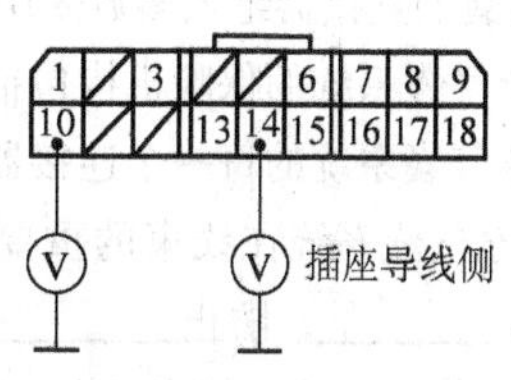

图5-110　用万用表电压挡分别测量Uo插头10号、14号端子与车体搭铁线之间的电压值

（2）检查SRS主线束和螺旋导线线盘。用万用表电压挡分别测量Uo插头1号、13号端子与搭铁线之间的电压。如果电压值小于0.5V，说明SRS故障，应更换SRS ECU。

（3）检查螺旋导线线盘。关闭点火开关，断开D2o、D2i插头，再接通点火开关“ON”（Ⅱ），如图5-111所示，用万用表电压挡分别测量Uo插头1号、13号端子与搭铁线之间的电压。如电压值大于0.5V，说明SRS主线束与电源线搭接，应更换SRS主线束，否则为螺旋导线线盘与电源线搭接，应更换螺旋导线线盘。

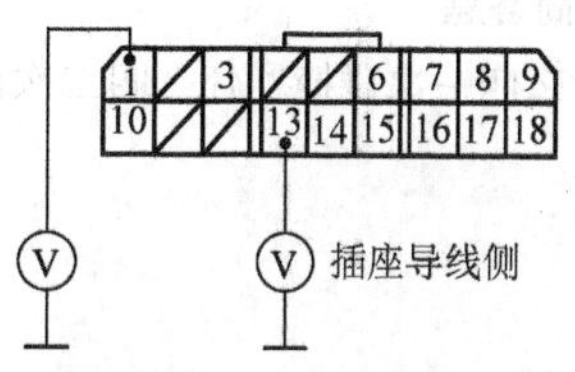

图5-111　用万用表电压挡分别测量Uo插头1号、13号端子与搭铁线之间的电压

【项目小结】

通过本项目的学习，了解汽车安全气囊系统的类型、结构组成及工作原理。通过实践活动，能运用自诊断法、参数测量法和故障诊断仪诊断法对安全气囊系统进行故障诊断与排除。

【思考与练习】

一、填空题

1. 近几年生产的轿车大多数都采用了双SRS气囊系统，即在________和________各装一个安全气囊。

2. 正面安全气囊只有在汽车正前方或斜前方________范围内发生碰撞、纵向减速度达到气囊设计预定阈值，且________和任意一只________接通时，才能引爆气囊充气。

3. 常用的机电式碰撞传感器有________式、________式和________式。

4. 安装在安全气囊ECU内部的碰撞传感器叫________传感器。

5. 气体发生器的作用是在点火器______点火剂时，气体发生器产生气体向________充气，使安全气囊膨开。

6. 安全气囊点火器的引线连接器内一般都设有短路片，是为了防止静电或误通电而造成气囊________。

7. 为了便于区别电器系统线束连接器，安全气囊的连接器与汽车其他电器系统的连接器有所不同。目前安全气囊的连接器绝大多数采用________色连接器。

8. 安全气囊系统的保险机构包括________机构、________机构、________机构和________机构。

9. 安全气囊系统的每一个连接器都设有________双重锁定机构，用于阻止________滑出。

10. 安全气囊系统在线束的重要连接部位，其连接器都采用了双重锁定机构，用于锁定连接器的________与________，防止________脱开。

11. SRS 指示灯位于仪表板上，按通点火开关时，诊断单元对系统进行自检，若点亮 6s 后熄灭，表示安全气囊系统________。

12. 安全气囊系统的故障诊断有________法、________法和________法三种。

13. 丰田车系安全气囊系统的故障码均为________位数字。

14. 用 V. A. G 1552 故障诊断仪查询大众车系的安全气囊系统控制单元版本号时，需输入功能码________；对安全气囊系统控制单元进行编码时，需输入功能码________。

二、简答题

1. 什么叫一次碰撞？什么叫二次碰撞？

2. 简述安全气囊系统的保险机构的作用和结构特点。

3. 简述拉索式、齿条式和钢球式预紧式安全带收紧器的结构原理。

4. 简述碰撞传感器和安全传感器的作用与安装位置。

5. 安全气囊系统为什么要设有备用电源？

6. 如何读取丰田车系的安全气囊系统的故障码？

7. 如何查询大众车系安全气囊系统控制单元的版本号？如何进行安全气囊系统控制单元的编码？

参考文献

[1] 冀旺年．汽车车身电气设备系统及附属电气设备［M］．北京：电子工业出版社，2007.

[2] 何宇漾．汽车车身电控技术［M］．北京：中国劳动社会保障出版社，2007.

[3] 郑志中，王长建．汽车车身电控检修［M］．北京：中国劳动社会保障出版社，2007.

[4] 于建国，付百学．汽车车身电控系统维修入门［M］．北京：中国电力出版社，2007.

[5] 毛峰．汽车车身电控技术［M］．北京：机械工业出版社，2004.

[6] 杨智勇．汽车车身电气维修问答［M］．北京：中国电力出版社，2006.

[7] 崔选盟．汽车车身电气设备维修专门化［M］．北京：人民交通出版社，2003.

[8] 吴文渊．现代汽车电子控制技术［M］．北京：人民交通出版社，2002.

[9] 云皓主．丰田汽车维修手册车身电脑电气系统［M］．长春：吉林科学技术出版社，1996.

[10] 郭远辉．汽车车身电气及附属电气设备检修［M］．北京：人民交通出版社，2006.

[11] 李良洪．汽车车身电气系统［M］．北京：北京理工大学出版社，2002.

[12] 吴基安．国产汽车车身附件电子系统故障诊断、排除与检修［M］．北京：国防工业出版社，2004.

[13] 栾琪文．进口汽车电气系统维修实例［M］．沈阳：辽宁科学技术出版社，2001.

[14] 陈勇．汽车中控门锁及防盗系统结构原理与维修［M］．南京：江苏科学技术出版社，2007.

[15] 邢世凯，尤明福，王忠良．丰田汽车发动机锁止系统的结构及工作原理［J］．汽车电器，2003（5）：35-36.

[16] 王先耀．广州本田雅阁轿车电动座椅检修［J］．汽车电器，2005（3）：44.

[17] 宋文中．广州本田雅阁轿车电动后视镜电路原理及故障排除［J］．汽车电器，2004（6）：41-42.